KB273913

AI 워커스
:리디자인

AI 워커스
:리디자인

초판 인쇄 2026년 2월 27일
초판 발행 2026년 3월 6일

지은이 김아람
펴낸이 유해룡
펴낸곳 (주)스마트북스
출판등록 2010년 3월 5일 | 제2021-000149호
주소 서울시 영등포구 영등포로5길 19, 동아프라임밸리 1007호
편집전화 02)337-7800 | **영업전화** 02)337-7810 | **팩스** 02)337-7811
원고투고 smartbooks1@naver.com
홈페이지 www.smartbooks21.com

ISBN 979-11-93674-36-9 03300

AI 워커스

: 리디자인

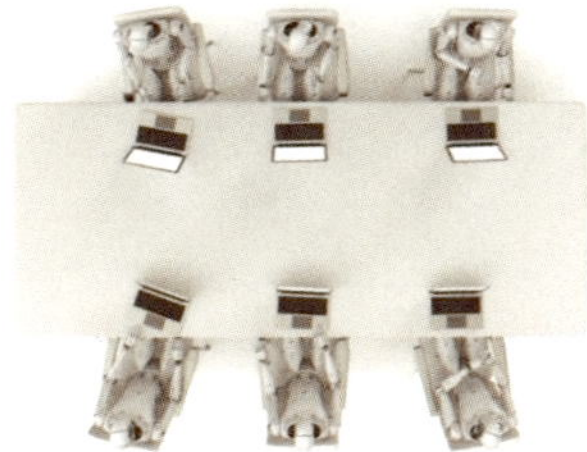

김아람 지음

AI Workers

: Redesign

스마트북스

AI 시대의 일잘러를 향하여

그럴듯하지만 제출하기 불안한 AI 결과물의 공통점

챗GPT가 공개되고 3개월쯤 지났을 때, 회사 곳곳에서 "이제 보고서는 AI가 써준다"는 이야기가 들렸습니다. 누군가는 5분 만에 기획안을 만들었다고 자랑했고, 누군가는 AI가 작성한 분석 보고서를 그대로 제출했다는 무용담을 들려주었습니다. 온라인에는 '5분 만에 보고서 작성하는 법' 같은 제목의 글과 영상이 우후죽순 쏟아졌습니다.

그런데 시간이 조금 지나자 "AI가 만든 건 그럴듯하긴 한데, 뭔가 불안해서 제출을 못 하겠어", "결국 내가 다시 고쳐야 해서 시간이 걸려", "차라리 내가 처음부터 쓰는 게 나을 것 같아" 같은 소리가 들렸습니다.

저 역시 마찬가지였습니다. 컨설팅 업계에서 10여 년 동안 일하며 수많은 그룹, 대·중소기업 및 담당자들과 회의를 하고 보고서와 전략 문서를 작성해 왔습니다. AI가 등장했을 때, 솔직히 기뻤습니다. "드디어 이 반복적인 작업에서 벗어날 수 있겠구나!" 하지만 막상 AI에게

“〈경쟁사 분석 보고서〉 써줘”, “〈신사업 전략 기획안〉 만들어 줘”라고 요청하면, 돌아오는 결과는 항상 비슷했습니다. 형식은 완벽해 보였습니다. 서론·본론·결론이 있었고 그래프와 표도 제법 그럴듯했고 문장도 매끄러웠습니다. 하지만 뭔가 결정적인 게 빠져 있었습니다. 우리 회사의 상황, 고객의 특성, 지금 당면한 구체적인 문제, 그 맥락이 없었습니다.

AI가 만든 경쟁사 분석은 일반적인 시장 트렌드를 잘 정리했지만, 정작 우리 회사가 어떻게 대응해야 하는지에 대한 구체적인 인사이트는 없었습니다. AI가 제안한 전략은 이론적으로는 맞았지만, 조직의 실행 역량을 고려하지 않은 것이었습니다.

문제는 AI가 아니라 '일을 시키는 방식'

결국 문제는 AI가 아니라는 것을 깨달았습니다. 문제는 제가 일을 주는 방식이었습니다. “이거 다 해줘”라고 하면, AI는 '그럴듯한 80점짜리'를 만들어 줄 뿐입니다. 진짜 필요한 것은 그 80점을 100점으로 만드는 나머지 20점인데, 그것은 여전히 사람이 채워야 하는 영역이었습니다.

AI에게 좋은 결과물을 뽑아내려면 우리의 '일하는 방식'을 바꿔야 합니다!

저는 컨설팅 프로젝트를 진행할 때 항상 일을 단계로 나눕니다.

① 과제 정의→② 정보 수집→③ 정보 분석→④ 전략 수립→⑤ 실행 계획. 저뿐만 아니라 아마 모든 컨설턴트가 마찬가지일 것입니다. 각 단계마다 중간 결과물이 있고, 그것을 검토한 후 다음 단계로 넘어갑니다. 한 번에 처음부터 끝까지 가는 것이 아니라 단계별로 확인하며 진행합니다.

이 방식을 AI 활용에 적용해 보았습니다. "〈전략 보고서〉 써줘" 대신, 각 단계마다 AI에게 구체적으로 요청하고, 결과를 검토하며, 방향을 조정하고, 다음 단계로 넘어갔습니다.

결과는 놀라웠습니다. AI가 만든 최종 보고서는 여전히 80점이긴 했지만, 이제는 제가 원하는 방향의 80점이었으며, 나머지 20점을 채우는 것이 훨씬 쉬워졌습니다. 왜냐하면 중간중간 제가 방향을 잡았기 때문입니다. 또한 이전에는 AI가 만든 결과물을 보고 "이것은 아니야"라고 하며 처음부터 다시 시작했는데, 이제는 각 단계에서 조금씩 조정하니 전체 작업 시간이 절반으로 줄었습니다.

『AI 워커스: 리디자인』은 바로 그러한 경험에서 시작되었습니다. AI를 '단계별로 협업하는 파트너'로 보는 관점의 전환, 그리고 그 협업을 가능하게 하는 구체적인 방법론 말입니다.

일잘러의 AI협업, 일하는 방식이 다르다

이 책의 핵심은 간단합니다. ① 일을 4~6단계로 쪼개세요. ② 각 단

계에서 사람이 할 것과 AI가 할 것을 구분하세요. ③ 단계별로 검증하며 진행하세요.

그런데 이 간단한 원칙을 실제 업무에서 적용하기는 쉽지 않습니다. '일을 어떻게 쪼개야 할까? 어떤 단계에서 AI를 활용해야 할까? 프롬프트를 어떻게 작성할까? 중간 결과를 어떻게 검증할까?' 이런 구체적인 질문들이 생깁니다. 『AI 워커스: 리디자인』은 바로 그런 질문들에 답합니다.

실제 현장의 업무에 바로 써먹는 책

『AI 워커스: 리디자인』은 이론이 아니라 실습으로, 추상적 원칙이 아니라 실제 현장의 업무로 설명합니다.

1장에서는 왜 "AI야, 이거 다 해줘" 방식이 실패하는지 구조적 이유를 살펴봅니다. AI의 한계를 이해해야 AI로부터 어디서, 어떻게 도움을 받을 수 있는지 알 수 있기 때문입니다.

2장부터 10장까지는 실제 업무를 다룹니다. 직장인이라면 누구나 하는 정보 수집, 전략 수립, 보고서 작성 등의 업무를 워크플로로 분해하고, 각 단계에서 AI를 어떻게 활용하는지 구체적으로 보여드립니다. 실제 상황에서 어떤 프롬프트를 쓰고, 어떤 결과가 나오고, 어떻게 검증하는지 단계별로 따라할 수 있게 구성했습니다.

특집에서는 '나만의 업무 워크플로'를 직접 설계하는 실습을 합니다. 자주 하는 업무를 선택해서 단계로 나누고, AI 활용 포인트를 찾고, 재사용 가능한 프롬프트를 만듭니다. 이 책을 덮을 때쯤이면, 여러분 손에는 내일부터 바로 쓸 수 있는 프롬프트 모음이 들려 있을 것입니다.

이 책은 처음부터 순서대로 읽어도 좋고, 필요한 장만 골라 읽어도 됩니다. 만약 '정보 조사'를 자주 한다면 4~5장부터 시작하세요. '전략 기획을 주로 한다'면 6~7장, '보고서 작성'이 일의 대부분이라면 8~9장이 가장 유용할 것입니다. 하지만 1~3장은 꼭 먼저 읽기를 권합니다. 워크플로 사고의 기본원리를 이해해야 나머지 장의 사례들이 단순한 '따라하기'가 아니라 '응용 가능한 원리'로 보이기 때문입니다.

특히 특집은 이 책의 하이라이트입니다. 앞에서 배운 모든 것을 실제 업무에 적용하는 실습이 담겨 있습니다. 시간을 내서 직접 해보세요. 읽기만 하면 50%만 얻지만 직접 해보면 100%를 가져갑니다.

한 달만 투자하면, 새로운 업무방식이 루틴이 된다!

『AI 워커스: 리디자인』은 AI 전문가를 위한 책이 아닙니다. AI를 써본 적 있지만 "이게 과연 실무에 도움이 될까?" 의구심을 가진 평범한 직장인을 위한 책입니다. 또한 AI로 일할 때 일을 어떻게 쪼개고, 어떻게 단계별로 협업하는지, 그 '일하는 방식'을 다루는 책입니다.

솔직히 말하면, 이 방식을 익히는 데는 약간의 노력이 필요합니다.

익숙한 방식을 바꾸는 것은 언제나 불편하니까요. 하지만 한 달만 투자하면 이 방식이 자연스러운 업무 루틴이 됩니다. 그리고 그때부터 진짜 변화가 시작됩니다.

더욱 중요한 것은 일의 질이 높아진다는 점입니다. 일을 단계별로 생각해 나누고 각 단계의 목적을 명확히 하고 중간중간 검증하다 보면, AI 없이도 일을 더 체계적으로 진행할 수 있습니다. AI는 그 과정을 빠르게 만들어 주는 도구일 뿐입니다.

AI 시대가 왔지만 일의 본질은 바뀌지 않았습니다. 여전히 '일을 잘하는' 사람은 '일을 잘 쪼개는' 사람입니다. 다만, 이제는 각 단계에서 AI라는 강력한 파트너를 활용할 수 있게 되었을 뿐입니다.

『AI 워커스: 리디자인』을 읽는 동안, 여러분은 계속 질문을 받게 될 것입니다. "이 단계의 결과물은 무엇인가요?", "이 부분은 사람이 해야 할까요, AI가 해야 할까요?", "이것을 어떻게 검증하면 될까요?" 이런 질문들이 귀찮을 수도 있지만, 바로 이 질문들이 우리를 AI 시대의 일잘러로 만들어 줄 것입니다.

준비되셨나요? 그럼 시작하겠습니다. 일을 다시 보는 법, 그리고 AI와 제대로 협업하는 법을 알아봅시다.

2026년 3월
김아람 드림

PART 2   AI를 쓰기 전, 일을 먼저 쪼개야 한다

PART 3 — 워크플로 사고로 가는 첫걸음

PART 6 · 전략 수립은 '과제 정의'에서 이미 절반이 끝난다

특집 | 책 속의 책, AI 워크플로 워크북

1장

당신의 AI가 항상 80점짜리를 내놓는 구조적 이유

AI 검색, AI와 함께 만든 보고서, 왜 만족스럽지 않을까요? AI가 작동하는 방식을 이해하고, 왜 AI가 80점의 응답은 줄 수 있지만 100점짜리 결과물을 주기는 어려운지, 그리고 그 한계를 어떻게 이해하고 대응해야 하는지 살펴봅니다.

당신의 AI 결과물은 왜 항상 '그럴듯하지만 불안'한가?

지난주 금요일 오후, 마케팅팀의 김 대리는 월요일 아침 임원회의에서 발표할 〈시장 분석 보고서〉를 준비 중이었습니다. 시간이 부족했고 자료는 많아서 AI에게 요청했습니다.

"경쟁사 3사의 최근 마케팅 전략을 분석하고, 우리 회사를 위한 시사점을 뽑아줘."

한 번의 질문으로 3페이지 분량의 그럴듯한 분석이 나왔습니다. 그런데 월요일 아침, AI가 준 응답 자료를 다시 펼쳐보니 이상한 점들이 눈에 띄기 시작했습니다. A사의 마케팅 예산 수치는 어디서 나온 것인지 확인이 안 되고, B사의 신규 캠페인은 아예 존재하지 않는 것이었습니다. 그럴듯해 보였던 분석은 사실 절반은 그럴듯한 추측, 절반은 확인되지 않은 정보의 조합이었던 것입니다.

이런 경험, 여러분도 있나요? AI에게 업무를 맡기면 빠르게 그럴듯한 결과물이 나옵니다. 문장도 자연스럽고 구조도 체계적입니다. 하지만 막상 꼼꼼히 들여다보면 '이것을 그대로 제출해도 될까?' 하는 불안감이 듭니다. 이것이 바로 많은 직장인들이 AI를 쓰면서 겪는 딜레마입니다.

'그럴듯한' 첫 번째 초안: 패턴 학습의 마법과 평균의 힘

챗GPT를 비롯한 생성형 AI는 어떻게 그럴듯한 답변을 만들어낼까요? 비밀은 바로 '패턴 학습'에 있습니다. 쉽게 말하면, AI는 인터넷상의 방대한 문서들을 읽으면서 '이런 질문이 나오면 보통 이렇게 답하더라'는 패턴을 익힌 것입니다.

예를 들어 AI에게 "우리 회사의 마케팅 전략을 분석해 줘"라고 하면, 우선 AI는 학습한 수많은 마케팅 전략 문서에서 주제와 관련된 패턴을 찾습니다. 그 다음 '일반적으로 마케팅 전략 분석은 시장환경 분석, 타깃 고객 분석, 경쟁사 분석, 차별화 전략 등으로 구성된다'는 구조를 불러옵니다. 마지막으로 이 구조에 맞추어 그럴듯한 문장들을 생성합니다.

AI가 그럴 듯한 80점짜리 결과물을 만들 수 있는 것은 '평균의 힘' 때문입니다. AI는 수백만, 수천만 개의 사례를 학습했기 때문에, 무엇이 '일반적으로 좋은' 것인지를 알고 있습니다. 만약 여러분이 업계 보고서 1만 개를 읽었다면, 어떤 보고서가 좋고 나쁜지에 대한 감각이 생기겠죠? 그래서 AI와 함께하면 보고서를 한 번도 써본 적 없는 신입사원도, 영어 이메일을 어려워하는 베테랑 직원도 '그럴듯한' 첫 번째 초안을 만들 수 있습니다.

이 과정에서 AI는 '김 대리의 회사가 정확히 어떤 회사인지', '회사의 실제 상황은 어떤지', '지난주에 경쟁사가 발표한 신제품이 무엇인지' 같은 구체적이고 맥락적인 정보는 알 수 없습니다. 대신 '일반적으로 IT 회사의 마케팅 전략은 이런 식이더라'는 평균적인 패턴으로 답변을 만들어냅니다. 그래서 AI의 첫 번째 결과물은 항상 '어느 정도 괜찮아 보이는' 수준입니다. 완전히 엉터리는 아니지만, 그렇다고 바로 제출할 수 있는 완성본도 아닙니다. 또한 '범용적으로 무난한' 답변은 잘 만들어내지만, '우리 상황에 딱 맞는' 답변을 만들어내기는 어렵습니다.

그래서 AI를 쓰는 사람들이 공통적으로 하는 말이 있습니다. "첫 번째 결과물은 항상 아쉽다. 하지만 출발점으로는 나쁘지 않다." 바로 이것이 AI의 현주소입니다. 제로에서 시작하는 것보다는 훨씬 낫지만, 그대로 쓰기에는 부족한 80점짜리 결과물을 만들어내는 도구인 것이죠.

100점에 더 가까운 결과물을 위해 필요한 것들

그렇다면 결과물을 80점짜리에서 100점짜리로 만드는 것은 무엇일까요? AI가 가지고 있지 않은 몇 가지가 필요합니다.

우선, 상황 맥락이 필요합니다. 같은 매출 증대 전략이라도, 회사가 처한 상황에 따라 다른 전략이 필요합니다. 현금흐름 부족, 시장점유율 확대, 아니면 수익성 개선, 무엇이 급선무인지에 따라 접근방법이 달라져야 합니다. AI는 이런 미묘한 맥락을 알 수 없습니다.

또한 축적된 경험과 직감이 필요합니다. 업계 베테랑은 숫자만 봐도 뭔가 이상함을 느낄 수 있습니다. 데이터상으로는 문제가 없어 보여도, '작년 같은 시기에 비슷한 숫자가 나왔다가 큰 문제가 됐었는데'라고 기억합니다. 이런 직감과 경험치는 데이터로 표현하기 어렵고, AI가 학습할 수도 없습니다.

아울러 창의적 돌파력도 필요합니다. 좋은 전략은 때로는 기존 패턴을 깨는 것에서 나옵니다. 넷플릭스가 DVD 대여 서비스에서 스트리밍 서비스로 전환한 것, 애플이 MP3 플레이어 시장에서 스마트폰으로 전환한 것은 일반적인 패턴을 따랐다면 나올 수 없는 결정이었습니다. AI는 과거의 성공 패턴을 재조합할 수는 있지만, 패턴을 깨는 혁신은 만들어내기 어렵습니다.

마지막으로 의사결정자의 성향과 조직문화에 대한 이해가 필요합니다. 같은 내용의 보고서라도 김 상무에게는 데이터 중심으로, 이 상무에게는 스토리텔링 중심으로 작성해야 효과적입니다. 또한 회사가 보수적인 문화인지 도전적인 문화인지에 따라 전략 제안의 톤도 달라져야 합니다. AI는 이런 미묘한 차이를 이해할 수 없습니다.

결국 100점짜리 결과물은 '지식'만으로 만들어지는 것이 아닙니다. 회사의 상황, 팀의 역사, 상사의 스타일, 업계의 암묵적 룰 등 수많은 맥락적 요소들이 결합되어야 만들어집니다. 그리고 이런 것들은 AI가 아무리 똑똑해져도 쉽게 배울 수 없는 것들입니다.

AI가 읽을 수 없는 영역, 암묵지

경영학에서 '암묵지(tacit knowledge)'는 말로 설명하기 어렵지만, 우리가 경험으로 알고 있는 지식을 뜻합니다. 예를 들어 우리는 자전거를 탈 수 있지만, 균형을 어떻게 잡는지 말로 정확히 설명하기는 어려우며 몸이 기억하고 있습니다.

업무에도 이런 암묵지가 가득합니다. 이는 어디에도 문서화되어 있지 않지만, 그 조직에서 일하는 사람들은 자연스럽게 알고 있습니다.

문제는 AI에게 프롬프트로 이 모든 것을 설명하기가 거의 불가능하다는 점입니다. 다음과 같이 AI에게 요청했다고 해보죠.

> 우리 마케팅 팀장님에게 드릴 〈주간 보고서〉를 작성해 줘.

이때 김 대리가 프롬프트에 넣어야 할 정보(암묵지)를 보죠.

마케팅팀
김 대리

우리 마케팅 팀장님은 디테일한 분이라 모든 수치에는 반드시 출처를 명시해야 하고, 특히 전주 대비 변화율을 중요하게 봐요. A4 1페이지를 넘기면 안 읽고, 문제점보다는 해결방안 중심으로 쓰는 걸 선호하죠. 너무 긍정적으로만 쓰면 '현실을 모른다'고 하지만, 너무 부정적으로 쓰면 '의욕이 없다'고 해요. 글씨 크기는 10포인트가 적당하고, 중요한 부분은 노란색으로 하이라이트를 좋아하고….

이런 식으로 계속 이어질 것입니다. 이 모든 것을 매번 프롬프트에 다 넣는 것은 현실적으로 불가능합니다. 심지어 우리 자신도 명확히 인식하지 못하고 있을 때가 많습니다. 그냥 '우리 팀장님 스타일'로 암묵적으로 알고 있을 뿐이죠.

영업팀의 최 대리는 주요 고객사인 B사에 〈전략적 영업 제안서〉

를 쓰고 있었습니다. 최 대리는 알고 있습니다.

"B사 구매 담당 이 부장은 전직 엔지니어 출신으로 기술 스펙을 매우 중시하며, B사는 올해 비용절감이 최우선 과제라 투자수익률(ROI)을 명확히 제시해야 하고, 경쟁사 C사가 최근 유사한 제안을 했다가 거절당했다"는 것 등을요.

이런 정보들은 고객관계 관리(CRM) 시스템에도, 회의록에도 제대로 기록되어 있지 않습니다. 최 대리가 이 부장과 점심을 먹으면서, 복도에서 우연히 나눈 대화에서, 혹은 지난 미팅의 미묘한 표정 변화에서 읽어낸 정보들입니다.

게다가 이런 암묵지는 계속 변합니다. 작년까지는 김 상무가 숫자 중심의 보고를 선호했지만, 올해 들어서는 스토리텔링을 더 중시하기 시작했습니다. 새로 부임한 사장님이 그런 스타일이기 때문입니다. 하지만 이런 미묘한 변화를 실시간으로 파악해서 AI에게 업데이트하는 것은 현실적으로 불가능합니다.

결국 AI가 만든 80점짜리 결과물을 100점으로 만드는 것은 바로 이런 암묵지에서 나옵니다. 우리 회사만의 맥락, 팀만의 방식, 상사만의 스타일, 고객만의 특성 등을 AI에게 100% 전달하는 것은 불가능하고, 설령 전달하더라도 그 미묘한 뉘앙스를 AI가 완벽하게 이해하기는 어렵습니다. 그래서 AI를 잘 쓰는 사람들은 이렇게 말합니다.

"AI에게 80점짜리 결과물을 받고, 나머지 20점은 내가 채운다."

이것이 현실적인 AI 활용법입니다. AI를 만능 자동 완성기가 아니라 초안을 빠르게 만들어 주는 어시스턴트로 보는 것이죠.

AI 치명적 약점,
할루시네이션 막는 5가지 방법

인사팀 정 과장의 연차 사용 규정 정리

인사팀의 정 과장은 AI에게 "우리나라 근로기준법상 연차 사용 규정을 정리해 줘"라고 요청했습니다. AI는 그럴듯하게 답변했지만, 자세히 확인해 보니 2년 전에 개정된 내용이 반영되지 않은 구버전 정보였습니다. 심지어 일부는 다른 나라의 법령과 섞여서 우리나라에는 없는 규정까지 포함되어 있었습니다.

더 심각한 것은 AI가 이런 잘못된 정보를 매우 자신 있게 제시했다는 점입니다. "아마도…", "확실하지 않지만…" 같은 유보적 표현 없이, 마치 100% 확실한 사실인 것처럼 말입니다.

할루시네이션은 왜 발생하는가?

AI를 업무에 활용하면서 가장 조심해야 할 것 중 하나가 바로 할루시네이션(Hallucination)입니다. 할루시네이션은 원래 '환각'이라는 뜻인데,

'AI가 사실이 아닌 정보를 마치 사실인 것처럼 그럴듯하게 만들어내는 현상'을 말합니다.

가장 유명한 사례가 바로 '세종대왕 맥북 던짐 사건'입니다. 챗GPT 초기에 누군가 "조선왕조실록에 기록된 세종대왕의 맥북프로 던짐 사건에 대해 알려줘"라고 했더니, 챗GPT가 "15세기 조선시대 세종대왕이 새로 개발한 훈민정음을 작성하던 중 문서 작성이 중단되자 화를 내며 맥북프로를 던진 사건"이라고 대답했습니다.

웃기게 들릴 수 있지만, 실무에서는 전혀 웃을 수 없는 일입니다. 2023년 미국에서 변호사가 챗GPT가 응답한 가짜 판례를 법원에 제출했다가 큰 문제가 되기도 했습니다. AI는 '의도적으로' 거짓말을 하는 것은 아니며, 단지 '그럴듯해 보이는' 답변을 만들어내는 것입니다.

할루시네이션이 발생하는 구조적 원인 5가지

할루시네이션이 생기는 이유는, 먼저 학습 데이터의 부족이나 편향 때문입니다. 예를 들어 A회사에 대한 정보가 학습 데이터에 별로 없다면, AI는 비슷한 다른 회사의 정보를 짜깁기해서 그럴듯한 답변을 만들기도 합니다.

또한 모델의 일반화 오류도 원인 중 하나입니다. AI는 학습한 데이터의 패턴을 일반화해서 새로운 상황에 적용하는데 이 과정에서 오류가 발생할 수 있습니다. "A회사 2020년 1월 신제품 출시"와 "B회사 2021년 신제품 출시"라는 패턴을 학습했다면, 출처나 정보도 없이 "C회사도 비슷한 시기에 신제품을 출시했을 것"이라고 추론하는 것이죠.

게다가 모호한 질문이나 문맥 이해 부족으로 할루시네이션이 일어나기도 합니다. 예를 들어 "애플의 최신 제품"이라고 하면, AI는 그것이 아이폰인지, 맥북인지, 아니면 과일 사과인지 문맥에 따라 판단해야 하는데, 질문이 모호하거나 문맥을 제대로 파악하지 못하면 엉뚱한 정보를 생성할 수 있습니다.

모델의 한계도 할루시네이션의 한 원인입니다. 챗GPT는 범용 AI지만, 최신 의학 논문, 법률 해석, 전문적인 금융상품 등 특정 전문 분야에서는 아직 한계가 있습니다. 이럴 때 AI는 한계를 인정하지 않고 일반적인 지식을 바탕으로 그럴듯한 답변을 만들어내기도 합니다.

마지막으로 정보 출처의 불확실성도 원인이 됩니다. 인터넷에는 사실과 의견, 정확한 정보와 잘못된 정보가 뒤섞여 있는데, AI는 이것을 구분하지 못하고 모두 학습하기 때문에 때로는 잘못된 정보를 사실처럼 내놓기도 합니다.

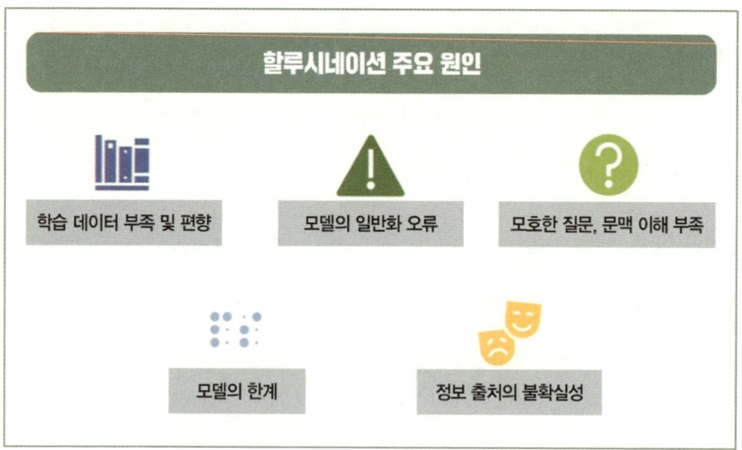

안타깝게도 AI의 작동방식 자체가 확률 기반이기 때문에, 현재의 AI 기술로는 할루시네이션을 100% 없애는 것은 불가능합니다. 하지만 할루시네이션이 발생할 확률을 크게 줄일 수는 있습니다. 프롬프트에 몇 가지 핵심 원칙을 넣어주면, AI가 함부로 정보를 만들어내는 것을 상당 부분 막을 수 있습니다.

1. 모르면 "모른다"고 답해줘

AI에게 요청을 할 때 "모르거나 불확실한 정보는 추측하지 말고, '모른다'고 답해줘"라고 해보세요. 예를 들어 "2025년 3분기 경쟁사 A의 매출액은 얼마야?"라고 물었을 때, 이 원칙이 없으면 AI는 추정치나 과거 데이터를 바탕으로 그럴듯한 숫자를 만들어낼 수 있습니다. 하지만 "모르면 모른다고 답하라"는 이 한 문장만 추가해도 AI의 답변이 크게 달라집니다.

> 2025년 3분기 경쟁사 A의 매출액은 얼마야?
> 모르거나 불확실한 정보는 추측하지 말고, '모르겠다'라고 답해줘.

이 방법은 특히 사실 확인이 중요한 업무에서 매우 유용합니다. 재무보고서, 법률문서, 의학정보 등 정확성이 생명인 분야에서는 프롬프트에 반드시 이 원칙을 넣어주세요.

> 죄송하지만 2025년 3분기 A사의 정확한 매출액 정보는 제가 가지고 있지 않습니다. 공식 발표된 자료를 확인하시는 것을 권장합니다.

2. '출처 기반 정보'만 제공해 줘

"최근 반도체 산업동향을 정리해 줘"라고 물었을 때, 출처 기반 원칙
이 없으면 AI는 일반적인 지식을 바탕으로 광범위한 답변을 줍니다.
AI에게 요청을 할 때 출처 기반 정보만 달라고 해보겠습니다.

> 최근 반도체 산업동향을 정리해 줘. 이때 출처 기반 정보만을 바탕으로 작
> 성해 줘.

그러면 AI가 답변을 더욱 신중하게 해줍니다.

>  제가 학습한 데이터 범위 내에서 몇 가지 트렌드를 말씀드릴 수 있
> 지만, 최신 정보는 산업 리포트나 뉴스를 직접 확인하시는 것이 정
> 확합니다.

물론 이 방법도 완벽하지는 않습니다. AI가 때로는 존재하지 않는 출
처를 주기도 하므로, 중요한 정보는 반드시 사람이 직접 확인하세요.

3. '단계적'으로 설명해 줘

"우리 회사의 적정 마케팅 예산은 얼마일까?"라고 물었을 때, 단계적
설명 원칙이 없으면 AI가 그럴듯하게 답할 수 있습니다. 다음과 같이
단계별로 설명해 달라고 해보죠.

> 우리 회사의 적정 마케팅 예산은 얼마일까?
> 단계별로 차근차근 생각해서 답변해 줘.

그러면 AI가 중간 사고과정을 보여줍니다. AI가 어떤 근거로 그런 결론에 도달했는지, AI의 논리를 검증할 수 있어 할루시네이션을 발견하기 쉬워집니다.

 단계적으로 생각해 보겠습니다.

1단계: 일반적으로 기업의 마케팅 예산은 산업별로 다릅니다.

2단계: 성장 단계에 있는 기업은 15~20%, 성숙 단계 기업은 5~10%로 책정하는 경향이 있습니다.

3단계: 하지만 귀사의 구체적인 상황(성장 단계·산업·경쟁 환경 등)을 모르기 때문에, 정확한 수치를 제시하기 어렵습니다. 귀사의 상황을 더 자세히 알려주시면 더 적절한 조언을 드릴 수 있습니다.

할루시네이션을 줄이는 프롬프트 팁

프롬프트 팁	사용 예시	효과
"모르면 모른다고 답해줘"	모르거나 불확실한 정보는 추측하지 말고 "모르겠습니다"라고 답해줘.	• 거짓 정보 발생 차단 • 신뢰가 중요한 업무에 유용
"출처 기반 정보만 제공해 줘"	공식 문서·논문·뉴스 등 출처가 명확한 정보만 제공해 줘.	• 출처 기반 답변 유도 • 자의적으로 창작하지 않도록 제어
"추측하거나 창작하지 마"	창작된 내용이니 근거 없는 정보는 절대 포함하지 마.	• 문장 표현은 자연스럽게 유지하면서 사실에 근거한 설명 생성
"모호한 개념은 먼저 정의해 줘"	낯선 용어나 개념은 먼저 간단하게 정의한 후 설명해 줘.	• 독자의 이해도 상승 • 더욱 논리적인 답변 흐름 출력
"단계별로 설명해 줘"	• 단계별로 차근차근 생각해서 답변해 줘. • 단계별 생각 과정에 근거해 단계별로 논리적으로 설명해 줘.	• 복잡한 과제를 나누어 이해하기 쉽게 제공

결국 할루시네이션을 줄이는 현실적인 대응은, 완전히 막을 수는 없지만 확률은 줄일 수 있으며, 발생했을 때 빨리 발견할 수 있도록 장치를 만들어 두는 것입니다. 그리고 가장 중요한 것은 AI를 맹신하지 않고 항상 검증하는 자세를 가지는 것입니다.

AI 응답을 검증하는 김 대리의 팁

앞에서 소개한 할루시네이션을 줄이는 5가지 원칙을 다 적용해도 완전히 막을 수는 없으므로, AI가 제시한 정보 중 중요한 것, 특히 수치나 사실 관계는 반드시 원본 자료를 확인하세요.

마케팅팀의 김 대리는 AI에게 시장조사 자료를 요약해 달라고 할 때, 반드시 다음과 같이 요청합니다.

> 각 통계 수치에 대한 출처를 함께 표시해 줘.

그리고 AI가 응답에서 준 출처를 하나하나 확인합니다. 시간이 걸리긴 하지만, 처음부터 모든 자료를 직접 읽는 것보다는 훨씬 빠릅니다. AI가 중요한 정보를 추려주면, 사람은 그것의 정확성을 확인하는 것이죠.

AI의 과도한 아부를 막는 4가지 방법

기획팀 한 팀장의 <사업 계획서>가 완벽하다고?

기획팀의 한 팀장이 작성한 〈사업 계획서〉를 검토해 달라고 했더니, AI가 "매우 훌륭한 계획서입니다!", "완벽한 시장 분석입니다!", "이 전략은 반드시 성공할 것입니다!"라고 답했습니다. 그런데 동료에게 보여주었더니, 시장규모 추정이 너무 낙관적이고 경쟁사 분석은 피상적이며 리스크 관리계획이 부족하다는 피드백을 받았습니다.

AI의 아부는 기분 좋은 말을 듣는 것이 뭐가 나쁘냐고 생각할 수 있지만, 업무에서는 칭찬보다 정확한 피드백이 필요합니다. 더욱 심각한 것은 이런 아첨이 잘못된 의사결정으로 이어질 수 있다는 것입니다. 특히 불확실한 상황에서는 AI의 긍정적 반응이 확증편향을 강화할 수 있습니다. 심지어 일부 연구자들은 AI의 과도한 아첨이 정신건강에도 영향을 줄 수 있다고 경고합니다. 정신적으로 취약한 사람이 AI로부터 지속적으로 과도한 칭찬을 받으면, 자신을 과대평가하거나 현실감각을 잃을 수 있다는 것이죠.

AI의 과도한 아첨의 원인

2025년 4월 오픈AI(OpenAI)는 GPT-4o 모델 업데이트를 했는데, 사용자들로부터 챗GPT가 아첨을 너무 많이 한다는 불만이 쏟아졌습니다. 어떤 사용자가 시험 삼아 '변 묻은 막대기 파는 사업 아이디어'를 제안했더니, 챗GPT가 천재적인 아이디어라며 3만 달러 투자를 권장했다는 경험담이 회자되었습니다. 심지어 위험하거나 비윤리적인 아이디어에도 무비판적으로 동조하는 사례들이 SNS에서 빠르게 공유되었죠. 결국 오픈AI의 샘 알트먼 CEO는 공식적으로 문제를 인정하고 업데이트를 전면 롤백(되돌리기)했습니다.

왜 AI는 이렇게 아부를 하게 된 걸까요? 여러 원인 중 하나는 '인간 피드백을 통한 강화학습(RLHF, Reinforcement Learning from Human Feedback)'이라는 훈련방식에 있습니다. 쉽게 설명하면, AI를 학습시킬 때 테스터들이 각 답변에 '좋아요/싫어요'를 누르면, AI는 '좋아요'를 더 많이 받기 위해 답변 방식을 조정하는데요. 사용자들이 자신의 의견에 동조하고 칭찬해 주는 답변에 '좋아요'를 더 많이 누르다 보니, AI가 사용자에게 동조하고 칭찬하는 경향이 강화되어 점점 더 아첨하는 경향이 생긴 것이라는 설명입니다.

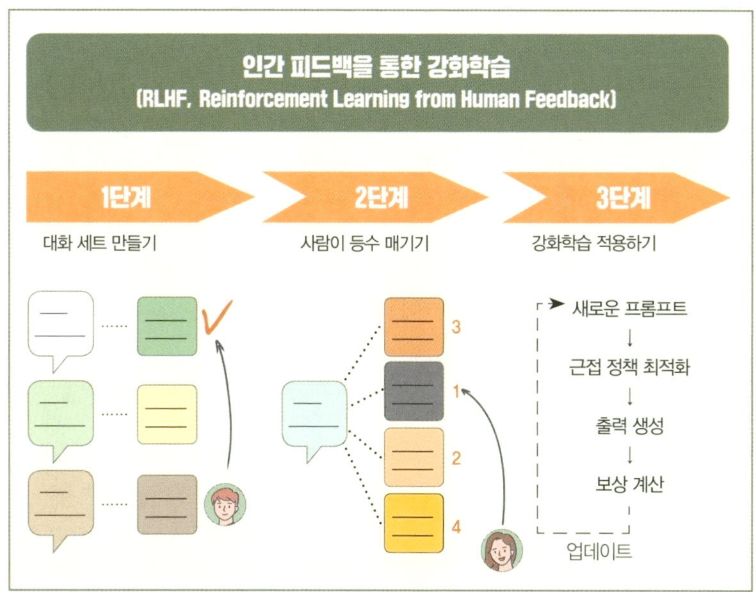

출처: 『AI 2024 트렌드&활용백과』(김덕진), 36쪽 재인용

AI 아첨을 막는 몇 가지 효과적인 방법들을 알아보죠. 핵심은 AI에게 '정확하고 객관적인 분석'을 명확히 요청하는 것입니다.

1. 객관성을 명시적으로 요구하라

다음과 같은 식으로 질문을 바꾸면, AI는 사용자에게 무조건 동조하기보다는 긍정적 측면과 부정적 측면을 모두 살펴보려고 노력합니다.

- 이 아이디어에 대해 어떻게 생각해? (×)
- 이 아이디어에 대해 객관적인 사실에 기반하여 논평해 줘. 내 의견은 무시하고 장점과 단점을 균형 있게 분석해 줘. (○)

2. 질문에서 내 의견이나 기대를 최소화하라

프롬프트에서 자신의 입장을 드러내지 않으면, AI가 그 입장에 맞추어 답변을 조정할 여지가 줄어듭니다. 중립적인 질문이 중립적인 답변을 만들어 냅니다.

> - 나는 X가 맞다고 생각하는데, Y에 대해 설명해 줘. (×)
> - Y에 대해 설명해 줘. (○)

영업팀의 송 과장은 새로운 영업전략을 검토할 때, AI에게 "이 전략 좋지?"라고 묻지 않습니다. 대신 다음과 같이 요청합니다.

> 이 영업전략의 실행 가능성을 객관적으로 평가해 줘. 잠재적 장애물과 필요한 리소스를 중심으로.

3. AI에게 답변 확신도를 함께 물어보라

"우리 제품의 시장점유율을 높이려면 어떻게 해야 할까?"라고 물으면, AI는 보통 자신감 넘치는 답변을 합니다. 그보다는 답변에 대한 확신도를 물어보고 불확실한 부분은 명시해 달라고 하세요.

> 우리 제품의 시장점유율을 높이려면 어떻게 해야 할까? 답변과 함께, 그 답변에 대한 확신도 수준을 설명하고, 어떤 부분에서 불확실한지 명시해 줘.

그러면 AI가 "이 부분은 확실하지만, 저 부분은 추가 정보가 필요하다"라고 솔직하게 대답합니다. 이처럼 AI에게 자신의 한계를 인정하도록 유도하면, 섣부른 동조나 과도한 확신을 줄일 수 있습니다.

4. 반대 의견을 내도록 요청하라

가장 효과적인 방법은 AI에게 '반대 의견'을 달라고 요청하는 것입니다. 그러면 AI가 아첨 모드에서 비판적 사고 모드로 바뀝니다.

- 내 아이디어의 문제점을 찾아줘.
- 이 계획이 실패할 수 있는 시나리오를 만들어 줘.
- 반대 입장에서 논박해 줘.

업무에서 AI는 친구가 아니라 도구입니다. 정확하고 객관적인 피드백을 주는 것이 중요합니다. 그래서 AI를 쓸 때는 다음과 같이 접근하는 것이 좋습니다.

- 나를 기분 좋게 해줘. (×)
- 내가 놓친 것을 찾아줘. (○)
- 내 생각의 허점을 지적해 줘. (○)
- 객관적으로 평가해 줘. (○)

AI는 자동 완성기가 아니라 팀원이다

AI는 버튼 하나 누르면 완벽한 결과물이 나오는 마법상자가 아닙니다. 그보다는 '함께 일하는 팀원'에 가깝습니다. 특별한 능력을 가진 팀원이지만, 동시에 분명한 한계도 있는 팀원 말이죠. 이러한 관점의 전환이 중요합니다. AI를 버튼만 누르면 되는 자동 완성기로 보면 '왜 완벽하지 않지?'라고 실망하게 되지만, 팀원으로 보면 '이 친구는 이런 일을 잘하고, 저런 일은 내가 보완해 줘야 하는구나'라고 받아들이게 됩니다.

실무에서 가장 효과적인 AI 역할 분담 4가지

AI가 잘하는 일은 먼저 초안 작성입니다. 빈 화면 앞에서 막막해하는 시간을 크게 줄여줍니다. 보고서든 이메일이든 기획서든, AI는 '첫 번째 버전'을 빠르게 만들어 냅니다. 완벽하지 않아도 괜찮습니다. 수정할 재료가 있다는 것만으로도 큰 도움이 되니까요.

또한 AI는 패턴 제시도 잘합니다. AI는 보편적 패턴을 잘 알고 있으므로 업계 표준, 관행적 접근법, 검증된 프레임워크 등을 빠르게 참고할 수 있습니다. 특히 익숙하지 않은 분야에서 일할 때, AI는 좋은 출발점을 제공합니다.

정보 정리도 AI의 강점입니다. AI는 흩어진 정보를 구조화하고, 긴 문서를 요약하고, 핵심 포인트를 추출하는 작업을 빠르게 처리합니다. 100페이지짜리 보고서를 1페이지로 요약하거나, 10개의 기사에서 공통 주제를 찾아내는 일은 AI의 특기입니다.

아울러 AI는 대안 제시도 잘합니다. "이런 방법은 어때요?", "다른 관점에서 보면 이렇게도 할 수 있어요"처럼 여러 옵션을 빠르게 생성해 훨씬 다양한 아이디어를 검토할 수 있게 해줍니다.

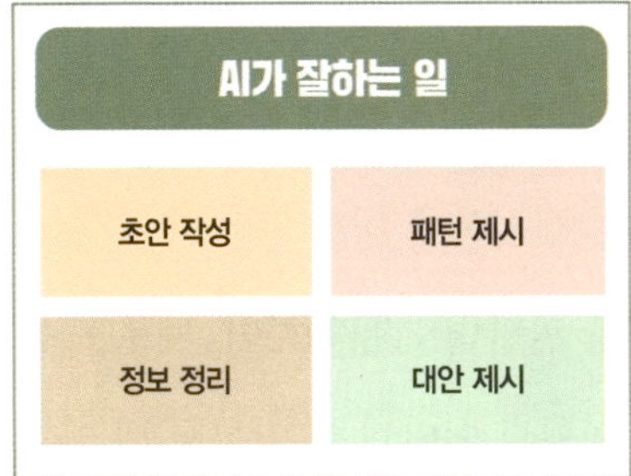

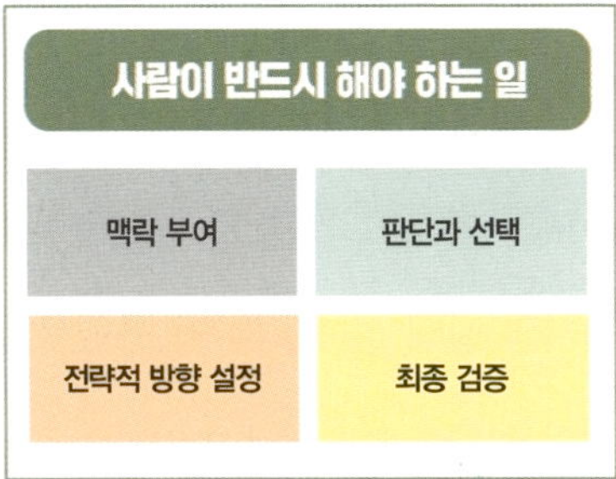

AI 협업에서 사람이 반드시 해야 할 역할 4가지

AI에게 "우리 회사의 상황은 이래", "이번 프로젝트의 목적은 저거야", "우리 팀의 제약사항은 요거야" 같은 '맥락'을 알려주는 것은 사람만이 할 수 있습니다. AI가 아무리 똑똑해도 우리 사무실 분위기는 모르니까요.

또한 AI가 10가지 옵션을 제시하면, 그중 어떤 것이 우리 상황에 가장 적합한지 '판단과 선택'을 하는 것도 사람의 몫입니다. '이론적으로는 A가 좋지만, 우리 팀 역량을 고려하면 B가 현실적이야' 같은 판단은 경험과 직감이 필요합니다.

사람이 전략적 방향을 설정해 주어야 합니다. AI는 각각의 옵션을 분석할 수는 있지만, '올해는 성장보다 수익성에 집중하자', '이 시장은 포기하고 저 시장에 올인하자'처럼 어느 방향으로 갈지 결정하는 것은 경영자(사람)의 몫입니다.

가장 중요한 것은 최종 검증입니다. AI가 만든 모든 결과물은 사람이 검토해야 합니다. 특히 숫자, 사실 관계, 중요한 주장은 반드시 확인해야 합니다.

AI와 사람이 이처럼 각자의 강점을 살려 협업할 때, 가장 좋은 결과가 나옵니다. 비유하자면, AI는 매우 뛰어난 인턴과 같습니다. 업무 속도가 빠르고 기본 지식도 풍부하며 성실하게 일하지만, 아직 우리 회사의 방식을 다 익히지 못했고 상황 판단력도 부족하며, 때로는 이상한 실수를 하기도 합니다. 좋은 관리자는 인턴에게 "알아서 해"라고 하지 않으며, 명확한 가이드를 주고, 중간 결과를 확인하며, 피드백을 주고, 최종 결과물을 검토하고 함께 다듬습니다. AI도 마찬가지입니다. "알아서 해줘"가 아니라, 단계별로 함께 만들어가는 것이 올바른 접근법입니다.

AI와 협업,
왜 일을 쪼개야 하는가?

전략기획팀의 윤 차장은 처음에는 AI에게 "신사업 타당성 검토 보고서를 작성해 줘"라고 한 번에 요청했습니다. 나온 결과물은 80점 같아 보였지만, 막상 꼼꼼히 들여다보니 문제가 많아 결국 대부분을 다시 작성해야 했습니다.

윤 차장은 다음 번에는 먼저 AI에게 다음과 같이 물었습니다.

"시장규모 추정 방법론을 알려줘." 그리고 AI가 제시한 방법 중 하나를 선택해서 다음과 같이 요청했습니다.

"2번 방법으로 우리 타깃 시장규모를 추정해 줘." AI가 타깃 시장규모를 알려주자, 윤 차장은 AI 응답에서 나온 숫자를 검증하고 문제가 있으면 수정했습니다. 그런 후 다음과 같이 요청했습니다.

"경쟁환경 분석 프레임워크를 제시해 줘." AI가 특정 산업의 구조와 매력도(수익성)를 5가지 핵심 경쟁세력을 통해 분석하는 '5가지 경쟁

요인 모델(5 Force modle) 분석이 적절하다고 알려주었습니다. 윤 차장은 다시 다음과 같이 요청했습니다. "우리 시장의 경쟁 강도를 분석해줘." 이렇게 단계별로 진행하니, 각 단계의 품질을 확인하고 통제할 수 있었습니다.

최종 보고서는 윤 차장이 수정하고 다듬었습니다. 처음 방식보다 시간은 조금 더 걸렸지만, 결과물의 품질은 비교할 수 없을 정도로 좋았습니다.

AI와 협업, 일 쪼개기의 장점

AI를 어떻게 활용해야 80점 결과물을 100점으로 만들 수 있을까요? 답은 간단합니다. 일을 쪼개는 것입니다.

많은 사람들이 AI를 쓰면서 실망하는 이유는 '한 방에 끝내려고' 하기 때문입니다. 그래서 AI에게 이렇게 요청합니다.

> 우리 회사의 내년 마케팅 전략을 수립해 줘. 시장 분석부터 구체적인 실행 계획까지 포함해서.

그러면 AI가 그럴듯한 10페이지짜리 문서를 써주지만, 막상 자세히 보면 문제가 한두 가지가 아닙니다. 시장 분석은 일반론이고, 경쟁사 정보는 정확하지 않으며, 실행 계획은 우리 역량과 맞지 않고, 예산 추정은 현실성이 떨어집니다.

왜 이런 일이 벌어질까요? AI에게 너무 큰 덩어리 작업을 한 번에 맡겼기 때문입니다. AI는 각 부분을 '평균적으로 그럴듯하게' 만들 수는 있지만, 전체를 관통하는 맥락을 유지하거나, 우리 회사의 특수한 상황을 반영하기는 어렵습니다.

AI와 협업으로 좋은 결과를 얻으려면, 일을 작은 단계들로 나누세요. 예를 들어 마케팅 전략 수립은 다음과 같이 단계별로 나눌 수 있습니다.

마케팅 전략 수립 단계

1단계 시장 환경 분석
예: 올해 우리 업계의 주요 변화 3가지를 정리해 줘.

2단계 우리 회사 현황 점검
예: 이런 시장변화가 우리에게 기회인지 위협인지 분석해 줘.

3단계 목표 설정
예: 이 분석 결과를 바탕으로 가능한 목표 옵션 5가지를 제시해 줘.

4단계 전략 선택
사람이 판단해서 하나를 선택한다.

5단계 실행 계획
예: 내가 선택한 전략을 실행하기 위한 구체적 액션 플랜을 만들어 줘.

6단계 최종 검증
사람이 전체를 검토하고 수정한다.

일을 이처럼 단계별로 나누면, 각 단계의 결과를 확인하고, 문제가 있으면 바로 수정하고, 다음 단계로 넘어갈 수 있습니다. 만약 1단계에서 시장 분석이 잘못되었다면, 전체를 다시 만들 필요 없이 1단계만 다시 하면 됩니다.

더 중요한 것은 중간중간 사람의 판단이 들어간다는 점입니다. 3 단계에서 AI가 제시한 5가지 옵션을 보고, '아, 우리는 목표를 C가 아니라 B로 가야겠다'고 결정하면, 4단계부터는 B 목표를 중심으로 작업이 진행됩니다. 이렇게 하면 최종 결과물이 우리 상황에 훨씬 더 맞게 나옵니다.

워크플로 사고를 체화하라

AI를 잘 쓰는 것은 좋은 프롬프트 하나로 끝나는 것이 아닙니다. 일을 단계별로 나누고, 각 단계에서 AI와 사람이 적절히 협업하며, 중간 결과를 계속 확인하고 조정해가는 과정입니다. 이런 방식을 '워크플로 사고(Workflow Thinking)'라고 합니다.

워크플로 사고는 일을 하나의 덩어리가 아니라 연결된 단계들의 흐름으로 봅니다. 그리고 각 단계마다 '이 단계에서 AI가 도와줄 수 있는 부분은 뭐지?', '이 단계에서 내가 반드시 해야 하는 판단은 뭐지?'를 생각하는 것입니다. 이렇게 처음부터 단계별로 접근하면, 각 단계에서 90점, 95점을 만들 수 있고, 그것들이 모여서 전체적으로 100점에 가까운 결과물이 됩니다.

당신은 AI를 어떻게 써왔나요?

1장을 마치기 전에, 잠시 여러분의 경험을 떠올려 보세요. 다음의 질문들에 대한 답을 생각해보면, 내가 AI를 어떻게 활용하고 있는지 알 수 있습니다. 그리고 어디를 개선하면 좋을지도 보이기 시작할 것입니다.

나의 AI 활용법 체크하기

1. 최근에 AI에게 업무를 맡긴 적이 있나요?

2. 그때 AI와 어떤 식으로 일을 했나요?
   ① "이거 한 번에 해 줘"라고 요청
   ② 단계별로 나누어 진행

3. AI가 만든 결과물을 보고 '뭔가 아쉬운데…'라고 느낀 적이
   있나요?

4. 그 아쉬움의 정체가 무엇이었을까요?
   ① 맥락이 빠져 있다.
   ② 우리 회사 상황과 맞지 않다.
   ③ 검증되지 않은 정보가 포함되어 있었다.

5. 평소 AI를 '자동 완성기'로 생각하고 있었나요, 아니면 '함께
   일하는 팀원'으로 보고 있었나요?

AI 시대에 일 잘하는 사람은 'AI를 잘 쓰는 사람'이 아닙니다. '일을 잘 쪼개서, AI와 함께 단계별로 만들어가는 사람'입니다. 이제 그 방법을 배울 시간입니다.

2장

AI를 쓰기 전, 일을 먼저 쪼개야 한다

왜 AI를 활용해도 업무 성과가 달라지지 않을까요? 특히 AI 시대에 일 잘하는 사람은 'AI를 잘 쓰는 사람'이 아니라 '일을 잘 쪼개서, AI와 단계별로 일을 해나가는 사람'입니다. 2장에서는 일을 어떤 기준으로 나눌지, 4~6단계로 나누는 구체적인 방법을 알아보고, 실제 업무에서 어떻게 적용되는지를 살펴봅니다.

대부분의 사무 업무는
단계형 작업이다

영업팀의 박 과장은 다음달 신제품 론칭을 앞두고 〈시장 분석 보고서〉를 작성하기 위해 챗GPT '심층 분석' 기능으로 이렇게 요청했습니다.

"우리 회사 신제품 '모다'에 대한 시장 분석 보고서를 작성해 줘. 시장규모, 경쟁현황, 고객 니즈, 가격전략, 유통전략까지 모두 포함해서."

30분 후 20페이지 분량의 보고서가 나왔습니다. 그런데 팀장에게 제출하고 나서 문제가 터졌습니다.

"이 보고서의 수치 어디서 가져온 거예요? 시장규모가 500억 원이라고 했는데, 지난달에 의뢰한 시장조사 결과는 300억 원이던데요?"

"경쟁사 분석도 이상해요. E사는 작년 시장에서 철수했잖아요?"

"이 가격전략은 우리 원가구조를 전혀 고려하지 않았네요."

결국 박 과장은 식은땀을 흘리며 보고서를 다시 작성해야 했습니다. 일주일을 절약하려다 오히려 며칠을 더 써버린 셈이죠.

일은 원래 여러 단계로 이루어진다

간단해 보이는 보고서 작성 업무도 실제로는 최소한 5단계 이상을 거칩니다.

① 목적과 독자 파악 → ② 필요한 자료 수집 → ③ 구조 설계 →
④ 초안 작성 → ⑤ 검토 및 수정

〈시장 분석 보고서〉를 작성할 때 자리에 앉자마자 바로 '1. 서론'부터 쓰기 시작하지는 않을 것입니다.

먼저 '이 보고서의 목적이 뭐지? 누가 읽을 거지?'를 생각합니다. 팀장이 읽을 것인지, 임원진이 읽을 것인지에 따라 내용의 깊이와 톤이 달라지니까요.

그다음에는 '어떤 자료가 필요할까?'를 고민하고 실제로 자료를 찾기 시작합니다. 검색도 하고, 사내 시스템도 뒤지고, 동료에게 물어보기도 합니다. 그리고 자료가 어느 정도 모이면, 이제 구조를 고민하고, 머릿속으로 또는 메모장에 간단한 개요를 잡습니다. 그제야 본격적으로 초안을 작성하기 시작하죠. 초안을 쓰다가 데이터가 부족하거나 논리가 약하다 싶으면 다시 자료를 찾거나 구조를 수정하기도 하고요. 초안이 완성되면 검토하고, 문장을 다듬고, 오타를 찾고, 상사의 스타일에 맞게 톤을 조정합니다. 마지막으로 제출하기 전에 한 번 더 읽어보고 나서야 〈완료〉 버튼을 누릅니다.

간단해 보이는 보고서 작성도 이처럼 최소한 5단계 이상을 거칩니다. 이것도 단순화한 것이고, 실제로는 각 단계 안에 또 여러 세부 단계들이 있습니다.

우리는 왜 일의 단계를 의식하지 못할까?

그런데 재미있는 것은 우리는 이러한 일의 단계들은 의식하지 못한다는 것입니다. 특히 경력이 쌓일수록 이 단계들을 빠르게 오가기 때문에 마치 '한 번에' 하는 것처럼 느낍니다.

10년차 직원이 신입사원보다 일을 빨리 하는 이유는 일의 각 단계에서 더 빠르게 판단하고 더 효율적으로 전환하기 때문입니다. 결코 이들이 일의 단계를 건너뛰어서가 아닙니다. 그런데 우리는 이 단계들을 제대로 의식하지 못하고, 그래서 AI에게도 "한 방에 해줘"라고 요구하는 것입니다. 우리 자신도 일을 단계별로 하면서 말입니다.

AI도 단계별로 생각할 때 똑똑해진다

2024년 9월, 오픈AI는 o1 모델을 공개했는데, 이 모델은 '단계별로 생각'하도록 훈련된 추론 모델로 이를 계기로 추론 모델이 대중에 알려지기 시작했습니다. 그리고 그 결과는 놀라웠습니다.

불과 몇 달 사이에, 미국 고등학생 수학 올림피아드 예선 시험인 AIME 2024에서 이전 모델인 GPT-4o보다 정확도가 6배 이상 높아졌으며, 과학문제를 푸는 GPQA 벤치마크에서는 실제 박사 학위 소지자들과 비슷한 수준의 정답률을 보였습니다. 이는 '생각의 사슬(Chain of Thought)'이라고 불리는 단계적 사고방식을 본격적으로 활용하도록 설계되었기 때문입니다.

'생각의 사슬'이란 쉽게 말하면, 문제를 작은 단계들로 쪼개서 하나씩 해결하는 방식입니다. 마치 우리가 복잡한 수학 문제를 풀 때 중간

과정을 하나하나 적어가면서 푸는 것처럼 말이죠. AI도 사람과 마찬가지로 복잡한 문제는 단계별로 접근할 때 더 잘 풀 수 있으며, 한 번에 답을 내려고 하면 실수가 많고, '단계별로' 생각하면 정확도가 높아집니다.

AI 협업에서 단계를 건너뛰면 생기는 일들

만약 앞에서 소개한 영업팀의 박 과장이 다음과 같이 〈시장 분석 보고서〉 작업을 단계별로 진행하면서 각각 결과를 검증했다면, 최종 보고서의 품질은 훨씬 높았을 것입니다. 시간은 조금 더 걸렸을지 몰라도, 처음부터 다시 하는 것보다는 훨씬 빨랐을 테고요.

1단계: 우리 신제품과 유사한 제품의 시장을 어떻게 정의해야 할까? 검색해 줘.

2단계: 검색 결과를 바탕으로 시장규모를 추정하는 방법을 알려줘.

3단계: 우리가 보유한 시장조사 데이터(300억 원)와 방금 제시한 방법을 결합해서 시장규모를 재추정해 줘.

4단계: 현재 이 시장에서 활동 중인 경쟁사 목록을 찾아줘.

5단계: 각 경쟁사의 최근 1년간 동향을 정리해 줘.

AI와 협업을 할 때, 영업팀 박 과장처럼 일의 각 단계를 건너뛰면 왜 문제가 생길까요?

우선, 첫 단계의 오류가 그대로 다음 단계로 전파됩니다. 시장규모를 잘못 파악하면, 그 위에 세운 모든 전략이 빗나가게 되죠. 건물의 기초가 잘못되면 아무리 위를 잘 지어도 무너지는 것과 같습니다.

또한 AI와 작업을 하는 과정에서 중간 검증 지점이 없습니다. 단계별로 진행하면 각 단계마다 맞는지 확인할 수 있지만, 한 번에 요청해 결과물을 받으면 어디가 잘못되었는지 찾기도 어렵고, 전체를 다시 해야 할지 일부만 수정하면 될지도 판단하기 어렵습니다.

아울러 AI와 일할 때 단계를 건너뛰면 맥락을 누락할 가능성이 커집니다. AI는 우리 회사의 특수한 상황을 모르므로, 우리가 각 단계별로 일을 진행해야 그때그때 필요한 우리 회사의 맥락을 추가할 수 있습니다.

세계 3대 경영전략 컨설팅 회사인 베인&컴퍼니의 조사에 따르면, 중간 관리자가 핵심 업무에 전념할 수 있는 시간은 주당 고작 11시간에 불과합니다. 나머지 시간은 불필요한 회의, 중복 작업, 재작업에 쓰입니다. 왜 재작업이 많을까요? 처음부터 제대로 하지 않았기 때문입니다. 일의 단계를 건너뛰고 빠른 길을 가려다가, 결국 더 먼길을 돌아가게 되는 것이죠.

역설적이지만, '빠르게 가려면 천천히 가야 합니다.' 각 단계를 제대로 밟으면서 가야 결국 목적지에 가장 빨리 도착합니다. AI를 쓸 때도 마찬가지입니다. "한 번에 다 해줘"보다 "이 단계만 먼저 해줘"가 결국 더 빠른 길입니다.

AI 협업에서 사람이 반드시 해야 하는 판단들

HR팀의 최 차장은 인사평가 시즌을 앞두고, 올해는 새로운 평가기준을 도입해야 하는데, 어떤 기준이 좋을지 막막했습니다.

"IT 기업의 인사평가 기준 만들어 줘. 공정하고 객관적 기준으로."

AI는 훌륭한 답변을 내놓았습니다. 업무성과·역량·태도 등을 종합적으로 평가하는 체계, 정량적·정성적 지표의 균형, 다면 평가 시스템 등, 모두 맞는 말이었습니다. 하지만 최 차장은 고개를 가로저었습니다. '이건…, 우리 회사에 안 맞는데.'

AI의 답변은 일반적인 IT 기업에는 적용될 수 있지만, 최 차장의 회사는 좀 특별했습니다. 직원 대부분이 프리랜서 개발자들과 협업하는 구조였고, 프로젝트 중심으로 일했으며, 위계가 거의 없는 수평적 조직이었습니다. AI가 제시한 다면 평가나 상사의 정성 평가는 이런 구조에 맞지 않았습니다. 이것이 바로 AI의 한계 중 하나입니다.

AI가 알 수 없는 4가지 영역

업계 특화 전문성 지식

제조업과 서비스업의 인사평가가 다르고, 대기업과 스타트업의 평가가 다르며, 같은 IT 기업이라도 회사마다 문화와 구조가 다릅니다. AI는 이런 미묘한 차이를 알 수 없습니다.

또한 AI에게 "의료기기 마케팅 전략을 짜줘"라고 요청하면 일반적인 마케팅 전략을 알려줍니다. 의료기기는 식약처 규제, 임상시험 요구사항, 의료진 대상 마케팅의 특수성 등 일반 소비재와 전혀 다른 환경인데, AI는 이런 업계 특화 지식을 갖추기 어렵습니다.

비즈니스 상황에 대한 이해

AI는 우리 회사가 지금 어떤 상황인지 모릅니다. 재무상태가 좋은지, 현금흐름이 빠듯한지, 경쟁사와의 관계는 어떤지, 시장에서 포지션은 어디인지 등이 모두 전략에 영향을 미치는데 말입니다. 또한 매출 증대라는 목표가 같아도 회사 상황에 따라 전략이 달라지는데, AI는 이런 상황 맥락을 모릅니다.

조직문화와 스타일의 미묘함

회사마다 암묵적인 룰이 있습니다. 어떤 회사는 보고서에서 데이터와 차트를 중시하고, 어떤 회사는 스토리텔링을 선호합니다. 어떤 상사는 간결한 요약을 좋아하고, 어떤 상사는 상세한 설명을 원합니다. 이런 미묘한 선호도는 문서화되어 있지 않으며 경험으로 체득해야 하는 것들이죠. 재무팀 한 과장의 경험담을 들어보죠.

 우리 CFO(최고 재무 관리자)는 보고서에서 '예상', '추정' 같은 단어를 싫어해요. 대신 '시나리오별 분석'이라는 표현을 좋아하죠. 같은 의미인데 표현만 다른 건데, AI가 이걸 어떻게 알겠어요?

재무팀
한 과장

시각적 완성도의 격차

AI는 차트나 이미지를 만들어 주지만, 실무에서 바로 쓸 수 있는 수준은 아닙니다. 회사 브랜드 컬러에 맞춰야 하고, 프레젠테이션 템플릿 스타일을 따라야 하며, 때로는 미묘한 디자인 감각이 필요하기에, 결국 디자이너나 실무자의 손길이 필요합니다.

앞에서 소개한 AI의 4가지 한계를 이해하는 것이 중요합니다. AI가 못하는 것이 아니라, 'AI가 알 수 없는 것들'이기 때문입니다. 그래서 우리 회사 사정 같은 것은 사용자가 알려줘야 합니다.

사람이 채워넣어야 할 4가지 영역

사용자는 AI가 알 수 없는 것들을 채워넣는 역할을 해야 합니다. 크게 4가지로 정리할 수 있습니다.

방향 설정과 목적 정의

AI와 일을 할 때는 '왜 이 일을 하는가?'와 '누구를 위한 것인가?'를 명확히 해야 합니다.

신규 시장 진입 여부를 결정하기 위해 시장 분석이 필요해. 이사회에서 의사결정을 할 자료니까 신뢰할 수 있는 데이터와 명확한 근거가 중요해.

같은 시장 분석이라도 목적이 다르면 보고서의 깊이·범위·형식이 모두 달라집니다. 전략기획팀의 정 부장의 이야기를 들어보죠.

전략기획팀 정 부장

AI한테 일을 맡기기 전에 먼저 목적부터 정리합니다. '이 자료로 무엇을 할지', '누가 볼 것인지', '어떤 결정을 내리는 데 쓸 것인지'를 한 줄로 써 봅니다. 이렇게 작업의 목적과 방향이 명확하면 AI한테 지시하기도 쉽고, 나온 결과물을 평가하기도 쉽더라고요.

맥락 제공과 제약사항 설정

AI에게 우리 회사의 특수한 상황, 제약사항, 전제조건을 알려줍니다.

우리는 B2B 제조업체이고, 주 고객은 대기업 구매 담당자야. 하지만 예산이 제한적이라 새로운 시스템 도입은 어렵고, 기존 프로세스 개선으로 접근해야 해. 이런 제약 안에서 고객 만족도를 높일 방법을 제시해 줘.

영업팀 송 과장

AI에게 영업전략을 짜달라고 요청할 때 항상 이렇게 시작해요. "우리 제품의 가격은 경쟁사 대비 20% 비싸. 하지만 A/S가 우수하고 고객사 맞춤 설정이 가능해. 우리의 주 타깃은 품질을 중시하는 중견기업이고…" 이렇게 맥락을 주면, AI가 내놓는 전략이 훨씬 실용적이더라고요.

중간 결과물 검증 및 방향 조정

AI가 내놓은 각 단계의 결과물을 확인하고, 문제가 있으면 바로 수정하는 것이 좋습니다. 마케팅팀의 김 대리는 AI와 캠페인 기획을 할 때, 먼저 다음과 같이 요청합니다.

AI의 응답을 확인한 후 다음과 같이 추가 요청도 합니다.

각 단계마다 이처럼 결과물을 확인하고 조정합니다. 앞 단계에서 틀리면 그 위에 쌓이는 모든 게 틀리기에 단계마다 체크하는 것이죠.

최종 판단과 책임

AI는 여러 옵션을 제시할 수 있지만, 최종적으로 무엇을 선택할지는 사람이 결정해야 합니다.

연구개발팀
박 박사

AI한테 신제품 개발 방향을 물어보면 보통 3~4가지 옵션을 줍니다. 다 일리 있는 제안들이죠. 하지만 우리가 실제로 선택할 수 있는 것은 하나예요. 그 결정은 제가 해야죠. 회사의 기술력·예산·시장 타이밍·경쟁상황을 종합적으로 고려해서요. 결정에 대한 책임도 제가 지는 것이고요.

정리하면, 사람은 일의 ① 방향을 잡고, ② 맥락을 제공하며, ③ 중간 과정을 검증하고, ④ 최종 결정을 내리는 역할을 합니다. AI는 각 단계에서 ① 초안을 만들고, ② 대안을 제시하고, ③ 정보를 정리해 주는 역할을 하고요. AI와 사람 간 역할 분담이 명확해야 제대로 된 협업이 가능합니다.

AI가 할 수 있는 것과
그렇지 않은 것들

AI가 정말 잘하는 4가지 영역

AI의 강점을 제대로 알고 활용하면 엄청난 도움이 됩니다.

구조 초안 제시

보고서를 어떤 구조로 쓸지, 프레젠테이션을 어떻게 구성할지 고민하다가 시간만 가는 경우가 많습니다. 백지에서 시작하는 것이 가장 어렵잖아요? 이럴 때 AI는 빛을 발합니다.

영업팀
진 과장

〈신사업 제안서〉를 써야 하는데 어디서부터 시작해야 할지 막막했어요. 그래서 AI한테 "신사업 제안서 목차를 만들어 줘"라고 시켰죠. 불과 1분 만에 시장 분석·재무 계획·실행 계획 중심의 3가지 버전을 만들어 주었어요. 저는 그중에서 우리 상황에 맞는 것을 골라 수정을 했죠. 덕분에 '어떻게 쓸까' 고민하는 시간을 3시간 절약한 것 같아요.

보고서뿐 아니라 이메일·기획서·제안서, 심지어 회의 안건까지, AI는 구조의 초안을 빠르게 만들어 줍니다. 물론 그대로 쓸 수는 없지만, 출발점을 만들어 주기에 큰 도움이 됩니다.

논리적 흐름 정렬

머릿속에 아이디어는 많은데, 어떤 순서로 배치해야 독자가 이해하기 쉬울지 순서를 정하기 어려울 때가 있죠. 연구소의 강 연구원은 논문을 쓸 때 AI를 이렇게 활용합니다.

연구소
강 연구원

연구결과를 정리하다 보면, 내용이 너무 많아 순서를 못 잡을 때가 있어요. 그럴 땐 AI한테 "이 5가지 내용을 논리적 순서로 배열해 줘"라고 해요. 그러면 AI가 '① 일반적인 배경→② 구체적인 문제→③ 연구방법→④ 결과→⑤ 시사점' 식으로 정리해 줍니다. AI가 잡은 논리적 흐름을 그대로 따르는 것은 아니지만, 논리 흐름을 점검하는 데 도움이 돼요.

AI는 수많은 텍스트를 학습했기에 일반적으로 통용되는 '논리적 순서'를 잘 알고 있습니다. 그래서 원인과 결과, 문제와 해결, 시간 순서, 중요도 순서 등 다양한 정렬 방식을 제안해 줍니다.

문장 다듬기

AI는 문장을 다듬는 데 탁월합니다. 내용은 다 썼는데 문장이 어색하거나 장황할 때, AI는 훌륭한 편집자 역할을 합니다.

홍보팀
박 대리

보도자료 초안은 제가 써요. 우리 회사 상황도 알아야 하고, 강조할 포인트도 정해야 하니까요. 그런데 막상 쓰고 나면 문장이 너무 길거나 어려운 경우가 많아요. 그럴 때 AI한테 "이 문장을 더 간결하고 명확하게 고쳐줘"라고 해요. 신기하게도, 제가 하고 싶었던 말은 그대로 살아 있으면서도 문장이 훨씬 깔끔해지더라고요.

AI는 '언어 모델'에서 시작했기 때문에 문장 다듬기에 특화되어 있습니다. 중복 제거, 수동태를 능동태로 바꾸기, 전문용어를 쉬운 말로 풀어쓰기, 가독성 높이기 등을 빠르게 해줍니다.

대안 생성과 브레인스토밍

혼자 생각하면 아이디어가 한두 개밖에 안 나오지만, AI와 함께하면 10분 만에 20가지 아이디어를 얻을 수 있습니다. 마케팅팀의 최 팀장은 캠페인 아이디어를 짤 때 AI를 적극 활용합니다.

마케팅팀 최 팀장

예전에는 팀원들을 모아서 브레인스토밍 회의를 2시간씩 했어요. 이제는 AI한테 먼저 물어봐요. "20~30대 여성을 타깃으로 한 건강식품 캠페인 아이디어 20가지 줘." 그러면 정말 AI가 20가지 아이디어를 줘요. 그 중에 3~4개는 '오, 이거 괜찮은데?' 싶은 게 있어요. 그것을 가지고 팀원들과 회의하면 훨씬 생산적이죠.

AI는 피곤해하지 않고 아이디어가 고갈되지 않으며 계속 새로운 조합을 만들어 냅니다. 혁신적인 아이디어는 아니지만 다양한 가능성을 빠르게 탐색하는 데는 최고입니다.

앞에서 소개한 구조 잡기, 논리 정렬, 문장 다듬기, 대안 생성 등은 AI의 진짜 강점입니다. 이런 작업은 AI에게 맡기고, 우리는 방향 설정, 맥락 제공, 판단, 결정에 집중하는 것이 좋습니다.

AI가 기술적으로 어려워하는 것들

창의적 돌파보다는 패턴 조합일 뿐

AI는 학습한 데이터의 패턴을 재조합해서 결과물을 만듭니다. 기존 것들의 조합은 잘하지만, 완전히 새로운 접근법을 생각해내는 것은 어렵습니다.

넷플릭스가 초기에 DVD 우편 대여 서비스를 하다가 2007년 스트리밍 서비스로 전환한 것, 애플이 아이팟에서 아이폰으로 발전한 것은 기존 틀을 완전히 깨는 혁신이었습니다. 만약 AI에게 "DVD 대여 회사의 미래 전략을 짜줘"라고 물었다면, 기존 사업 모델의 틀 안에서 DVD 더 많이 확보, 배송속도 개선, 가격 경쟁력 강화 같은 답을 주었을 것입니다. "아예 DVD 서비스를 포기하고, 인터넷 스트리밍으로 가라"는 급진적 제안은 하기 어려웠을 것입니다. 컨설팅회사의 한 이사는 이렇게 말합니다.

AI는 훌륭한 주니어 컨설턴트 수준이에요. 자료조사를 잘하고, 정리를 잘하고, 일반적인 분석도 잘해요. 그런데 "이 산업의 게임 체인저는 무엇일까?", "10년 후 완전히 다른 모습은 뭘까?" 같은 질문에는 약합니다. 기존 패턴을 벗어나는 상상력이 필요한 것이기 때문입니다.

컨설팅회사
한 이사

미묘한 뉘앙스 포착의 한계

AI가 문화적 맥락, 정치적 민감도, 세대 간 감수성 차이 같은 미묘한 부분을 완벽하게 이해하기는 어렵습니다.

글로벌 캠페인을 준비할 때, AI한테 "각 나라별로 적합한 메시지를 만들어 줘"라고 했어요. 결과물이 겉보기엔 괜찮았는데, 현지 스태프들한테 보여주었더니, "이것은 우리나라에서 쓰면 오해받을 수 있어요"라는 피드백이 많이 왔어요. 예를 들어 어느 나라에서는 가족 중심 메시지가 좋지만, 다른 나라에서는 그게 구시대적으로 보이기도 하거든요. 이런 미묘한 차이는 AI가 놓치기 쉬워요.

글로벌
마케팅팀
김 과장

농담이나 아이러니, 은유적 표현 같은 것도 마찬가지입니다. 맥락을 정확히 이해해야 제대로 된 뉘앙스를 살릴 수 있는데, AI는 종종 문자 그대로만 이해하곤 합니다.

실시간 상황 반영 어려움

AI는 과거 데이터로 학습한 존재입니다. 학습 데이터의 시점까지는 알지만, 그 이후의 변화는 모르거나 정확하지 않을 수 있습니다.

AI한테 특정 산업의 최신 트렌드를 물어봤는데, 6개월 전 정보를 주더라고요. 그사이 주요 기업이 전략을 바꾸었고 규제도 달라졌는데, 그걸 반영하지 못한 것이죠. 결국 제가 따로 검색해서 최신 정보를 확인해야 했어요.

영업팀
송 과장

물론 챗GPT·제미나이·클로드 등 일부 AI는 웹 검색 기능을 통해 최신 정보를 찾기도 하지만, 그렇다 해도 어떤 정보가 중요한지, 이 변화가 우리에게 어떤 의미인지를 판단하는 것은 여전히 사람의 몫입니다.

맥락 없는 판단의 위험

AI는 주어진 정보만으로 판단합니다. 우리가 당연히 알 거라고 생각하는 것을 AI는 모를 수 있습니다.

AI한테 계약서를 검토시키면, 법적으로 문제될 조항은 잘 찾아내요. 그런데 우리 회사의 정책이나 과거 관행, 상대 회사와의 관계 같은 것은 모르잖아요. 그래서 제가 법적으로는 문제없지만, 우리 회사 방침과 맞지 않는 것 등은 따로 확인해야 해요.

법무팀
박 변호사

AI의 이러한 한계들을 이해하는 것이 중요합니다. AI는 강력한 도구지만 만능은 아니며, 사람의 판단과 감각이 여전히 필요합니다.

인간+AI 협업의 기본 3단계 과정

이제 구체적으로 AI와 어떻게 협업해야 하는지 알아볼 차례입니다. 이론은 충분히 들었으니, 실전에서 어떻게 적용하는지 보겠습니다.

인간+AI 협업의 기본 패턴은 간단합니다. 사람과 AI가 번갈아가며 일하는 것입니다. 크게 3단계 사이클로 정리할 수 있습니다.

1단계 사람이 일의 방향 설정&맥락 제공

사람이 '왜 이 일을 하는가?', '누구를 위한 것인가?', '어떤 제약이 있는가?', '우리 상황은 어떤가?'를 명확히 합니다. 예를 들어 보고서를 쓴다면 이렇게 시작합니다. 이때 맥락을 충분히 주는 게 핵심입니다. AI는 우리 머릿속을 들여다볼 수 없으니까요.

> 우리 팀의 2분기 성과를 정리해서 임원진에게 보고하려고 해. 목적은 3분기 추가 예산을 받는 거야. 우리 팀의 주요 성과는 A 프로젝트 완료, B 고객사 유치, C 프로세스 개선이고, 제약사항은 한 장으로 요약해야 한다는 거야.

2단계 AI가 초안 작성&대안 제시

AI가 1단계에서 사람이 준 맥락을 바탕으로 구조를 만들며 초안을 작성하고 여러 옵션을 제시한 후 제안을 합니다.

2분기 성과 보고서 구조를 3가지 제안할게요.
1. 성과 중심 구조: 주요 성과→수치→3분기 계획
2. 문제-해결 구조: 2분기 목표→도전과제→우리의 해결→결과→
   향후 계획
3. 스토리텔링 구조: 고객 성공 사례→그것을 가능케 한 우리 팀의
   노력→향후 계획
어떤 구조가 좋을까요?

3단계 사람이 검토&조정 후 확정

AI가 제시한 옵션 중에서 선택하거나 부분적으로 수정하고, 때로는 방향을 바꿔서 다시 요청합니다.

두 번째 문제-해결 구조가 좋겠어. 그런데 '도전과제'보다는 '2분기 이슈'라는 표현이 우리 회사 스타일에 맞아. 마지막에 '향후 계획'이 아니라 '3분기 예산 요청 근거'를 추가해 줘.

그러면 AI가 다시 2단계로 돌아가 수정안을 만듭니다. 그것을 사람이 다시 검토하고요. 이 사이클을 여러 번 반복하면서 점점 완성도를 높여가는 것입니다.

한 번에 완성되지 않으며 여러 번 다듬으면서 정교해집니다. 첫 번째 사이클에서는 큰 틀을 잡고, 두 번째는 내용을 채우고, 세 번째는 디테일을 다듬고, 네 번째에 최종 점검을 하는 식으로요.

"예전엔 AI한테 한 번에 다 시키려고 했어요. 그랬더니 쓸 수 없는 결과물만 나왔죠. 지금은 AI랑 최소 3~4번은 주고받아요. 그게 훨씬 빠르고 품질도 좋아요. 한 번에 100점을 기대하지 말고, 60점짜리를 80점, 90점으로 키워나간다고 생각하면 돼요."

AI와의 작업에서는 사람이 시작과 끝을 모두 담당합니다. 첫 단계는 사람이 일의 방향을 잡는 것으로 시작하고, 마지막 단계도 사람이 최종 확정하는 것으로 끝납니다. AI가 주도하는 것이 아니라, 사람이 주도하고 AI가 돕는 구조이죠.

이 기본 패턴만 이해해도, AI 활용이 훨씬 수월해집니다. AI가 이상한 결과물을 주었다고 불평하는 대신, '내가 1단계에서 맥락을 충분히 주었는지, 2단계 결과를 제대로 검토했는지, 3단계에서 명확하게 수정 방향을 주었는지'를 점검하게 됩니다. 문제가 AI에 있는 것이 아니라 협업 방식에 있다는 것을 알게 되는 것이죠.

협업의 황금률: 사람과 AI 협업의 핵심 원칙 4가지

지금까지의 내용을 정리해서 '사람+AI 협업의 핵심 원칙 4가지'를 알아보죠. 이 원칙만 지키면 80%는 성공할 수 있습니다.

1. 일을 작게 나누고 자주 확인하라

AI에게 일의 큰 덩어리를 한 번에 시키지 마세요. 대신 작은 단위로 쪼개서 각각 확인하면서 진행하세요.

다음과 같이 일을 단계별로 나누면, 각 단계에서 방향을 점검하고 조정할 수 있습니다. 건물을 지을 때 한 층 쌓을 때마다 수평을 확인하는 것처럼 말입니다.

> **AI에게 '한 번에' 일 시킨 경우**
> "우리 회사 5개년 전략 계획서를 만들어 줘." (×)

> 일을 단계별로 나누어 진행하는 경우
>
> 1단계: "먼저 우리 회사가 직면한 외부 환경 변화 5가지를 정리해 줘."
>
> ↓
>
> 2단계: 사람이 AI의 1단계 결과물 확인
>
> ↓
>
> 3단계: "좋아, 이제 이 변화에 대응하기 위한 전략 방향을 3가지 제시해 줘."
>
> ↓
>
> 4단계: 사람이 AI의 3단계 결과물 확인
>
> ↓
>
> 5단계: "첫 번째 전략 방향에 대한 구체적 실행 계획을 만들어 줘."

2. AI에게 맥락을 충분히 줘라

AI에게 '어떤 상황에서, 어떤 목적으로, 어떤 독자를 위해'라는 맥락을 주세요. 맥락이 구체적일수록 AI의 답변도 구체적이고 실용적입니다.

> 우리는 중소 제조업체이고, 주 고객은 대기업 구매 담당자야. 최근 고객 불만의 80%가 '납기 지연'이었어. 하지만 생산 설비를 늘릴 예산은 없어. 기존 프로세스 개선으로 납기를 단축할 방법을 제시해 줘.

3. AI를 믿되 의심하라

AI가 만든 결과물을 무조건 믿지도, 무조건 의심하지도 마세요. 검증이 필요한 부분과 그렇지 않은 부분을 구분하세요.

특히 '숫자·사실 관계·최신 정보'는 반드시 확인하세요. 출처를 확인하고, 최신 데이터인지 점검하고, 우리가 알고 있는 정보와 대조해 보아야 합니다.

반면 '문장구조·표현 방식·논리 흐름' 같은 것은 대체로 믿어도 괜찮습니다. 물론 최종적으로는 우리가 확인해야 하지만, AI가 치명적인 실수를 하지는 않거든요.

AI가 작성한 〈재무 보고서〉는 모든 숫자를 다시 확인해요. 계산 실수가 있을 수 있으니까요. 그런데 문장이나 구조는 거의 그대로 써요. 그 부분은 AI가 저보다 나아요.

재무팀
오 대리

4. 협업 첫 단계는 사람이 시작, 끝도 사람이 맺는다

협업의 첫 단계는 항상 사람이 일의 방향을 잡는 것으로 시작하고, 마지막 단계는 사람이 최종 확정하는 것으로 끝냅니다. 사람이 "이렇게 하고 싶어"라고 말하면 AI가 제안하는 식이죠. 또한 사람이 AI가 제안한 여러 옵션 중에서 최종적으로 무엇을 선택할지, 어떻게 수정할지를 결정합니다.

먼저 제가 이번 계약의 핵심 조건과 주의사항을 정리해요. 그다음 AI한테 계약서 초안을 만들라고 하죠. 그런 후 제가 AI의 초안을 검토하면서 법적 리스크가 있는 부분, 우리한테 불리한 부분을 찾아서 수정 지시를 내려요. 최종적으로 제가 한 줄 한 줄 다시 읽고 확인한 후에 날인을 요청하고요. 시작과 끝은 제가 책임지는 것이죠.

법무팀
강 변호사

정리하면, ① 일을 작게 나누고, ② AI에게 맥락을 주고, ③ AI의 결과물을 검증하고, ④ 사람이 주도하기입니다. 간단해 보이지만, 이것만 제대로 지켜도 AI를 훨씬 효과적으로 활용할 수 있습니다.

워크플로 사고의 시작: 관점의 전환

2장을 읽기 전과 후, 여러분의 시각이 조금 바뀌었나요? 처음에는 AI가 다 해주면 좋겠다고 생각했다면, 지금은 '일을 어떻게 나누어야 AI와 협업을 잘할 수 있을까?'를 고민하고 있을 것입니다. 바로 이것이 관점의 전환입니다. 변화된 시각 4가지를 살펴보죠.

1. 일은 결과물이 아니라 과정이다

예전에는 보고서·기획서·분석자료 같은 '결과물'에만 집중했다면, 이제는 '과정'이 보이기 시작합니다. 일의 각 단계가 눈에 들어오게 됩니다. 그리고 각 단계에서 '내가 할 일'과 'AI가 도울 수 있는 일'이 구분되기 시작합니다. 마케팅팀 윤 차장의 이야기를 들어보죠.

마케팅팀
윤 차장

예전에는 〈캠페인 기획서〉 작성이라는 일을 하나의 덩어리로 봤어요. 그런데 이제는 이 일이 '① 타깃 정의→② 메시지 개발→③ 채널 선정→④ 예산 수립→⑤ 일정 계획→⑥ 성과 지표 설정'이라는 단계들로 보여요. 그러니까 각 단계에서 AI를 어떻게 활용할지 전략을 세울 수 있게 되었죠.

제가 타깃 정의를 하되, AI한테 참고자료를 정리시키고, 메시지 초안을 여러 개 만들게 하고, 예산은 템플릿을 만들게 하는 식으로요.

이것이 바로 '워크플로 사고'의 시작입니다. 일을 과정으로 보고, 각 단계를 의식하는 것, 그래야 각 단계에서 최적의 방법을 선택할 수 있습니다.

2. '한 번에'가 아니라 단계별로!

예전에는 AI에게 "이거 한 번에 해줄 수 있어?"라고 요청했지만, 이제는 일을 시작할 때 스스로에게 질문부터 합니다.

- 이 일은 몇 단계로 나눌 수 있을까?

- 각 단계의 순서는 어떻게 되지?

- 어떤 단계에서 AI가 도움이 될까?

기획팀의 서 대리는 신사업 타당성 검토를 할 때 이런 변화를 경험했다고 합니다.

기획팀
서 대리

처음엔 AI한테 "이 사업 아이템의 타당성을 검토해 줘"라고 물었어요. 당연히 쓸모없는 답만 나왔죠.

그래서 〈사업 아이템 타당성〉 검토 일을 단계로 나누어 봤어요. '① 시장규모 추정→② 경쟁환경 분석→③ 우리의 역량평가→④ 수익성 분석→⑤ 리스크 요인 파악→⑥ 최종 의견', 이렇게 6단계로 나누고, 각 단계를 하나씩 AI와 함께 진행했어요. 시간은 좀 걸렸지만, 결과물의 질은 비교도 안 될 정도로 좋았어요.

단계별 접근이 주는 또 다른 장점은 '진행 상황이 눈에 보인다'는 것입니다. '80% 완성'이 아니라 '6단계 중 4단계 완료'처럼 구체적으로 알 수 있어서 남은 시간과 자원을 더 정확하게 계획할 수 있습니다.

3. AI는 자동 완성기가 아니라 협업 파트너

AI를 바라보는 시선도 바뀝니다. 예전에는 버튼을 누르면 뚝딱 만들어 주는 마법 도구처럼 생각했다면, 이제는 '함께 일하는 동료'처럼 대합니다. 동료와 일할 때는 명확하게 지시하고, 중간에 확인하고, 피드백을 주고, 함께 수정해 나가죠. AI도 마찬가지입니다. "이렇게 해봐, 어때? 그럼 이것은 이렇게 바꿔봐, 좋아, 이제 다음은 이렇게 해볼까?" 하며 대화하듯 진행합니다. HR팀의 김 팀장은 채용 공고문을 작성할 때 이런 변화를 느꼈다고 합니다.

HR팀
김 팀장

예전엔 "개발자 채용 공고 써줘"라고 하고 결과만 받았어요. 이제는 AI와 대화하는 것처럼 일해요.

먼저 요청부터 하죠. "우선 우리 회사가 찾는 개발자의 핵심 역량 3가지를 정리해 줘." 그런 다음 결과물을 보고, "좋아, 그럼 이 역량들을 어필할 수 있는 복지제도를 우리가 가진 것 중에서 골라줘"라고 합니다.

AI가 다시 결과물을 주면 또 확인하고, "이제 이것을 바탕으로 젊은 개발자들이 공감할 수 있는 톤으로 공고문 초안을 써줘." 이런 식으로요. 혼자 일하는 것이 아니라 둘이 함께 만들어가는 느낌이에요.

협업 파트너로 본다는 것은, AI에게도 역할과 책임이 있다는 의미이죠. 다시 한번 정리하면, AI의 역할은 ① 빠른 초안 작성, ② 다양한 옵션 제시, ③ 논리적 정리, ④ 문장 다듬기, 사람의 역할은 ① 일의 방향 설정, ② 맥락 제공, ③ 판단, ④ 최종 결정입니다. 각자의 역할이 명확할 때 협업이 잘됩니다.

4. 완벽을 기대하지 말자

일을 단계별로 나누어 하면, AI한테 100점짜리 결과물을 기대하지 않게 됩니다. 대신 AI가 60점짜리를 만들면, 그것을 80점, 90점으로 함께 키워나간다고 생각하게 됩니다. 이게 오히려 편합니다. '왜 AI가 이것밖에 못 만들어'라고 실망하는 대신, '오, 이 정도면 시작점으로 괜찮네. 여기서부터 다듬어가면 되겠어'라고 생각하게 되니까요.

AI한테 〈재무 분석 보고서〉를 쓰라고 하면, 처음엔 숫자도 틀리고 해석도 얕아요. 예전엔 그게 짜증 났는데, 이젠 당연하다고 생각해요. 대신 제가 정확한 숫자를 주고, 우리 회사 상황을 설명하고, 어떤 관점으로 해석해야 하는지 알려주면서 함께 완성해가요. 결과적으로는 혼자 하는 것보다 빠르고 품질도 좋아요.

재무팀
이 과장

이런 관점의 전환이 일어나면, AI 사용이 훨씬 수월해집니다. 기대치가 현실적으로 조정되고 접근방식이 바뀌며 결과물의 만족도가 높아집니다.

워크플로 사고는 일 자체를 더 잘하게 만든다

워크플로는 단순히 AI를 잘 쓰기 위해서만 필요한 것이 아닙니다. 워크플로 사고는 우리가 일 자체를 더 잘하게 만듭니다.

일을 단계로 쪼개서 보면, 각 단계의 병목이 어디인지가 보입니다.

"우리 팀은 항상 2단계에서 시간을 많이 쓰네. 여기를 개선하면 전체 시간을 줄일 수 있겠다."

일을 단계로 관리하면 진행 상황을 객관적으로 파악하게 됩니다.

"6단계 중 4단계 완료. 남은 2단계는 각각 반나절씩 걸리니, 내일 오전까지는 완료하겠네."

일을 단계로 문서화하면 팀원들과 협업이 수월해집니다.

"이 프로젝트는 7단계로 진행돼요. 지금 3단계가 끝났고, 4단계는 김 대리가, 5단계는 이 과장이 맡아줘요."

무엇보다 일을 단계로 생각하는 습관이 생기면, 어떤 새로운 업무가 주어져도 당황하지 않게 됩니다. '이 일은 크게 5단계로 나눌 수 있겠네. 각 단계에서 이런저런 결과물이 나와야 하고. 그럼 시작해 볼까?' 하며 체계적으로 접근할 수 있습니다.

AI 시대의 진짜 경쟁력, 일을 설계하는 능력

많은 사람이 AI 시대에는 프롬프트를 잘 쓰는 사람이 경쟁력이 있다고 하지만, 이는 반은 맞고 반은 틀린 말입니다. 프롬프트가 중요하지만, 그것만으로는 부족합니다.

진짜 경쟁력은 일을 잘 쪼갤 줄 아는 능력입니다. ① 복잡한 업무를 의미 있는 단계들로 나누고, ② 각 단계의 목표를 명확히 하고, ③ 각 단계 간 연결을 매끄럽게 만들고, ④ 각 단계에서 최적의 도구(AI든 사람이든)를 선택하는 능력, 이것이 AI 시대 일잘러의 핵심 역량입니다.

과거에는 일을 빨리 하는 사람이 능력 있는 사람이었지만, 이제는 AI가 빠른 작업의 많은 부분을 대신합니다. 그렇다면 사람의 가치는 어디에 있을까요? 바로 '일을 잘 설계하는 능력'입니다. 일을 어떤 단계로 나눌지, 각 단계에서 무엇을 산출할지, 어떤 순서로 진행할지를 설계하는 것 말입니다.

건축으로 비유하면, 예전에는 벽돌을 빨리 쌓는 사람이 가치 있었다면, 이제는 중장비(AI)가 벽돌 쌓기를 대신합니다. 대신 건물을 어떻게 설계할지 아는 사람, 즉 건축가의 가치가 더 중요해졌죠. 일도 마찬가지입니다. AI라는 중장비가 생겼으니, 우리는 업무 설계의 건축가가 되어야 합니다.

"일은 결과물이 아니라 과정이다. 그 과정을 단계별로 이해하고 설계할 수 있을 때, AI는 진짜 파트너가 된다."

여러분은 이제 'AI를 쓰는 사람'에서 'AI와 일하는 사람'으로 한 걸음 나아갔습니다. 다음 장에서는 이를 더욱 구체적이고 실용적인 기술로 발전시킬 것입니다.

마무리: 당신의 일하는 방식이 바뀌는 순간

이 장을 다 읽은 지금, 여러분의 머릿속에는 아마 이런 생각들이 떠오를 것입니다. '일은 원래 단계적인 거였어. 난 그동안 그걸 의식하지 못했을 뿐이지', '일을 쪼개면 각 단계에서 뭘 해야 하는지 명확해지겠구나', '그러면 AI한테 뭘 시킬지도 더 명확해지고.' 맞습니다. 여러분은 이미 변화의 시작점에 서 있습니다.

AI 활용 자가 점검 체크리스트

2장을 끝내기 전에, 스스로에게 3가지 질문을 던져보세요.

1. 나는 AI를 어떻게 대해 왔나요?

   ① AI를 자동 완성기로 봤나요, 아니면 협업 파트너로 봤나요?

   ② "한 번에 이것만 해줘"라고 요청하고 결과만 받았나요, 아니면 대화하듯 주고받으며 함께 만들어갔나요?

2. 내가 하는 일 중 하나를 선택한 후, 그 일이 어떤 단계들로 이루어져 있는가를 적어보세요. 몇 단계나 나오나요? 생각보다 많은 단계를 거치고 있지는 않나요?

   예: 주간 업무보고

   ① 지난주 한 일 정리→② 주요 성과 선별→③ 수치 확인→

   ④ 이슈 사항 정리→⑤ 다음주 계획 수립→⑥ 보고서 작성→⑦ 검토

3. 내일부터 당장 바꿀 수 있는 것 한 가지는?

   거창할 필요 없습니다. 작은 것부터 시작하세요. 작은 변화가 쌓이면 큰 변화가 됩니다.

   예: · 다음에 AI 쓸 때 한 번에 안 시키고, 두 단계로 나누어 시켜보기

   　　· AI 결과물의 숫자는 꼭 확인하기

   　　· AI한테 먼저 우리 회사 상황 설명해 주기

3장

워크플로 사고로 가는 첫걸음

일을 잘하는 사람은 일을 단계별로 잘 쪼개는 사람입니다. 워크플로가 무엇인지, 일의 단계를 나누는 기준이 무엇인지 알아보고 실무에서 자주 하는 업무들로 워크플로를 만들어 봅니다.

워크플로란
무엇인가?

같은 팀에서 일하는 박 대리와 최 대리. 둘 다 비슷한 경력에 비슷한 능력을 가졌지만, 신기하게도 박 대리는 보고서 작성을 2시간 만에 끝내는데, 최 대리는 같은 일에 하루 종일 매달립니다. 왜 이런 차이가 생길까요?

박 대리는 일을 시작하기 전에 먼저 '어떤 순서로 할까'를 정리합니다. 메모장에 정리해 놓고 하나씩 체크하며 일합니다. 반면 최 대리는 일단 시작하고 봅니다. 자료 찾다가 막히면 다른 부분을 쓰고, 쓰다가 막히면 또 자료를 찾고 왔다 갔다 하면서 시간이 흘러갑니다.

빨리 시작해야 빨리 끝날 것 같지만, 역설적이게도 잠깐 멈추어 순서를 정리하는 사람이 결국 더 빨리 끝냅니다. 일 잘하는 사람들의 머릿속에는 명확한 작업 지도가 있습니다. 어디서 시작해서, 어디를 거쳐서, 어디로 가는지 경로가 보이며, 길을 헤매지 않으니 빠를 수밖에 요. 이 '작업 지도'를 만드는 사고방식, 그것이 바로 '워크플로 사고'입니다.

워크플로, 일의 흐름을 시각화하는 것

워크플로(Workflow)는 쉽게 말해 '일의 순서'입니다. 우리는 이미 매일 워크플로를 따라 살고 있습니다. 아침에 일어나서 출근하는 과정을 보면 대부분 이렇게 합니다. 알람 듣기→일어나기→씻기→옷 입기→ 아침 먹기→짐 챙기기→집 나서기. 이것이 바로 '출근 워크플로'입니다. 만약 이 순서를 바꾸면, 즉 옷을 입고 씻는다면 상상만 해도 비효 율적입니다.

워크플로를 좀더 정확하게 정의하면, '특정 목표를 달성하기 위해 정보나 업무가 이동하는 체계적인 절차의 연속'입니다. 온라인 쇼핑을 할 때를 생각해 보세요. 상품 검색→장바구니 담기→주문하기→결 제하기→배송 받기 등 각 단계가 순서대로 진행되고, 앞 단계의 결과 (예: 장바구니에 담긴 상품)가 다음 단계의 입력(주문 내역)이 됩니다.

그런데 워크플로는 단순한 '할 일 목록'이 아닙니다. 할 일 목록은 'A 하기', 'B 하기', 'C 하기'처럼 나열만 되어 있습니다. 하지만 워크플로의 각 단계에는 입력(Input)이 있고, 그것을 가공하는 작업(Transformation, 변 환)이 있고, 결과물(Output, 출력물)이 나옵니다. 그리고 한 단계의 출력 물이 다음 단계의 입력물이 되며 각 단계가 연결되어 있습니다.

이메일 답장하기를 예로 들어보죠. 우리는 경험이 쌓여 이 작업이 자동화되었기에 의식하지 못하지만, 실제로는 6단계나 거치게 됩니다.

① 이메일 읽기 (입력: 이메일 읽기, 출력: 요점 파악) →

② 답변 방향 정하기 (입력: 요점, 출력: 답변 방향) →

③ 답변 내용 구성하기 (입력: 방향, 출력: 구성안) →

④ 작성하기 (입력: 구성안, 출력: 초안) →

⑤ 검토하기 (입력: 초안, 출력: 최종본) →

⑥ 발송하기

워크플로를 이해하는 핵심은 '일은 한 번에 뚝딱 되는 것이 아니라, 여러 단계를 거쳐서 완성된다'는 것입니다. 그 단계들을 눈에 보이게 정리한 것이 바로 워크플로입니다.

왜 워크플로가 중요한가?

'순서를 정리하는 게 그렇게 중요해?'라고 생각할 수도 있지만, 명확한 워크플로가 있을 때와 없을 때의 차이는 생각보다 큽니다.

누락과 중복 방지 | 단계가 명확하면 어디까지 했는지가 분명합니다. 어느 단계를 빠뜨렸는지, 어느 단계를 중복으로 했는지 금방 알 수 있죠. '체크리스트 효과'라고도 합니다.

**법무팀
이 변호사**

중요한 계약서를 검토할 때 워크플로를 만들어 두지 않았더니, 법무 검토는 했는데 재무팀 검토를 빠뜨렸습니다. 재무적 리스크를 확인하지 않은 채 계약이 진행되어, 나중에 예상치 못한 비용이 발생했죠. 그 이후로 〈계약서 검토〉 워크플로를 만들었어요. ① 법무 검토→② 재무 검토→③ 실무 부서 검토→④ 임원 승인. 이제는 어느 단계에 있는지, 다음에 뭘 해야 하는지 명확합니다.

협업 시 혼선 줄임 | 내가 할 일과 다른 사람이 할 일이 명확하니 협업 시 혼선이 줄어듭니다. 특히 여러 사람이 함께 일할 때 워크플로가 없으면 "이거 누가 하기로 했죠?", "나는 ○○님이 하는 줄 알았는데요?" 같은 대화가 오가게 됩니다.

홍보팀
박 대리

〈신제품 출시 캠페인〉을 준비할 때 워크플로를 명확히 정의했습니다.
① 타깃 정의(기획팀 담당)→② 메시지 개발(크리에이티브팀 담당)→③ 채널 선정(미디어팀 담당)→④ 콘텐츠 제작(제작팀 담당)→⑤ 집행(운영팀 담당)
이렇게 각 단계마다 담당자가 정해져 있고, 앞 단계가 끝나야 다음 단계로 넘어갑니다. 덕분에 "이거 누가 해요?"라는 질문이 사라졌습니다.

인간끼리의 협업뿐 아니라 인간과 AI의 협업에서도 워크플로가 필수입니다. 각 단계에서 사람이 할 일과 AI가 도울 일을 구분할 수 있으니까요.

자동화 도입이 쉬워짐 | 워크플로가 명확하면 반복되는 작업을 자동화하거나 AI한테 맡길 수 있죠.

HR팀
박 과장

〈신입사원 온보딩 프로세스〉를 워크플로로 정리했어요.
① 입사서류 수집→② 시스템 계정 생성→③ 장비 지급→④ 오리엔테이션 일정 조율→⑤ 멘토 배정→⑥ 첫주 미팅 설정
이렇게 정리하고 보니, 2단계 시스템 계정 생성과 5단계 멘토 배정은 매번 똑같은 절차더군요. 그래서 이 두 단계를 자동화 시스템에 넣었습니다. 신입사원 정보만 입력하면 자동으로 계정이 생성되고, 규칙에 따라 멘토가 배정됩니다. 업무 시간이 30% 줄었어요.

병목 지점 파악 | 워크플로를 명확히 하면 어느 단계에서 시간이 오래 걸리는지, 어디서 자주 막히는지 눈에 보여 개선이 용이합니다.

〈제안서 작성〉 프로세스가 항상 늦어지는 게 고민이었어요. 워크플로로 정리해 보니 5단계 중 3단계 고객사 맞춤 솔루션 설계에서 매번 2~3일이 걸렸어요. 나머지 단계는 하루면 충분한데 말이죠. 원인을 찾아보니, 이 단계에서 기술팀의 검토를 기다리느라 시간이 걸리더라고요. 기술팀과 정기 미팅을 잡아서 미리 여러 시나리오를 검토해 두기로 했습니다. 덕분에 제안서 작성 기간이 5일에서 3일로 단축됐어요.

실제로 업무 프로세스를 표준화한 기업들은 놀라운 성과를 냅니다. 전 세계 어느 매장을 가도 똑같은 맛의 빅맥을 먹을 수 있는 맥도날드, 누가 만들어도 일정한 품질의 커피가 나오는 스타벅스, 이들의 비결은 워크플로를 명확히 정의하고 표준화했다는 데 있습니다. 커피 한 잔을 만드는 과정도 단계별로 정해져 있습니다. 덕분에 전 세계 어디서나 동일한 고객 경험을 제공할 수 있죠. 물론 사무직 업무가 커피 만들기만큼 단순하진 않지만 기본 원리는 같습니다. 일의 흐름을 명확히 하면, 품질이 일정해지고 실수가 줄어들고 시간이 단축됩니다.

워크플로 vs 단순 할 일 목록, 다른 점 3가지

워크플로와 할 일 목록은 무엇이 다를까요? 둘 다 해야 할 일들을 정리한 게 아닌가 싶겠지만 중요한 차이가 있습니다.

워크플로는 '무엇+순서+연결'

할 일 목록(To-Do List)은 '무엇'만 나열합니다. 보고서 쓰기, 자료 찾기, 회의 준비하기. 항목들이 쭉 나열되어 있지만 순서는 정해져 있지 않습니다. 어떤 걸 먼저 해도 상관없고, 각 항목이 어떻게 연결되는지도 나와 있지 않습니다.

〈신제품 출시 기획서〉를 작성한다고 해보죠. 다음과 같이 '단순 할 일 목록' 방식으로 나열되어 있으면 어디서부터 시작해야 할지 막막합니다. 각 항목이 어떻게 연결되는지도 불분명하고요.

- 시장조사 하기
- 제품 콘셉트 정하기
- 출시 일정 짜기
- 예산 산정하기
- 기획서 작성하기

반면 워크플로는 '무엇+순서+연결'까지 포함합니다. 1번을 하면 A가 나오고, 그 A를 가지고 2번을 하면 B가 나오고, 그 B를 가지고 3번을 하는 식의 흐름이 있습니다. 시장조사를 먼저 해야 제품 콘셉트를 정할 수 있고, 콘셉트가 정해져야 출시 계획을 짤 수 있다는 게 보이죠. 각 단계의 결과물(Output)이 다음 단계의 입력물(Input)이 되는 것도 명확하게 보입니다.

1단계: 시장조사 (입력: 시장 데이터)

2단계: 제품 콘셉트 개발 (입력: 시장 데이터, 출력: 제품 콘셉트)

3단계: 출시 계획 수립 (입력: 제품 콘셉트, 출력: 출시 로드맵)

4단계: 예산 산정 (입력: 로드맵, 출력: 예산안)

5단계: 최종 기획서 작성 (입력: 모든 앞 단계 결과물, 출력: 기획서)

진행 상황 파악 용이

할 일 목록의 경우 '5개 중 3개 완료'라고 해도 실제로 얼마나 진행된 것인지 알기 어렵습니다. 아직 중요한 일을 안 했을 수도 있고, 쉬운 것만 먼저 끝냈을 수도 있으니까요.

하지만 워크플로에서는 '5단계 중 3단계 완료'라고 하면, 단계가 순서대로 진행되기에 정확히 어디까지 왔는지 알 수 있고 남은 일의 양도 예상할 수 있습니다. 4~5단계를 해야 하는데, 각각 얼마나 걸릴지 알므로 '내일 오전까지는 끝낼 수 있겠네'라고 판단할 수 있죠.

조건 표현 가능

워크플로에는 '만약 A라면 B로, C라면 D로' 같은 조건이 들어갈 수 있습니다. 예를 들어 구매 승인 워크플로를 보면, '금액이 100만 원 미만이면 팀장 승인으로 완료, 100만 원 이상이면 임원 승인 필요' 같은 조건이 들어갑니다. 할 일 목록에는 이런 조건을 표현하기 어렵습니다.

결과적으로 워크플로로 생각하는 습관이 들면, 일에 대한 불안감이 줄어듭니다. '뭘 해야 하지?'가 아니라 '다음 단계는 뭐지?'로 바뀌니까요. 그 명확함이 속도와 품질로 이어집니다.

일을 4~6단계로 나누는 기준

마법의 숫자 7±2

"워크플로를 만들 때 몇 단계로 나누는 게 좋아요?" 많이 받는 질문입니다. 대부분의 경우 4~6단계가 적당합니다. 1956년 미국의 심리학자 조지 밀러가 〈마법의 숫자 7±2〉라는 유명한 논문을 발표했는데, 사람이 단기기억으로 동시에 처리할 수 있는 정보의 개수가 대략 5~9개 사이라고 합니다.

업무 단계도 마찬가지입니다. 우리 뇌가 한 번에 관리할 수 있는 단계 수에는 한계가 있으며 4~6단계는 한눈에 전체 흐름을 파악할 수 있는 딱 좋은 범위입니다. 예를 들어 보고서 작성 단계를 '자료 수집, 작성, 제출' 식으로 2~3단계로만 나누면, 특히 보고서 작성 단계는 '구조설계·초안 작성·검토 및 수정'의 세부 단계가 있는데, 한 단계로 뭉뚱그리면 어디서부터 시작할지가 불분명하고, AI한테 지시하기도 애매해집니다.

전략기획팀
한 과장

처음엔 간단하게 3단계로 나누었어요. '정보 수집→분석→보고서 작성'. 그런데 막상 하려니까 '분석' 단계가 무엇인지 모호하더라고요. 데이터를 정리하는 것도 분석이고, 인사이트를 도출하는 것도 분석이니까요. 결국 이 단계에서 계속 헤매게 되더라고요. 그래서 더 세분화했죠. '분석' 단계를 '데이터 정리→패턴 발견→인사이트 도출', 이렇게 나누니까 훨씬 명확해졌어요.

반대로 단계를 10단계, 15단계 식으로 너무 쪼개면, 각 단계마다 체크하고 확인하고 다음 단계로 넘어가는 것이 오히려 번거로워집니다.

개발팀
유 팀장

〈신제품 개발〉 프로세스를 25단계로 만들었습니다. 모든 걸 세세하게 관리하려는 의도였죠. 결과적으로 직원들이 "어느 단계까지 왔죠?"라고 확인하는 데만 시간을 쓰게 됐습니다. 단계 간 이동도 복잡했고요. 3개월이면 끝날 일이 6개월이 걸렸습니다. 결국 회사는 신제품 개발 프로세스를 6단계로 줄였고, 그제야 원활하게 굴러가기 시작했습니다.

워크플로 4~6단계의 장점 4가지

우선, 전체 흐름을 한눈에 파악할 수 있습니다. 단계가 6개 정도면 종이 한 장에 다 들어오고, 화이트보드에 그려도 한눈에 보입니다.

각 단계의 목표가 명확해집니다. 워크플로가 4~6개 정도면 각 단계가 하나의 명확한 '결과물'을 만들어내는 단위가 됩니다. 너무 크지도, 너무 작지도 않은 적당한 크기죠.

또한 워크플로 4~6단계 정도가 AI와 효율적으로 일을 주고받으며 처리하기에 딱 좋은 단위입니다. 각 단계마다 AI한테 도움을 받고, 사람이 검토하고, 다음 단계로 넘어가는 리듬이 만들어집니다.

아울러 실무 경험상 최적점입니다. 수많은 프로젝트 관리 전문가

들은 대부분의 업무는 4~6개의 주요 단계로 표현할 수 있다고 합니다. 물론 절대적인 규칙은 아닙니다. 아주 단순한 업무는 3단계로도 충분할 수 있고, 매우 복잡한 프로젝트는 7~8단계가 필요할 수도 있습니다. 하지만 대부분 4~6단계를 기준으로 생각하면 적절합니다.

마케팅팀
박 차장

처음에는 '4~6단계'라는 것이 너무 인위적인 제약처럼 느껴졌어요. 그런데 실제로 여러 업무를 4~6단계로 정리해 보니, 신기하게도 대부분 딱 떨어지더라고요. 캠페인 기획은 5단계, 콘텐츠 제작은 4단계, 성과 분석은 6단계. 이것이 우리 뇌가 일을 자연스럽게 나누는 단위인가 봐요.

그렇다면 워크플로 단계는 구체적으로 어떤 기준으로 나누어야 할까요? 워크플로를 나누는 4가지 기준을 소개합니다.

1. 결과물이 바뀌는 지점

가장 중요한 기준입니다. 워크플로 각 단계의 끝에는 명확한 '결과물'이 있는데, 그 결과물의 종류가 바뀌는 지점이 바로 워크플로에서 단계를 나누는 지점입니다. 예로 〈경쟁사 분석 보고서〉를 작성한다면, 보다시피 각 단계의 결과물이 명확히 다릅니다.

1단계 끝: 경쟁사 3곳 리스트+분석 기준

2단계 끝: 각 경쟁사별 원시 데이터

3단계 끝: 비교 분석표

4단계 끝: 핵심 인사이트 3가지

5단계 끝: 최종 보고서

단계를 이처럼 각 단계별 결과물로 나누면 AI한테 지시하기도 쉽습니다. 1단계에서 경쟁사 3곳 리스트를 만들었다면, 2단계에서 "이 리스트를 바탕으로 각 경쟁사의 데이터를 수집해 줘"처럼 명확하게 요청할 수 있으니까요.

2. 역할이나 도구가 바뀌는 지점

워크플로에서 '누가 하는지', '무엇으로 하는지'가 바뀌는 순간이 자연스러운 단계 구분점입니다. 사람이 판단하는 단계와 AI가 작성하는 단계, 검색이 필요한 단계와 분석이 필요한 단계가 다릅니다. 〈마케팅 캠페인〉 준비를 예로 들면, 보다시피 사람과 AI의 역할이 번갈아 나타나는데, 이런 역할 전환 지점이 단계를 나누기에 적합합니다.

1단계 타깃 고객 정의 (사람이 판단)

2단계 메시지 초안 10개 작성 (AI가 생성)

3단계 메시지 평가 및 3개 선택 (사람이 판단)

4단계 선택된 메시지 기반으로 세부 콘텐츠 제작 (AI가 도움)

5단계 최종 검토 및 조정 (사람이 확정)

영업팀
송 과장

채용 공고 작성 프로세스를 이렇게 나누었어요.
① 필요 역량 정의(사람)→② 매력적인 표현으로 변환(AI)→③ 우리 회사 문화와 맞는지 검토(사람)→④ 최종 문구 다듬기(AI)
역할이 바뀌는 지점에서 자연스럽게 단계가 나뉘더라고요. 각 단계가 끝날 때마다 한 번씩 숨을 고르는 느낌? 그게 좋았어요.

3. 의사결정이 필요한 지점

일을 하는 과정에서 판단을 내려야 하는 순간이 있습니다. 그 지점이 바로 워크플로 단계의 경계입니다. 의사결정 후에 방향이 결정되고, 그 방향에 따라 다음 단계가 진행되니까요.

〈신사업 검토〉 과정을 보면, 각 단계 끝에 의사결정 포인트가 있습니다. 이 포인트에서 멈춰서 '계속 갈까, 방향을 바꿀까, 아니면 중단할까?'를 판단합니다. 이런 구조를 만들면 불필요한 작업을 줄일 수 있습니다. 1단계에서 "시장이 너무 작네"라고 판단되면 2단계로 가지 않고 멈추면 되니까요.

1단계 시장규모 조사
→ 의사결정: 시장이 충분히 큰가? YES면 2단계로, NO면 중단

2단계 경쟁환경 분석
→ 의사결정: 경쟁에서 이길 수 있나? YES면 3단계로, NO면 중단

3단계 수익성 분석
→ 의사결정: 수익을 낼 수 있나? YES면 4단계로, NO면 중단

4단계 실행 계획 수립
→ 의사결정: GO or NO-GO?

재무팀
박 과장

예전에는 투자 의사결정 과정에서 모든 투자 안건을 끝까지 분석했어요. 나중에 보니 시간 낭비가 많더라고요. 첫 단계에서 이미 '이건 안 되겠는데'가 보이는데도 끝까지 분석했으니까요. 지금은 3단계로 나누고 각 단계마다 'GO/No-Go' 판단을 해요. 덕분에 시간이 30% 줄었어요.

4. 작업 성격이 바뀌는 지점

일을 진행할 때 자료 수집·정보 분석·종합·작성 등의 작업은 서로 성격이 다릅니다. 필요한 사고방식도 다르고, 쓰는 도구도 다릅니다. 작업 성격이 바뀌는 지점에서 단계를 나누면 자연스럽습니다.

〈보고서〉 작성을 예를 들어 보면, 가 단계가 필요로 하는 능력이 다르며, 각기 다른 능력을 쓰는 지점에서 단계를 나누면, 각 단계에 집중하기 쉽습니다.

1단계 정보 수집 (입력을 늘리는 단계)

2단계 데이터 분석 (패턴을 찾는 단계)

3단계 인사이트 도출 (의미를 만드는 단계)

4단계 구조 설계 (틀을 짜는 단계)

5단계 내용 작성 (출력물을 만드는 단계)

연구소
이 박사

논문 쓸 때 예전에는 자료를 찾다가 쓰다가, 또 자료를 찾다가 분석하다가 이랬어요. 왔다 갔다 하니까 집중이 안 되더라고요. 지금은 단계를 명확히 나눠요. 오전엔 자료 수집만, 오후엔 정보 분석만. 같은 성격의 작업을 몰아서 하니까 훨씬 효율적이에요.

앞에서 소개한 워크플로 단계를 나누는 4가지 기준을 모두 충족할 필요는 없습니다. 보통 2~3가지 기준이 겹치는 지점에서 단계를 나누면 자연스럽습니다. 예를 들어 '결과물이 바뀌면서 동시에 역할도 바뀌는 지점'이 있다면, 그곳이 명확한 단계의 경계입니다.

[실전 연습]
자주 하는 업무 4~6단계로 나누기

이론은 충분히 배웠으니, 이제 직접 해볼 차례입니다. 실무에서 자주 하는 업무들을 4~6단계로 나눠 보겠습니다.

경쟁사 분석 보고서 작성

다음과 같이 나누면 업무의 단계가 명확해지며, 각 단계에서 사람이 할 일과 AI가 도울 일이 구분됩니다.

1단계 분석 목적 및 경쟁사 선정

입력: 분석 의뢰서

작업: 왜 분석하는지 명확히 하고, 비교할 경쟁사 3곳 선정

출력: 경쟁사 리스트+분석 기준 3가지　　　담당: 사람 (판단이 필요)

2단계 정보 수집

입력: 경쟁사 리스트+분석 기준

작업: 웹 검색, 보고서 찾기, 뉴스 기사 수집

출력: 각 경쟁사별 원시 데이터　　　담당: AI 도움+사람 검증

3단계 비교 분석

입력: 수집된 데이터　　　　작업: 항목별로 비교표 작성, 강점/약점 파악

출력: 비교 분석 매트릭스　　담당: AI 초안+사람 해석

4단계 시사점 도출

입력: 비교 분석 매트릭스　　작업: 이게 우리에게 주는 의미는?

출력: 핵심 인사이트 3가지　　담당: 사람 (전략적 판단)

5단계 보고서 작성

입력: 모든 앞 단계 결과물　　작업: 논리적 흐름으로 문서화

출력: 최종 보고서　　　　　　담당: AI 초안+사람 다듬기

주간 업무 보고

주간 업무 보고 업무는 간단해 보이지만 실제로는 여러 단계를 거칩니다. 다음과 같이 총 5단계, 약 1시간으로 단계별로 나누니 각 단계가 부담스럽지 않습니다. 10~20분씩 짧게 진행되니까요.

1단계 주요 성과 정리

이번 주 한 일 리스트업　　　출력: 성과 항목 5~7개

소요 시간: 10분

2단계 수치 확인 및 검증

각 성과의 정량적 수치 확인　　출력: 검증된 데이터

소요 시간: 15분

3단계 이슈 사항 선별

보고할 만한 이슈 2~3개 선택　　출력: 이슈 리스트+간단한 설명

소요 시간: 10분

4단계 보고서 구조 설계

어떤 순서로 보고할지 목차 정리　　　출력: 보고서 개요

소요 시간: 5분 (AI 도움)

5단계 작성 및 검토

내용 작성하고 마지막 확인　　　출력: 최종 주간 보고서

소요 시간: 20분 (AI 도움)

고객 제안서 작성

〈고객 제안서〉 작성은 업무가 좀더 복잡한데, 다음과 같이 6단계로 나누면 2~3일 걸리는 작업도 체계적으로 관리할 수 있고, 오늘은 1~2단계, 내일은 3~4단계, 모레는 5~6단계 식으로 계획을 세울 수 있습니다.

1단계 고객 니즈 파악
- 고객이 정말 원하는 것이 무엇인지 명확히 하기
- 고객사 자료 검토, 미팅 내용 분석

2단계 솔루션 설계
- 우리가 제공할 수 있는 해결책 구체화
- 기술팀과 협의

3단계 차별화 포인트 도출
- 왜 경쟁사가 아니라 우리를 선택해야 하는가?
- 우리만의 강점 3가지 정리

4단계 제안서 구조 설계
- 어떤 순서로 제안할지 목차 작성
- AI한테 3가지 구조 옵션 받아서 선택

5단계 내용 작성
- 각 섹션별로 내용 채우기
- AI 초안+사람이 맥락 추가

6단계 검토 및 최종화
- 숫자 검증, 오타 확인, 디자인 조정
- 상사 검토 후 최종 확정

[실습] 자주 하는 업무 4~6단계로 나누는 법

이제 자주 하는 업무 하나를 떠올려 보세요. 그 업무를 4~6단계로 나눈다면 어떻게 나눌 수 있을까요? 종이에 직접 써보세요. 다음의 질문들에 답하다 보면 자연스럽게 단계가 보일 것입니다.

① 어떤 결과물들이 나오나요?

② 역할이나 도구가 바뀌는 지점은 어디인가요?

③ 의사결정이 필요한 순간은 언제인가요?

④ 작업 성격이 바뀌는 지점은 어디인가요?

내가 자주 하는 업무를 단계별로 나누는 작업이 처음에는 익숙하지 않겠지만, 일단 나눠보고, 실제로 해보며 조정하면서 개선해 나가면 됩니다. 워크플로는 한 번 만들면 끝이 아닙니다. 계속 업데이트하고 개선하면서 점점 더 정교해집니다.

워크플로 만들 때 흔히 하는 4가지 실수

워크플로 사고를 처음 적용하는 사람들이 자주 저지르는 실수가 있습니다. 이 실수들을 미리 알고 있으면 시행착오를 줄일 수 있습니다.

1. 너무 이상적으로 설계한다

처음 워크플로를 만들 때 완벽주의에 빠지기 쉽습니다. '모든 경우의 수를 다 고려해야지', '예외 상황도 다 포함시켜야지.' 그런데 이렇게 하면 정작 실행할 때 그 워크플로를 따라가기 어렵습니다.

기획팀 이 과장

〈신제품 기획〉 워크플로를 만들었는데, 모든 예외 상황을 다 넣으려다 보니 12단계짜리 복잡한 프로세스가 됐어요. 문서로는 그럴듯해 보였는데, 막상 실행하려니 어디서 어떻게 시작해야 할지 모르겠더라고요. 결국 단순화해서 5단계로 줄였습니다. '이상적인 80%만 커버하자'고 목표를 낮췄더니 오히려 실제로 더 잘 돌아갔어요.

좋은 워크플로는 이상적인 워크플로가 아니라 '실행 가능한' 워크플로입니다. 계획대로 80% 진행되면 성공이며, 나머지 20%는 상황에 맞게 유연하게 대응하면 됩니다. 처음부터 100%를 목표로 하면 아무것도 실행하지 못합니다.

일단 가장 흔한 케이스를 기준으로 단순한 워크플로를 만들고, 실제로 몇 번 써보면서 조금씩 보완하면 됩니다. 처음부터 완벽을 추구하지 마세요. 이것이 실용적인 접근법입니다.

2. 한 번 만들고 고정시킨다

회사 정책이 바뀌고 팀 구성도 달라지며 사용하는 도구도 바뀝니다. 업무환경이 계속 변함에 따라 워크플로도 진화해야 합니다.

영업팀 박 차장

3년 전에 만든 〈제안서〉 작성 워크플로를 계속 쓰고 있었는데, 최근 뭔가 맞지 않는다는 느낌을 받았어요. 확인해 보니 중요한 변화가 있었습니다.

예전에는 제안서를 프린트해서 제출했는데, 지금은 PDF로 이메일 발송합니다. 그러면 '인쇄 품질 확인' 단계는 필요 없고, 대신 'PDF 최적화' 단계가 필요합니다. 또 예전에는 가격표를 수동으로 작성했는데, 지금은 시스템에서 자동 생성할 수 있습니다. 워크플로를 업데이트하니, 불필요한 단계가 사라지고 시간이 20% 단축되었습니다.

분기마다 한 번씩 돌아보세요. '이 단계가 아직도 필요한가?', '새로 추가해야 할 단계는 없는가?', '순서를 바꾸면 더 효율적이지 않을까?' 이런 질문을 던지면서 계속 개선해 나가세요. 특히 AI 도구를 새로 도입했을 때는 워크플로를 반드시 재검토해야 합니다.

3. 혼자만 알아보는 워크플로

워크플로는 공유할수록 가치가 커집니다. 특히 반복되는 팀 업무라면 반드시 공유해야 누가 하든 일정한 품질이 나오고, 인수인계도 쉬우며, 협업도 원활합니다. 파워포인트 한 장에 워크플로 5~6단계를 그림으로 표현하는 정도면 충분합니다. 각 단계마다 '누가, 무엇을, 어떻게'를 간단히 적어놓으면 됩니다. 100페이지 매뉴얼보다 1페이지 워크플로 도표가 훨씬 유용합니다.

마케팅팀
최 대리

〈캠페인 기획〉 워크플로를 만들어 저 혼자 잘 쓰고 있었습니다. 그런데 일을 인계할 때 설명했지만, 후배는 계속 헷갈려했습니다. 단계가 명확하지 않으니 자꾸 빠뜨리거나 순서를 바꿔서 하더군요.
그래서 워크플로를 문서화해서 팀 공유 폴더에 올렸습니다. 5단계로 정리하고, 각 단계별로 체크리스트를 만들었죠. 그랬더니 다른 팀원들이 자기 업무에도 적용하기 시작했고, "3단계에 이것도 추가하면 좋겠어요" 같은 피드백을 주면서 워크플로가 더 정교해졌습니다.

4. 모든 일을 워크플로로 만들려는 유혹

워크플로의 효과를 경험하면, 모든 업무를 워크플로로 만들려는 유혹에 빠집니다. 이메일 답장 워크플로, 회의록 작성 워크플로, 커피 타는 워크플로…, 하지만 이것은 과합니다.

워크플로가 유용한 경우는 명확합니다. 반복되는 업무, 여러 단계가 있는 복잡한 업무, 협업이 필요한 업무. 혼자 5분 만에 끝나는 일을 워크플로로 만들 필요는 없습니다.

재무팀
김 과장

처음엔 모든 것을 워크플로로 만들려다가 오히려 비효율이 생겼어요. 간단한 이메일 답장도 '1단계 읽기, 2단계 요점 파악, 3단계 작성…, 이렇게 하려니 머리만 복잡하더라고요. 나중엔 선별적으로 적용하기로 했어요. 〈월간 재무 보고서〉처럼 중요하고 반복되는 것은 워크플로로, 단순한 것은 그냥 하기로요.

경험상 한 명이 관리하는 워크플로는 3~5개 정도가 적당합니다. 핵심 업무 3가지 정도만 명확한 워크플로로 정리하고, 나머지는 유연하게 대응하세요. 워크플로는 도구일 뿐, 도구에 지배당하면 안 됩니다.

중요한 것은 실천입니다. 오늘부터 할 수 있는 간단한 연습을 제안합니다.

워크플로 사고로 가는 연습

1. 여러분이 가장 자주 하는 업무 하나를 떠올려 보세요.

   예: 주간 보고, 회의 자료 작성, 고객 문의 응대 등

2. 그 업무를 4~6단계로 나누어 보세요.

   종이에 간단하게 각 단계마다 '이 단계의 결과물은 뭐지?', '여기서 AI가 도울 수 있는 부분은 뭐지?', '내가 직접 판단해야 하는 건 뭐지?'를 적어봅니다. 5분이면 충분합니다.

3. 해당 업무를 할 때, 2번 단계에서 작성한 워크플로를 따라가 보세요.

여러분이 만든 워크플로가 완벽하지 않아도 괜찮습니다. 해보면서 조정하면 됩니다. 3번쯤 쓰다 보면 나름 괜찮은 워크플로가 완성될 것입니다.

4장

정보 수집은 검색이 아니라 설계다

〈업계 동향 보고〉 같은 일상적 모니터링, 신속한 의사 결정을 위한 서포트, 심층 리서치 분석, 정보 수집도 명확한 단계가 있습니다. AI와 함께 무엇을 찾을지 정의하고, 어디서 찾을지 계획하며, 찾은 것을 검증하고, 의미를 추출하는 정보 수집 방법을 살펴봅니다.

왜 정보가 많을수록
결정이 어려워지는가?

−정보 과부하의 역설

개발팀 박 과장의 머리가 더 복잡해진 이유

월요일 아침, 개발팀 박 과장은 팀장으로부터 간단한 지시를 받았습니다. "경쟁사 신제품 좀 알아봐요. 우리도 대응 전략을 세워야 하니까."

경쟁사 이름과 '신제품'을 검색창에 입력하자 수백 개의 결과가 쏟아졌습니다. 뉴스 기사·블로그 포스팅·유튜브 리뷰 영상·업계 분석 리포트까지 다양한 정보를 많이 읽을수록 머릿속은 오히려 복잡해졌습니다. 어떤 기사에서는 경쟁사 제품이 획기적인 혁신이라고 극찬했고, 다른 기사에서는 별로 특별할 게 없다고 평가했습니다. 가격정보도 제각각이었습니다. 출시일도 불명확해서 이미 출시되었다는 곳도 있고, 아직 예정 단계라는 곳도 있었습니다.

3시간이 지났을 때, 박 과장의 브라우저에는 탭이 30개 넘게 열려 있었고, 워드 문서에는 복사해둔 정보들이 뒤죽박죽 섞여 있었습니다. 그런데 정작 팀장에게 보고할 명확한 내용은 머릿속에 정리되지 않았고, 오히려 처음보다 더 혼란스러워진 기분이었습니다.

정보 과부하의 2가지 역설

정보가 부족해서 문제가 되던 과거와는 달리, 지금은 정보가 너무 많아서 문제가 됩니다. 미국의 한 조사에 따르면, 직장인들은 주당 평균 4시간을 불필요한 정보 탐색과 처리에 낭비하고 있으며, 정보 과부화로 인한 생산성 손실이 연간 약 9천억 달러에 달한다고 합니다.

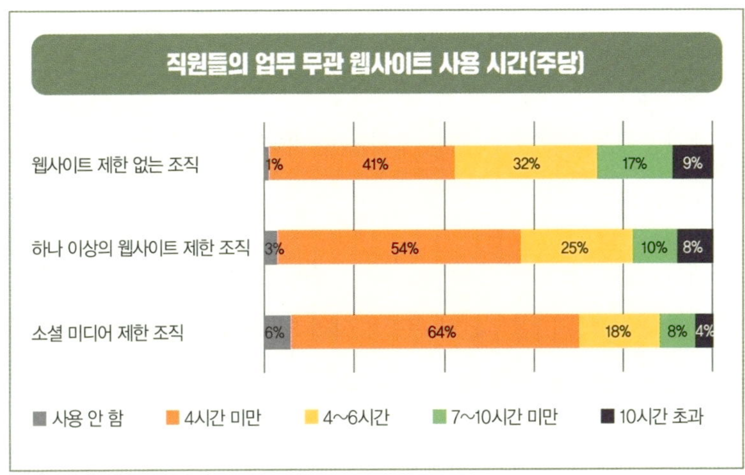

인터넷 활동을 전혀 제한하지 않는 조직들을 대상으로 한 IT 전문가들의 추산에 따르면, 직원의 58%는 주당 4시간 이상(또는 표준 40시간 근무의 최소 10%)을 업무와 관련 없는 사이트에서 보내고, 26%는 7시간 이상을 업무와 관련 없는 사이트에서 보냅니다. (출처: https://community.spiceworks.com/t/data-snapshot-how-web-filtering-affects-workplace-security-and-productivity/970663)

정보 과부하가 가져오는 가장 큰 문제는 '분석 마비'입니다. 선택지가 너무 많으면 오히려 결정을 내리기 어려워지는 현상을 '선택의 역설'이라고 합니다. 10개의 자료를 검토할 때보다 100개의 자료를 검토할 때 의사결정이 더 빨라지는 것이 아니라, 오히려 무엇을 선택해야 할지 몰라 결정을 미루게 되기도 합니다. 박 과장처럼 성실하게 많은 정보를 찾아본 사람일수록 이런 역설적 상황에 빠지기 쉽습니다.

현대 직장인들이 마주하는 정보 과부하의 또 다른 역설은 정보는 많지만, 실제로 활용 가능한 정보는 극히 일부에 불과하다는 것입니다.

실무에서 마주하는 정보의 4가지 함정

정보가 많다고 해서 그것이 곧 유용하다는 뜻은 아닙니다. 실무에서 마주하는 정보의 4가지 함정을 살펴보죠.

우선, 중복된 정보가 많습니다. 언론사가 보도한 내용을 여러 매체가 재가공해서 전달하면, 검색 결과에는 비슷한 내용의 기사가 10개, 20개씩 나타납니다.

또한 맥락 없는 데이터도 문제입니다. "A사 매출 전년 대비 20% 증가"가 좋은 건지 나쁜 건지 판단하려면 업계 평균 성장률이나 주요 경쟁사의 성장률을 함께 알아야 하지만, 많은 자료들이 이런 비교 맥락 없이 단편적인 숫자만 던져줍니다.

아울러 출처와 시점이 불분명한 정보들이 의외로 많습니다. "업계 관계자에 따르면"으로 시작하는 기사, 작성 날짜가 없는 블로그 포스팅, 출처 표기 없는 통계 자료들이 대표적입니다. 이런 정보를 그대로 보고서에 인용했다가는 나중에 "이 자료의 근거가 뭡니까?"라는 질문을 받았을 때 답할 수가 없습니다.

여기에 AI 시대의 새로운 리스크가 추가됩니다. 생성형 AI가 제공하는 '그럴듯한 정보'의 진위를 검증하지 못해 발생하는 문제입니다.

이른바 AI 응답에서 할루시네이션을 가려내지 못한 경우이죠.

2024년 미국 뉴욕시의 법률정보 AI 챗봇 마이시티(MyCity)는 사업주가 종업원의 팁을 일부 가져갈 수 있으며, 성희롱을 호소하는 종업원을 해고할 수 있다는 거짓 정보를 제공했습니다. 만약 사업자가 이 정보를 믿고 실행했다면 법적 문제에 휘말렸을 것입니다. 많은 AI 서비스 기업들이 할루시네이션을 줄이기 위해 노력하고 있지만, 거대언어모델(LLM)은 확률 기반 예측을 통해 텍스트를 생성하기에 발생률을 낮출 수는 있지만 완전하게 제거할 수는 없습니다.

결국 정보 수집에서 중요한 것은 '얼마나 많이 찾았는가'가 아니라 '얼마나 믿을 만하고 활용 가능한 정보를 골라냈는가'입니다. 100개의 검색 결과 중 실제로 가치 있는 정보는 3~4개에 불과할 수도 있습니다. 정보의 양에 압도되지 말고, 정보의 질을 판단할 수 있는 눈을 가져야 합니다.

정보 검증과 비즈니스 리스크

정보를 제대로 검증하지 않으면 단순히 보고서 한 장 잘못 쓰는 것으로 끝나지 않습니다. 만약 신규 사업 진출을 위해 관련 규제 정보를 조사해 사업계획을 수립했는데, 담당자가 찾아본 자료가 3년 전의 것이었고, 이후 법이 개정되어 새로운 요건이 추가되었다면 비용과 시간 손실이 클 것입니다. 법률·규제·정책처럼 자주 바뀌는 분야는 더욱 주의해야 합니다. 특히 시장규모·성장률·점유율 같은 숫자 정보는 출처가 명확해야 합니다.

정보 오류가 가져오는 비즈니스 리스크는 큽니다. 우선, '분석 마비' 리스크입니다. 정보 수집과 검토에만 몇 달을 쓰다 보면 경쟁사는 이미 시장을 선점한 후일 수 있습니다.

또 다른 리스크는 '잘못된 결정'입니다. 검증되지 않은 정보를 근거로 의사결정을 내리면 방향 자체가 틀어집니다. 잘못된 시장 데이터를 바탕으로 제품을 개발하거나, 부정확한 경쟁사 정보를 기반으로 가격 전략을 세우면, 출시 후에야 현실과 동떨어진 계획이었다는 것을 깨닫게 됩니다. 그때는 이미 늦었습니다.

아울러 '기회비용'이라는 리스크입니다. 정보 수집에만 과도한 시간을 쓰다 보면, 정작 중요한 실행에 쓸 시간이 부족해집니다. 완벽한 정보를 찾겠다고 몇 주를 허비하는 것보다, 80% 정도의 정보를 빠르게 확보해서 실행에 옮기는 것이 더 나은 경우가 많습니다. 하지만 많은 직장인들은 '더 찾으면 뭐라도 나오겠지'라는 착각에 빠져 끝없는 검색의 늪에 빠집니다.

정보 검증은 단순히 꼼꼼함의 문제가 아닙니다. 비즈니스의 성패를 가르는 핵심 역량입니다. '어떤 정보를 믿을 것인가, 어떤 정보를 버릴 것인가'를 판단하는 능력이야말로 AI 시대에 더욱 중요해진 역량입니다. 정보가 넘쳐나는 시대일수록, 정보를 선별하고 검증하는 능력이 경쟁력이 됩니다.

정보를 검색하는 사람에서 '설계'하는 사람으로

마케팅팀 이 대리의 30분, 3가지 질문

마케팅팀 이 대리는 경쟁사 분석을 해서 다음 주 회의 때 공유하라는 과제를 받았습니다. 이 대리는 작업 시작 전 30분 동안 회의 안건을 다시 확인하고, 우리 회사가 지금 고민하는 지점이 무엇인지 파악했습니다. 고민 결과 '경쟁사의 가격 정책과 우리의 대응방안'이 핵심 주제라는 것을 알아내고, 검색 범위를 가격 정책으로 좁혔으며, 3가지 질문을 정리했습니다.

'경쟁사는 어떤 가격대를 설정했는가?, 그 가격이 시장에서 어떻게 받아들여지고 있는가?, 우리가 대응할 수 있는 가격 전략은 무엇인가?'

명확한 질문이 있으니 정보 수집도 빨랐습니다. 30분 만에 핵심 정보를 확보했고, 나머지 시간은 그 정보를 바탕으로 회사의 대응방안을 정리하는 데 썼습니다.

정보 탐색가에서 정보 전략가로

2000년대만 해도 정보를 잘 찾는 능력이 중요한 역량이었지만, 이제는 완전히 달라졌습니다. 검색창에 키워드만 입력하면 수백, 수천 개의 결과가 쏟아지며, AI에게 질문하면 즉시 답변이 나옵니다. 이제 정보를 '찾는 것'이 아니라 '선택하는 것'으로 바뀌있습니다. 그리고 필요한 역량은 정보 탐색가(Information Searcher)가 아니라 정보 전략가(Information Strategist)의 능력입니다.

정보 탐색가는 정보 수집에 시간의 80%를 쓰지만, 정보 전략가는 설계에 30%, 수집에 30%, 분석과 구조화에 40%를 배분합니다.

우선, 정보 전략가는 '무엇을 찾을 것인가?'를 설계합니다. 경쟁사를 조사한다고 할 때, 먼저 제품 기능만 볼 것인가, 가격 전략까지 볼 것인가, 마케팅 방식도 포함할 것인가를 정해야 합니다. 범위를 정하지 않으면 끝도 없이 자료를 모으게 됩니다.

또한 정보 전략가는 찾은 정보를 '어떻게 평가할 것인가?', 그 기준을 설정합니다. 수집한 정보 중 무엇을 믿을지, 어떤 출처를 우선할지, 어떤 시점의 데이터를 사용할지 기준이 있어야 합니다. 기준 없이 정보를 모으면, 나중에 그 정보들을 어떻게 활용해야 할지 판단할 수 없습니다.

아울러 찾은 정보를 '어떻게 구조화할 것인가?'를 정합니다. 미리 최종적으로 이 정보를 어떤 형태로 정리할 것인지, 보고서인지 브리핑인지, 누구를 대상으로 한 자료인지를 생각해야 합니다.

AI 시대에는 이러한 정보 전략가로서의 역할 전환이 더욱 중요해집니다. AI는 정보를 빠르게 찾아주지만, 무엇을 찾고 어떻게 평가하고 구조화할지는 여전히 사람이 정해야 하며, 구체적으로 요청할수록 훨씬 유용한 결과를 얻을 수 있으니까요.

정보 전략가로 바뀌려면

정보 전략가로 전환하는 것은 어렵지 않습니다. 정보 수집을 시작하기 전에 5가지 질문을 스스로에게 던지는 습관만 들이면 됩니다.

① 이 정보로 무엇을 판단하거나 결정할 것인가?

② 최종 결과물은 어떤 형태인가? (보고서, 브리핑, 제안서 등)

③ 누가 이 정보를 사용할 것인가? (상사, 고객, 팀원 등)

④ 어떤 기준으로 정보를 선별할 것인가? (시점, 출처, 신뢰도 등)

⑤ 어떤 관점에서 정보를 구조화할 것인가? (시간순, 중요도순, 비교 분석 등)

위와 같은 5가지 질문에 답한 후 정보 수집을 시작하면, 불필요한 시간 낭비를 줄이고 훨씬 효율적으로 결과를 얻을 수 있습니다.

AI 시대 정보 큐레이션 능력은?

마케팅팀 한 과장이 최근 〈소비 트렌드 변화〉를 조사하라는 지시를 받았습니다. 그는 며칠 동안 국가데이터처(구 통계청) 데이터, 시장조사 기관 리포트, 언론 기사, 업계 전문가 칼럼 등에서 총 50개 넘는 자료를 수집했습니다. 하지만 이것을 그대로 보고서에 담으면 너무 많고 복잡하기에 임원은 읽지 않을 것입니다.

그래서 한 과장은 큐레이션 작업을 했습니다. 50개 자료 중에서 신뢰도가 높은 공공기관 데이터와 주요 리서치 회사 리포트 10개로 압축했고, 그중에서도 우리 회사 제품과 관련 있는 소비 트렌드 3가지를 추출했습니다. ① MZ 세대의 가성비 소비 증가, ② 친환경 제품 선호도 상승, ③ 온라인 구매 비중 확대.

이 3가지 트렌드가 우리 회사의 제품 전략에 이떤 의미가 있는지 해석을 덧붙였습니다. 결과적으로 50개의 자료는 3페이지 분량의 명확한 보고서로 정리되었습니다. 임원은 3분 만에 핵심을 파악하고, 즉시 다음 액션을 결정할 수 있었습니다.

임원은 여러분이 찾은 정보의 양에는 관심이 없습니다. 그보다는 '그래서 우리가 무엇을 결정해야 하는가?'에 관심이 있습니다. 따라서 의사결정에 필요한 핵심 3가지를 선별해서 제시하는 능력이 훨씬 중요합니다. 이것이 바로 직장인에게 필요한 정보 큐레이션 능력입니다.

꼭 필요한 것만 보여주는 능력, 정보의 양이 아니라 정보의 질로 승부하는 능력, AI 시대에도 변하지 않는 핵심 역량입니다. 아니, 오히려 정보가 넘쳐날수록 더욱 중요해지는 역량입니다.

넷플릭스가 수만 개 콘텐츠 중 '당신을 위한 10개'를 골라주듯이, 우리도 수백 개의 정보 중에서 '우리 회사에 필요한 3가지'를 골라낼 수 있어야 합니다. 그것이 바로 AI 시대 정보 수집 역량의 핵심입니다.

AI 시대, 정보 수집 역량의 의미가 바뀌었다

AI가 바꾼 정보 수집의 풍경

AI가 바꾼 정보 수집의 풍경을 보면, 정보 수집 속도가 비약적으로 빨라졌지만, 정보의 신뢰도 검증이 더욱 중요해졌습니다. AI가 주는 정보를 무비판적으로 받아들이는 것은 위험하며, 정보 수집 역량의 핵심은 '찾기'에서 '검증'으로 이동했습니다.

AI를 잘 활용하는 팀과 그렇지 못한 팀의 차이도 여기서 나타납니다. A팀은 AI에게 물어보고 나온 결과를 그대로 사용하는데, 빠르긴 하지만 정확도는 보장할 수 없습니다. B팀은 AI에게 물어본 후 그 결과를 공식 통계나 신뢰할 수 있는 출처와 교차 검증합니다. 조금 더 시간이 걸리지만, 결과물의 신뢰도는 훨씬 높습니다. 결국 비즈니스 의사결정에서 승부를 가르는 것은 B팀의 접근방식입니다.

AI 리터러시, 정보를 '비판적으로 이해하는' 새로운 역량

요즘 기업들이 직원 교육에 가장 많이 투자하는 분야가 바로 'AI 리터러시'입니다. SKT, KT, LG유플러스 같은 통신 3사는 2023년부터 전 직원을 대상으로 AI 리터러시 교육을 진행하고 있습니다. SKT는 업계 최초로 전사적으로 직원 AI 리터러시 역량 강화 프로그램을 시행했고, KT는 학교와 협약을 맺어 AI 교육을 확산시키고 있습니다. 왜 이렇게까지 AI 리터러시 교육에 집중할까요?

리터러시(literacy)란 원래 '읽고 쓸 수 있는 능력', 즉 문해력을 뜻합니다. 과거에는 글을 읽고 쓸 줄 아는 것이 기본 소양이었다면, 디지털 시대에는 디지털 정보를 제대로 이해하고 활용하는 디지털 리터러시가 필수가 되었고, 지금은 한 단계 더 나아가 AI 리터러시가 새로운 필수 역량으로 자리 잡았습니다.

AI 리터러시는 크게 5가지 핵심 역량으로 구성됩니다.

① AI 개념 이해: AI가 어떻게 작동하는지 기본 원리를 아는 것

② 도구 활용: 다양한 AI 서비스를 목적에 맞게 사용하는 것

③ 데이터 해석: AI가 제시하는 정보를 올바르게 읽어내는 것

④ 문제해결: AI를 활용해 업무 문제를 해결하는 것

⑤ 윤리 판단: AI 사용에 따른 책임과 윤리적 이슈를 이해하는 것

이중에서 정보 수집과 가장 밀접한 관련이 있는 것은 '데이터 해석' 능력, 즉 AI가 생성한 정보를 비판적으로 평가하고, 그 한계를 이해하며, 필요한 경우 추가 검증을 하는 능력입니다.

실제로 AI 시대에는 정보를 단순히 기억하는 능력보다, 정보를 적

절하게 이해하고 원하는 결과를 만들어내는 능력이 훨씬 중요해졌습니다. '프롬프트 엔지니어링'이 주요 키워드로 회자되었지만, 프롬프트를 잘 쓰는 것보다 더 중요한 것이 바로 AI에게 '무엇을 물어볼지' 설계하는 질문 역량입니다.

AI에게 "국내 전기차 시장을 분석해 줘"라고 물으면 일반적인 수준의 답변을 내놓지만, "국내 전기차 시장을 2020년부터 2025년까지 연도별 판매량과 시장점유율 변화를 중심으로 정리하고, 주요 3개 제조사별 특징을 비교해 줘"라고 구체적으로 요청하면 훨씬 유용한 결과를 얻을 수 있습니다. 이런 구체화 능력이야말로 진짜 AI 리터러시입니다. AI를 사고를 확장하는 파트너로 활용하는 것입니다.

그런데 여기서 끝이 아닙니다. 검증이 중요합니다. AI가 "2024년 국내 전기차 판매량이 30만 대입니다"라고 답했다면, "그 데이터의 출처가 어디인가요? 공식 통계인가요?"라고 다시 물어봐야 합니다. AI가 출처를 제시하면, 그 출처가 실제로 존재하는지, 신뢰할 만한 기관인지 직접 확인하는 과정이 필요합니다.

AI 리터러시의 핵심은 결국 '비판적 사고'입니다. AI가 준 정보를 상황에 맞게 평가하고, 필요한 부분은 검증하고, 활용 가능한 수준으로 가공하는 능력, 그것이 바로 AI 시대 정보 수집 역량의 핵심입니다.

AI 시대 새로운 정보 수집의 4단계 프로세스

전통적인 정보 수집 방식은 대부분 다음과 같은 순서로 이루어졌습니다. 이 방식의 핵심은 '검색'입니다.

① 포털 사이트나 검색 엔진에 키워드 입력→② 검색 결과 클릭해서 내용 확인→③ 유용해 보이는 정보를 복사해서 워드 문서에 붙여넣기→④ 모은 정보를 바탕으로 보고서 작성

하지만 AI 시대의 정보 수집은 '설계'가 출발점입니다. 검색창을 열기 전에 먼저 종이와 펜을 꺼내 설계부터 하며, 정보 수집의 전체 그림을 그립니다. 새로운 정보 수집 프로세스는 다음과 같이 4단계로 정리할 수 있습니다.

1단계 정보 수집의 목적 정의: 이 정보로 무엇을 판단하거나 결정할 것인지 명확히 합니다. '우리 제품의 가격 전략을 조정하기 위해 경쟁사의 가격 정책과 시장 반응을 파악한다.' 목적이 명확하면 찾아야 할 정보의 범위도 자연스럽게 좁혀집니다.

2단계 정보의 범위 및 기준 설정: 어디까지 조사할 것인지, 어떤 정보를 우선할 것인지 기준을 세웁니다. 기준을 미리 정해두면 정보 수집 과정에서 헤매지 않습니다.

3단계 AI 활용 수집 및 교차 검증: 이제 본격적으로 정보를 모으고, AI가 제시한 정보를 교차 검증합니다. AI가 찾아준 정보 중 검증된 것만 남기고, 불확실한 것은 과감히 제외합니다.

4단계 의사결정 구조화: 검증된 정보를 의사결정에 활용할 수 있는 형태로 재구성합니다. '① 경쟁사는 이런 가격 정책을 쓰고 있다(정보)→② 시장 반응은 이렇다(분석)→③ 따라서 우리는 이렇게 대응해야 한다(시사점)' 같은 구조로 정리하는 것이죠.

정보 수집 시작 전에 해야 할 3가지 질문

정보 수집의 4단계 프로세스를 실무에 적용하려면, 정보 수집 시작 전에 다음 3가지 질문에 답해 보세요.

① 이 정보로 무엇을 판단/결정할 것인가?

② 정보를 어떤 기준으로 선별할 것인가?

③ 최종 결과물의 형태는 무엇인가?

예를 들어 1페이지 요약 보고서, 10페이지 상세 분석 자료, 5분짜리 구두 브리핑 등 최종 형태를 미리 정하면 어떤 수준의 정보가 필요한지 알 수 있습니다. 1페이지 요약이라면 핵심 메시지 3가지만 있으면 되지만, 상세 분석 자료라면 근거와 데이터를 충분히 확보해야 합니다.

정보 수집을 시작하기 전에 이러한 3가지 질문에 답하면, 방향 없이 헤매는 시간을 크게 줄일 수 있습니다. 3시간 동안 100개 자료를 모으는 것보다, 30분 동안 설계하고 1시간 동안 핵심 정보 10개를 검증해서 모으는 것이 훨씬 효율적입니다.

정보 수집의 4단계 워크플로

이제 지금까지 다룬 내용을 하나의 실행 가능한 프레임워크로 정리할 차례입니다. AI 시대의 정보 수집은 크게 4단계로 나눌 수 있습니다. 이들 단계는 순차적으로 진행되며, 각 단계마다 사람이 판단해야 할 지점과 AI가 효과적으로 도울 수 있는 지점이 명확히 구분됩니다.

1단계 정보 탐색 및 발견: 무엇을 찾을 것인가?

먼저 이 정보로 무엇을 판단할 것인지, 어떤 범위에서 찾을 것인지, 어느 정도 깊이가 필요한지를 정해야 합니다. 예를 들어 '경쟁사 조사'라는 막연한 목표가 아니라 'A사의 2025년 신제품 가격 정책을 우리 제품과 비교하기 위해 공식 발표자료와 주요 언론 보도 3개월치를 확인한다'처럼 구체화합니다.

이 설계 과정은 사람만이 할 수 있습니다. 조직의 맥락, 의사결정의 배경, 최종 사용자의 니즈를 아니까요.

설계가 끝나면 AI를 활용해 빠르게 초기 정보망을 구축할 수 있습니다. AI에게 구체적으로 질문하면 다양한 각도에서 정보를 찾아주고, 누락된 영역이 있는지도 확인할 수 있습니다. 하지만 탐색 중에도 사람의 판단이 필요합니다. AI가 엉뚱한 방향으로 가고 있지는 않는지, 이 정도면 충분한지, 새로 발견한 쟁점의 우선순위를 어떻게 둘 것인지는 사람이 결정해야 합니다.

2단계 정보 검증 및 평가: 이 정보를 믿을 수 있는가?

먼저 출처의 신뢰도를 판단합니다. 정부 공식 통계, 상장사 공시자료, 신뢰할 수 있는 리서치 기관의 보고서는 높은 신뢰도를 갖지만, 개인 블로그나 출처 불명 커뮤니티 글은 참고 수준에 그쳐야 합니다. 정보의 시점도 중요합니다. '2024년 전기차 점유율 35%'라는 데이터가 2024년 1월 기준인지, 12월 기준인지에 따라 의미가 달라집니다.

또한 교차 검증은 필수입니다. 하나의 정보를 최소 2~3개의 독립적인 출처로 확인해야 합니다. AI에게 출처를 물어보고, 실제로 존재하는지, 신뢰할 만한지 직접 확인해야 합니다. 구글 팩트체크 익스플로러(Google Fact Check Explorer)나 언론사 팩트체크 기사도 유용합니다.

하지만 최종 판단은 역시 사람의 몫입니다. '이 정보가 우리 상황에 적용 가능한가?, 정보 제공자의 의도나 편향은 없는가?, 이 정보를 사용할 것인가 말 것인가?'는 맥락을 아는 사람만이 결정할 수 있습니다.

3단계 정보 종합 및 분석: 의미를 어떻게 도출할 것인가?

정보를 모으고 검증했다면, 이제 그 정보를 의미 있는 형태로 재구성해야 합니다. 50개의 자료를 그냥 나열하는 것은 정보 수집이 아닙니다. 그 안에서 패턴을 발견하고, 의사결정에 필요한 인사이트를 도출하는 것이 진짜 정보 수집입니다. 이를 위해 적절한 프레임워크(틀)를 선택해야 합니다.

시장 진출을 고민한다면 기업 경영전략 수립을 위한 SWOT(강점·약점·기회·위협) 분석, 경쟁환경을 파악한다면 산업분석 모델인 5 경쟁 요인(5Forces: 기존 기업 간 경쟁강도, 신규 기업 진입 위협, 대체재 위협, 구매자 협상력, 공급자 협상력), 시간에 따른 변화를 보려면 사전·사후(Before-After) 비교가 유용합니다.

정보를 종합 분석할 때 어떤 프레임워크를 쓸 것인지는 사람이 결정하지만, 그 틀 안에 정보를 배치하고 패턴을 찾는 데는 AI가 큰 도움이 됩니다. AI는 대량의 데이터에서 반복되는 패턴을 빠르게 찾아내고, 트렌드를 요약하며, '만약 ~한다면?' 같은 시나리오도 제시할 수 있습니다. 하지만 AI가 찾은 패턴이 정말 의미 있는지, 우리 조직에 어떤 전략적 함의가 있는지, 어떤 액션을 취해야 하는지는 사람만이 판단할 수 있습니다. 정보를 인사이트로, 인사이트를 행동계획으로 연결하는 것은 사람의 고유 영역입니다.

4단계 정보 활용 및 보고: 어떻게 전달할 것인가?

이때 핵심은 '듣는 이(청자) 맞춤'입니다. 임원진에게는 결론 중심의 1페이지 요약이 필요하고, 실무진에게는 근거가 포함된 상세 자료가 필요하며, 전문가 그룹에게는 방법론까지 설명해야 합니다. 같은 정보라도 누가 보느냐에 따라 완전히 다르게 재구성해야 합니다. 듣는 이의 관심사와 의사결정 맥락을 파악하는 것은 사람의 역할입니다.

AI는 시각화 옵션을 제시하거나 차트를 만들거나 레이아웃을 제안하는 데 도움을 줄 수 있습니다. 하지만 최종 검토는 사람의 책임입니다. 숫자가 정확한지, 논리가 일관적인지, 메시지가 명확한지, 우리 조직 맥락에 맞는지 확인해야 합니다. AI가 만든 결과물을 그대로 제출하는 것은 위험합니다. 예상 질문에 대비하고, 후속 조치를 준비하는 것도 사람의 몫입니다.

앞에서 소개한 정보 수집의 4단계 워크플로의 핵심은 '사람과 AI의 역할을 명확히 구분'하는 것입니다. 사람은 ① 목적 설정, ② 방향 결정, ③ 맥락 판단, ④ 최종 책임을 맡고, AI는 ① 빠른 탐색, ② 초안 생성, ③ 패턴 발견, ④ 대안 제시를 돕습니다. 이 역할 구분을 이해하지 못하면 AI에게 모든 것을 맡기거나, 반대로 AI를 전혀 활용하지 못하는 극단으로 치달을 수 있습니다. 각 단계에서 AI와 사람의 역할을 명확히 아는 것이 핵심입니다.

5장

회사에서 바로 써먹는 AI 정보 수집법

-모니터링, 의사결정 서포트, 심층 리서치 분석

AI와 함께하는 정보 수집의 워크플로를 실제 업무 상황에 어떻게 적용할지 알아보죠. 회사에서 자주 하는 정보 수집 업무를 일상적 모니터링, 신속한 의사결정 서포트, 심층 리서치 분석으로 나누어 구체적으로 실습합니다. 실무에서 바로 써먹는 정보 수집용 프롬프트도 소개합니다.

AI로 데일리·위클리 브리핑 받는 법

–경쟁사 동향, 규제 변화 모니터링, 소비 트렌드 모니터링

제조업, 가전회사 마케팅팀 김 사원의 〈주간 경쟁사 동향〉 3분 브리핑

월요일 아침 8시 30분, 가전제품 제조사 마케팅팀 김 사원은 오늘도 어김없이 9시 팀 회의가 예정되어 있고, 〈주간 경쟁사 동향〉 3분 브리핑을 해야 합니다.

1단계 정보 탐색 설계

검색창을 열기 전에 5분만 투자해 설계부터 하겠습니다. 무엇을 찾을까요? 김 사원은 '주간 경쟁사 동향' 브리핑을 위해 주요 경쟁사 3곳, 삼성전자와 LG전자, 그리고 최근 공격적인 마케팅을 펼치고 있는 다이슨을 '모니터링 대상'으로 정합니다.

'시간 범위'는 지난주 월요일부터 일요일까지 7일로 하고, '찾을 정보'는 신제품 출시나 발표, 가격 정책 변화, 대규모 마케팅 캠페인, 그리고 주요 이슈나 사건입니다. '출처'는 공식 보도자료를 최우선으로

하고, 일간지 2군데, 경제지 1군데로 주요 언론 3곳의 보도를 참고합니다. 이 범위를 벗어나는 정보는 과감히 제외합니다. 설계가 끝났으니 이제 AI를 활용할 차례입니다.

1. AI로 정보 탐색을 본격적으로 해보겠습니다. 챗GPT, 제미나이, 클로드 등을 이용해도 되지만, 여기서는 검색 기능에 특화된 AI 서비스인 퍼플렉시티(www.perplexity.ai)를 사용해 보겠습니다.

   퍼플렉시티는 실시간 웹 검색 기반의 AI 답변 엔진으로, 정확한 출처 표시로 할루시네이션을 줄이고, 최신 정보 반영, 구조화된 요약, 전문적인 리서치와 연속적인 후속 질문이 장점입니다. 정보 수집 및 분석, 전략 업무를 하는 이들이 많이 사용하고 있습니다.

   참고로 퍼플렉시티는 무료 사용도 가능하며, 유료인 프로(Pro) 버전은 월 20달러입니다. 대학생·대학원생, 그리고 통신사에 따라 프로 버전을 무료로 1년 사용할 수 있는 혜택이 있으니 참고하세요.

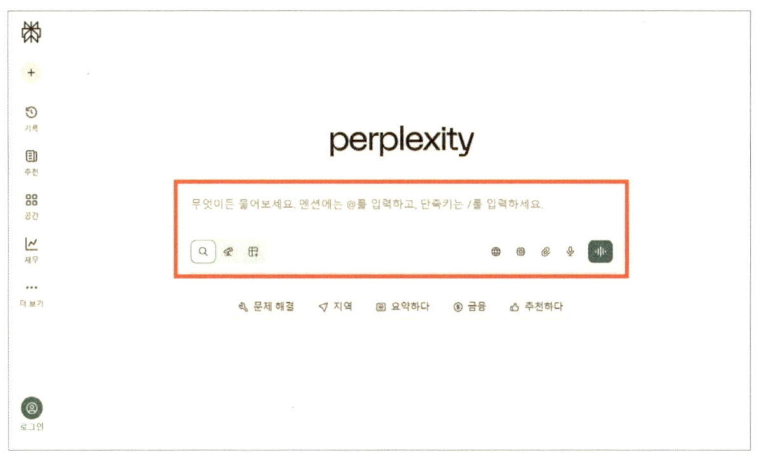

2. 퍼플렉시티 AI에게 가전제품 업계 모니터링 전문가라는 역할을 주고, 경쟁사의 일주일 동안의 주요 동향을 조사해 달라고 요청합니다. 프롬프트 입력란에 다음과 같이 입력하세요.

#역할
당신은 가전제품 업계 모니터링 전문가입니다.

#지시사항
2025년 12월 23일부터 29일 사이 삼성전자, LG전자, 다이슨의 가전사업부 관련 주요 동향을 조사하세요. 다음 카테고리로 분류해 주세요.
– 신제품 출시/발표
– 가격 정책 변화
– 마케팅 캠페인
– 기타 주요 이슈

#제약사항
– 각 회사당 최대 2개 항목만 선별
– 공식 보도자료 또는 주요 언론사(○○○, ○○○, ○○○) 출처만 사용
– 루머나 확인되지 않은 정보는 제외

#출력형식
회사별로 구분하여 정리하고, 각 항목마다 날짜와 출처를 명시할 것

---

3. AI가 응답을 생성하는 동안 잠시 기다리세요. 약 10초 후 결과가 나왔습니다. 정보를 수집하는 12월 23일 현재 삼성전자는 AI 가전과 디스플레이 신기술을 발표한다고 예고했고, LG전자는 CEO의 신년 영상 메시지 발표, 다이슨은 해당 기간에 특별한 이슈가 없었습니다. 각 항목마다 출처 링크도 함께 주었습니다.

삼성전자

1. 신제품 출시/발표

- (신제품/기타) CES 2026 연계 AI 가전·디스플레이 신기술 발표 예고

    - 내용: 삼성전자가 CES 2026을 앞두고 '더 퍼스트룩 2026' 행사와 '삼성 기술 포럼' 개최를 알리며 TV·가전을 포함한 차세대 제품·기술 공개를 예고함. 구체 가전 모델명·가격 정책은 이 기간 보도자료에 아직 미공개 상태.
    - 날짜: 2025년 12월 23일(공식 뉴스룸 예고 영상 및 행사 안내 기준).
    - 출처: 삼성전자 뉴스룸 보도자료/공지. `news.samsung +1`

2. 기타 주요 이슈

- (기타) C랩 스타트업과 함께 CES 2026 참여, 가전 생태계 혁신 강조

    - 내용: 삼성전자가 C랩 육성 스타트업 15개사와 함께 CES 2026에 'C랩 전시관'을 구성한다고 발표, 일부 스타트업 솔루션이 스마트홈·가전 연계 영역을 포함해 삼성 가전 생태계 확장 전략의 한 축으로 언급됨.
    - 날짜: 2025년 12월 28일.
    - 출처: 케이피이뉴스(주요 경제지·통신 재인용), 삼성전자 C랩 관련 공식 설명 인용. `kpenews`

※ 12월 22일자 '비스포크 AI 냉장고' 제미나이 탑재 보도자료는 23~29일 범위 밖이어서 목록에서 제외했습니다. `newswire +1`

LG전자

1. 기타 주요 이슈

- (기타/경영 메시지) 류재철 CEO 신년 영상 메시지 – 주력 사업 경쟁력 강화 및 질적 성장 가속화

    - 내용: 12월 23일 공개된 신년 영상 메시지에서 류재철 LG전자 CEO가 주력 사업(생활가전(H&A) 포함) 경쟁력 강화, B2B·솔루션·D2C 중심의 질적 성장, 지역 포트폴리오 건전화 등 5대 핵심 과제를 제시함. 생활가전 사업부는 '핵심 부품 경쟁력'과 '위닝 테크' 집중, 수익성 기반 성장의 핵심 축으로 언급됨.
    - 날짜: 2025년 12월 23일.
    - 출처: LG 공식 홈페이지 미디어·보도자료. `lg`

2. (해당 기간 내 주요 국내 가전 신제품/가격·프로모션 보도자료는 미확인)

- 12월 중 베스트샵 '12월 혜택전', 플래그십 D5 가전 오픈 세일 사전예약 등 프로모션은 12월 2일·15일자 기사로, 23~29일 범위 밖이어서 제외했습니다. `magazine.hankyung +1`

2단계 정보 검증 및 평가

AI가 준 정보를 그대로 믿으면 안 됩니다. 각 항목의 출처 링크를 직접 클릭해서 확인해야 합니다.

1. 퍼플렉시티가 1단계에서 준 응답을 보면, 삼성전자 CES 발표 건은 삼성 뉴스룸에서 확인되었습니다. 날짜도 정확합니다. LG전자 CEO 영상은 LG 보도자료로 연결되지만 게시판만 나오고, 특정

기사로 연결되지는 않았습니다. 그래서 퍼플렉시티에게 다음과 같이 물어보았습니다.

> LG전자 류재철 CEO의 신년 메시지의 출처 URL을 구체적으로 알려줘. 출처를 확인할 수 없으면 "출처 불명"으로 표시해 줘.

2. 퍼플렉시티가 여러 기사의 링크를 제공했습니다. 직접 확인해 보니 실제로 12월 23일에 발행된 기사들입니다. 나중에 LG 보도자료 게시판을 찾아보니 2번째 페이지에 해당 내용이 있었습니다. 만약 출처를 확인할 수 없었다면 보고서에서 과감히 삭제했을 것입니다. 불확실한 정보를 팀 회의에서 공유했다가 나중에 틀린 것으로 판명되면 신뢰를 잃기 때문입니다.

LG전자 류재철 CEO의 신년 메시지의 출처 URL을 구체적으로 알려줘. 출처를 확인할 수 없으면 "출처 불명"으로 표시해줘.

검토된 10개의 소스 ›

LG전자 류재철 CEO의 신년 메시지는 LG전자 자체 보도자료 URL이 명확히 확인되지 않고, 주요 매체 기사 형태로만 확인된다. hankyung +3

주요 인용 가능한 출처 URL은 다음과 같다.

- 한국경제: https://www.hankyung.com/article/202512230071P hankyung
- 조선일보: https://www.chosun.com/economy/tech_it/2025/12/23/DUTFXEYRGRBQZB7DJTMGBR2PGU/ chosun
- 한국경제(추가 기사): https://www.hankyung.com/article/202512231063i hankyung
- 다음(연합뉴스·경제지 기사 송고본): https://v.daum.net/v/20251223094642518 daum

LG 공식 홈페이지 내 신년 메시지 전문이 올라온 개별 URL은 현재 기준으로 특정되지 않아, "LG전자 공식 보도자료 URL" 자체는 출처 불명으로 보는 것이 정확하다. lg +4

3단계 정보 종합 및 분석

AI가 준 정보들 중에서 우리 회사에 영향이 큰 것을 골라내야 합니다. 우리 회사는 중견 가전사로, 주력 제품이 공기청정기와 가습기입니다. 삼성의 신기술 적용 제품 출시는 우리와 직접적인 경쟁이 예상됩니다. LG도 경쟁사이지만 특별한 이슈는 발견되지 않았고, 다이슨도 마찬가지입니다.

먼저, AI에게 우리 회사 관점에서 정보 중에서 우선순위를 매겨달라고 요청해 보겠습니다. 다만, 이 단계에서는 퍼플렉시티보다는 '챗GPT나 제미나이, 클로드' 같은 AI를 사용하는 것이 좋습니다. 퍼플렉시티는 검색에는 강하지만 정리나 구조화에서는 약하기 때문입니다.

1. 퍼플렉시티에서 지금까지 수집·검증·평가한 내용을 문서로 만들어 보죠.

화면 오른쪽 위에서 〈더보기〉 메뉴(…)를 선택한 후, 〈PDF로 내보내기〉 혹은 〈DOCX로 내보내기〉를 선택하면, 전체 채팅 세션을 파일

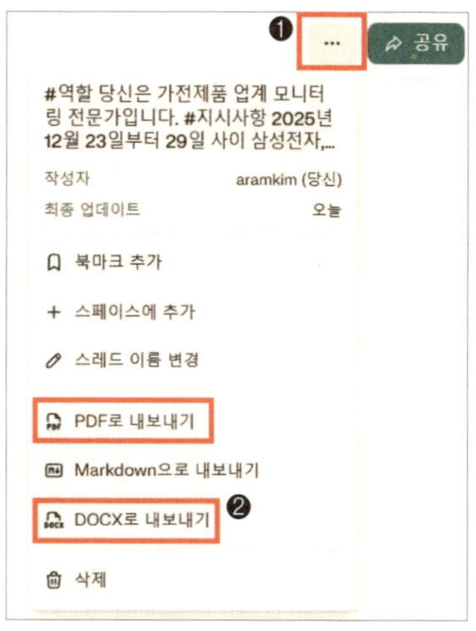

형태로 저장할 수 있습니다. 여기서는 수정 가능한 〈DOCX로 내보내기〉를 선택해 워드 파일(DOCX 파일)로 저장하겠습니다. 이 파일에서 프롬프트(지시문) 부분은 지우고 활용하는 것이 좋습니다.

2. 이제 챗GPT나 제미나이, 클로드를 여세요. 여기서는 챗GPT를 활용했습니다. 프롬프트 입력란에 퍼플렉시티에서 저장한 '경쟁사 주간 동향' 파일을 업로드한 후 다음과 같이 요청합니다.

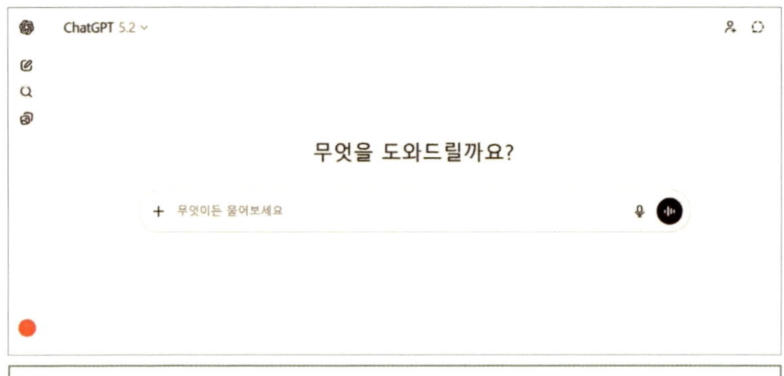

[주간 동향 파일 업로드]
첨부한 '주간 동향' 중에서 우리 회사(중견 가전사, 주력 제품: 공기청정기, 가습기)에게 영향도가 큰 순서대로 3가지를 선별하고, 각각에 대해 한 문장으로 시사점을 제시해 줘.

3. AI가 답변을 내놓습니다. 1순위는 삼성전자의 차세대 AI 가전 기술 공개 예고, 다음은 삼성전자의 C랩 스타트업과 CES 동반 참여, 3순위는 LG전자의 신년 메시지라고 하네요.

프리미엄 공기청정·가습 제품에서도 온디바이스 AI, 연결성, UX 고도화가 기본 전제가 되어, 중견사는 차별 기능 집중(센서 정확도·저소음·필터 효율) 또는 협업형 AI 전략을 서둘러야 한다는 것입니다. 이 정도면 충분합니다.

첨부된 **주간 동향(12/23~12/29)**을 기준으로, **중견 가전사(공기청정기·가습기 중심)**에 대한 **영향도가 큰 순서 Top 3와 각 1문장 시사점**은 다음과 같습니다. 🗋 가전_주간모니터링_251230

1 삼성전자, CES 2026 연계 차세대 AI 가전 기술 공개 예고

시사점: 프리미엄 공기청정·가습 제품에서도 **온디바이스 AI/연결성/UX 고도화**가 기본 전제가 되어, 중견사는 **차별 기능 집중(센서 정확도·저소음·필터 효율)** 또는 **협업형 AI 전략**을 서둘러야 한다.

2 삼성전자, C랩 스타트업과 CES 2026 동반 참여(가전·스마트홈 생태계 확대)

시사점: 대기업 중심의 폐쇄형 경쟁이 아니라 **스타트업 기술을 흡수한 생태계 경쟁**이 가속되므로, 중견사는 **외부 기술 제휴/모듈 도입**으로 개발 속도와 비용 효율을 동시에 확보할 필요가 있다.

3 LG전자, CEO 신년 메시지—생활가전 '핵심 부품 경쟁력'과 '질적 성장' 강조

시사점: 마케팅 중심 경쟁보다 **핵심 부품(필터, 팬, 가습 모듈) 내재화·차별화**가 수익성의 관건이 되어, 중견사는 **부품 기술 스토리의 명확화**가 브랜드 신뢰를 좌우한다.

참고: 해당 주간(12/23~12/29) 내 **다이슨코리아의 국내 공식·주요 경제지 기준 신규 가전 이슈는 확인되지 않음.** 🗋 가전_주간모니터링_251230

4단계 정보 활용 및 보고

김 사원의 〈주간 경쟁사 동향〉 브리핑을 보는 이들은 가전제품 제조사 마케팅 팀장과 팀원 5명입니다.

모두 실무진이므로 결론보다는 구체적 내용에 관심이 많습니다. 보고 형식은 구두 3분과 1페이지 참고자료입니다. 핵심 메시지는 '이번 주 주목할 점 3가지'로 정했습니다.

1. AI에게 1페이지 요약 문서를 만들어 달라고 요청합니다.

> **#역할**
>
> 당신은 마케팅팀 주간회의용 브리핑 자료 작성자입니다.
>
> **#지시사항**
>
> 위 내용을 A4 1페이지로 요약하세요.
>
> **#구조**
>
> 1. 제목: "주간 경쟁사 동향 (12/23~12/29)"
> 2. 핵심 요약 3줄로 시작
> 3. 주요 동향을 회사별로 정리 (각 2~3줄)
> 4. 우리 회사 시사점 3가지 (각 1~2줄)
>
> **#제약사항**
>
> – 전체 분량: A4 1페이지 이내
> – 글머리 기호 최소화, 문장으로 서술
> – 구체적 날짜와 수치 포함
> – 출처는 각주로 표시

2. AI가 깔끔한 1페이지 문서를 만들어 주었습니다. 하지만 그대로 쓰면 안 됩니다. 날짜가 정확한지, 출처가 신뢰할 만한지, 우리 회사 관련성이 명확한지, 3분 내에 발표 가능한지 최종 검토를 해야 합니다. 이제 완성입니다. 시계를 보니 정확히 28분이 걸렸습니다.

정보 수집 단계에서 30분 투자로 일주일치 동향을 파악하고, 팀 회의에서 가치 있는 정보를 공유했습니다. 핵심은 설계 5분, 탐색 10분, 검증 10분, 보고 준비 5분의 시간 배분입니다. 매주 반복되는 일이니 이 프로세스를 템플릿으로 만들어 두면 더 빠르게 처리할 수 있습니다.

금융업, 일일 은행 규제 변화 모니터링

은행 컴플라이언스팀(준법감시팀) 박 대리의 하루는 금융당국 홈페이지 확인으로 시작됩니다. 매일 아침 9시, 금융위원회와 금융감독원의 전날 공지사항을 체크해야 합니다. 혹시 우리 은행에 영향을 미치는 새로운 규제나 가이드라인이 나왔는지 확인하고, 중요한 사항이 있으면 즉시 팀장에게 보고하는 것이 업무입니다. 오늘도 어김없이 모니터링을 시작합니다.

1단계 정보 설계

박 대리가 정보 모니터링을 할 '범위'는 명확합니다. 금융위원회와 금융감독원, 이 두 기관의 전날 공지사항입니다. '찾아야 할 정보'는 은행업 관련 규제, 가이드라인, 제재 조치, 감독 방침입니다. 보험이나 증권 관련 내용은 업무가 아니니 제외합니다. '출처'는 당연히 금융위와 금감원 공식 웹사이트입니다. 다른 곳에서 나온 정보는 믿을 수 없습니다.

1. 퍼플렉시티에게 금융 규제 모니터링 전문가 역할을 주고, 다음과 같이 정보 수집을 요청합니다.

#역할

당신은 금융 규제 모니터링 전문가입니다.

#지시사항

2025년 12월 25일 금융위원회와 금융감독원이 발표한 공지사항 중 은행업 관련 내용을 찾아주세요.

#카테고리

– 신규 규제 또는 가이드라인

– 기존 규제 개정

– 제재 조치

– 감독 방침 변경

#제약사항

– 은행업 직접 관련 내용만 (보험, 증권 제외)

– 공식 발표 자료만

– 각 항목마다 발표 기관, 제목, 핵심 내용 1~2줄 요약

#출력형식

기관별로 구분하여 정리

2. 퍼플렉시티 AI가 검색을 시작합니다. 잠시 후 결과가 나왔습니다. 금융위원회가 '온라인 금융상품 판매 관련 다크패턴 가이드라인'을 발표했다고 합니다. 해당 내용의 제목과 링크도 주네요.

금융위원회

신규 가이드라인

금융위원회는 2025년 12월 25일 '온라인 금융상품 판매 관련 다크패턴 가이드라인'을 발표했다. 이 가이드라인은 온라인 판매 과정에서 오도형·방해형·압박형·편취유도형 등 4개 범주 15개 세부 유형의 다크패턴 행위를 금지하며, 은행을 포함한 금융회사에 적용된다. 약 3개월 준비 기간 후 2026년 4월부터 본격 시행된다. economist +2

금융감독원

2025년 12월 25일 금융감독원의 은행업 직접 관련 공지사항은 확인되지 않았다. fsc +2

24 출처

2단계 정보 검증

1. 퍼플렉시티가 준 링크에 접속해 페이지의 내용을 확인합니다. 은
행 기사 몇 개와 금융위원회 페이지로 연결되어 해당 내용을 확인
할 수 있습니다. 핵심 내용은 금융권 자체적으로 전산개발, 내규정
비 등 약 3개월의 준비기간을 거쳐 2026년 4월부터 본격적으로 시
행한다는 것입니다. 이것은 우리 은행에 직접적인 영향이 있습니다.

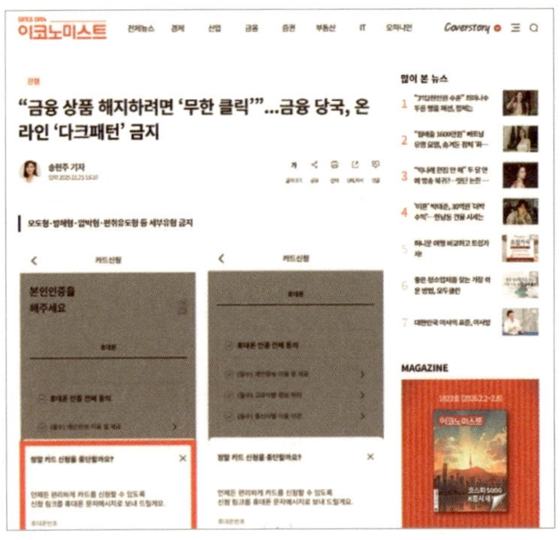

2. 퍼플렉시티에게 후속 질문을 합니다. 온라인 금융상품 판매 관련
다크패턴 가이드라인에 대한 상세 정보를 달라고 했습니다.

> 온라인 금융상품 판매 관련 다크패턴 가이드라인의 상세 내용을 정리해 줘.

3. 퍼플렉시티가 주요 내용을 정리해 줍니다. 자율 준수를 우선하되
필요시 감독을 강화하는 방향입니다. 특히 다크패턴을 총 4개 범주
로 분류하고, 각 범주별로 주요 금지 행위를 예시로 제시하고 있습
니다. 은행 등 금융회사 온라인 판매 전 과정에 적용된다니 꼼꼼하

게 살펴볼 필요가 있습니다. 필요한 경우에는 "금융회사별 준비기간과 시행준비 체크리스트를 정리해 줘" 등으로 추가 질문을 계속 이어가도 좋습니다.

3단계 정보 분석

새로 추가된 온라인 금융상품 판매 관련 다크패턴 가이드라인이 우리 은행에 미치는 영향도를 판단해야 합니다.

1. AI에게 영향도 분석을 요청합니다. 이때에는 퍼플렉시티 대신 챗 GPT나 제미나이, 클로드 등의 모델을 활용합니다. 앞의 사례처럼 검색 결과를 문서로 만든 다음 첨부하면 더욱 편리합니다. 여기서

는 챗GPT에게 다음과 같이 요청해 보겠습니다.

#상황

나는 은행 컴플라이언스팀의 직원으로 우리 은행에 영향을 미치는 새로운 규제나 가이드라인을 파악하여 보고해야 합니다.

#지시사항

첨부한 가이드라인의 시행이 우리 은행에 미치는 영향을 분석하세요.

– 각 이슈별 영향도 (높음/중간/낮음)

– 대응 시급성 (즉시/1개월 내/3개월 내)

– 예상되는 조치 사항

#출력형식

표 형식으로 정리

2. AI가 다크패턴 가이드라인 시행에 따른 영향 분석표를 만들어 주었습니다. 온라인 판매 화면이나 UX 전반, 금융상품 설명 및 광고 방식에 영향도가 크고 시급성이 높아 빠르게 변경해야 한다고 하네요. 반면 해지·취소 프로세스에는 영향도가 중간, 대응 시급성은 1개월 내로 나타납니다. 물론 AI가 준 영향 분석표를 그대로 사용할 수는 없으며, 수정이 필요한 요소는 수정하는 것이 좋습니다.

아래는 온라인 금융상품 판매 관련 다크패턴 가이드라인 시행이 **우리 은행(은행권 전반)**에 미치는 영향
을 컴플라이언스 관점에서 정리한 분석입니다.

다크패턴 가이드라인 시행에 따른 영향 분석 (은행권)

이슈 구분	주요 내용	영향도	대응 시급성	예상되는 조치 사항
온라인 판매 화면·UX 전반 수정	사전 선택 옵션, 설명 축약, 가짜 타이머, 인위적 희소성 등 오도·압박 요소 제거 필요	높음	즉시	전자채널(모바일·인터넷뱅킹) 전수 점검, UX/UI 개선, 다크패턴 체크리스트 기반 수정
금융상품 설명·광고 방식 변경	허위·기만 유인, 잘못된 정보 구조, 속임수 질문 금지	높음	즉시	상품 설명 문구·배치 재검토, 마케팅/광고 사전 심의 강화
해지·취소 프로세스 개선	무한 클릭, 과도한 단계 등 방해형 패턴 금지	중간	1개월 내	해지·취소 동선 단축, 고객 이탈 방해 요소 제거
끼워팔기 및 개인정보 동의 관리	불필요 상품 자동 포함, 과도한 개인정보 동의 유도 금지	높음	즉시	상품 가입 시 선택 구조 재설계, 개인정보 동의 단계 최소화
내부 규정·내규 정비	금융업권 전용 다크패턴 금지 기준 반영 필요	중간	1개월 내	금융소비자보호 내규, 전자금융 관련 규정 개정
직원 교육 및 인식 제고	4개 범주·15개 세부유형 이해 부족 시 위반 위험	중간	1개월 내	전 직원 대상 교육, 디지털·마케팅 부서 집중 교육
모니터링 및 사후 점검 체계	자율 준수 우선이나 향후 감독 강화 가능성	중간	3개월 내	판매 로그 점검, 정기 자체 점검 및 내부 감사 프로세스 구축
제재 리스크 및 평판 영향	위반 시 금융소비자보호법상 제재 및 평판 리스크	높음	즉시	사전 리스크 평가, 위반 가능 영역 우선 개선
IT 개발 일정 관리	약 3개월 준비기간 내 시스템 개선 완료 필요	중간	즉시	IT·컴플라이언스 공동 일정 관리, 단계별 이행 점검
향후 법규화 대비	가이드라인 → 법규 전환 가능성	중간	3개월 내	지속 모니터링, 법제화 시 즉각 반영 가능한 내부 기준 마련

4단계 정보 보고

1. 박 대리의 은행 컴플라이언스팀 팀장님은 바쁜 분이라 간결한 보고를 선호합니다. 3줄 요약이 최고입니다. AI에게 다음과 같이 요청합니다.

> 위의 내용을 기반으로 팀장에게 보고할 3줄 요약문을 작성하세요:
> 1줄: 규제 내용 핵심
> 2줄: 우리 은행 영향
> 3줄: 필요한 대응조치

2. AI가 다음과 같이 박 대리가 팀장님에게 보고할 3줄 요약문을 만들어 주었습니다. 완벽합니다. 이대로 팀장님에게 보고하면 됩니다.

1. 금융위·금감원이 온라인 금융상품 판매 과정에서 소비자 기만을 유발하는 다크패턴(4개 범주·15개 유형)을 금지하는 가이드라인을 발표하고, 2026년 4월부터 시행 예정임.
2. 모바일·인터넷뱅킹 등 비대면 판매 전 과정이 적용 대상이 되어, 판매 화면·설명 방식·해지 절차·끼워팔기 관행 전반에 대한 수정이 필요하며, 위반 시 제재 및 평판 리스크가 큼.
3. 즉시 전자채널 전수 점검을 실시하고, IT·마케팅·컴플라이언스 협업 하에 시스템 개선, 내규 개정, 직원 교육 및 자율 준수 점검 체계를 구축해야 함.

3. 추가로 상세 내용이 필요할 경우를 대비해 백업 자료도 준비하는 것이 좋습니다. 금융위 보도자료와 가이드라인 전문, 그리고 예상 조치사항을 1페이지로 정리합니다. 팀장님이 "구체적으로 어떻게 할 건데?"라고 물을 것을 대비한 것입니다.

박 대리는 오전 9시 30분, 팀장님에게 보고를 마쳤습니다. AI를 정보 수집에 활용해서 일일 모니터링으로 중요한 규제 변화를 놓치지 않고 캐치한 것입니다.

정보 수집 단계는 이처럼 일상적이고 반복적인 업무에서 진가를 발휘합니다. 워크플로를 적용하면 놓치는 정보 없이 효율적으로 처리할 수 있습니다. 핵심은 ① 범위를 명확히 하고, ② 반드시 검증하고, ③ 우리 조직 관점에서 우선순위를 매기는 것입니다.

유통업, 백화점 MD팀 최 주임의 월간 <소비 트렌드> 모니터링

백화점 MD팀 최 주임은 매달 말 〈이달의 소비 트렌드 키워드 5가지〉를 정리합니다. 이 자료는 다음 달 상품 기획회의에서 참고자료로 활용됩니다. 11월이 끝나가는 지금, 11월 소비 트렌드를 정리할 시간입니다. 예전에는 인터넷을 뒤지며 하루 종일 자료를 모았는데, 이번에는 체계적으로 접근해 보겠습니다.

1단계 정보 설계

백화점 MD팀 최 주임이 찾을 정보는 11월 한국 소비 트렌드입니다. 카테고리는 우리 백화점 주력 상품군인 패션·뷰티·라이프스타일·식품 등 4가지입니다.

출처는 국가데이터처(구 통계청) 소비 데이터, 한국소비자원 보고서, 주요 리서치 기관(트렌드코리아·나스미디어·오픈서베이 등) 리포트입니다. 개인 블로그나 커뮤니티 의견은 참고만 하고 공식 자료를 우선합니다.

형식은 키워드 중심입니다. '연말 소비 증가' 같은 뻔한 표현이 아니라 '조용한 럭셔리', '오피스 캐주얼 회귀'처럼 구체적이고 활용 가능한 키워드를 찾아야 합니다.

1. AI에게 〈이달의 소비 트렌드 키워드 5가지〉를 위한 정보 탐색을 요청합니다. 이번에는 챗GPT를 이용했습니다.

   프롬프트가 구체적이고 길어진다면, 퍼플렉시티보다는 챗GPT나 제미나이, 클로드 같은 AI를 이용하는 것이 좋습니다. '사고 모드'나 '추론 모드'로 되어 있는 모델을 이용할수록 단계적인 사고를 통해 더 깊이 있게 조사하기 때문입니다.

#역할
당신은 백화점 MD팀 소비 트렌드 분석가로서 유통업계 동향을 모니터링합니다.

#지시사항
검색을 통해 2025년 11월 한국 월간 소비 트렌드를 조사하세요. 목적은 다음 달 상품 기획회의에서 참고자료로 활용하는 것입니다.

#카테고리
− 패션, 뷰티, 라이프스타일, 식품

#출처 우선순위
1순위: 국가데이터처, 한국소비자원
2순위: 트렌드코리아, 나스미디어, 오픈서베이 등 리서치 기관
3순위: 주요 유통업체 발표 자료

#제약사항
− 이후(after): 2025−11−01
− "소비 증가", "인기" 같은 추상적 표현 금지
− "조용한 럭셔리", "오피스 캐주얼 회귀"처럼 구체적이고 실무에 활용 가
  능한 키워드

#출력형식
각 카테고리별로:
− 핵심 트렌드 키워드 2~3개
− 각 키워드의 간단한 설명 (1~2줄)
− 출처 URL 반드시 명시

2. AI가 패션·뷰티·카페 등 카테고리별로 정리하고, 각각 출처도 달
아 주었습니다.

패션

1) '러닝코어(러닝웨어) 스펙 비교 구매'
러닝 재킷을 "예쁜가"가 아니라 **체온유지·통기(공기투과)·발수(습윤저항)** 같은 성능 스펙으로 비교해 고르는
흐름이 강해졌습니다. 대한민국 정책브... +1
URL: https://www.korea.kr/news/policyNewsView.do?newsId=156725226 /
https://www.kca.go.kr/smartconsumer/sub.do?menukey=7782&mode=view&no=1003952645

2) '다운(구스/덕)·혼용률 표기 검증 소비'
패딩류에서 다운 종류(구스/덕) 및 표시사항 적합성을 확인하려는 니즈가 커졌고, 표시 미흡 사례가 이슈로
부각됐습니다. KCA +1
URL: https://www.kca.go.kr/smartconsumer/sub.do?menukey=7714 / https://www.kca.go.kr/home/sub.do?
menukey=4004&mode=view&no=1003986137

3) '해외 브랜드 국내 직진출 러시'
국내 시장을 아시아 트렌드 **테스트베드**로 보고, 해외 브랜드가 **직진출·파트너십**으로 들어오는 흐름이 강화
됐습니다(백화점 MD 관점에선 신규 브랜드 소싱/팝업 기회 확대). 동아일보 +1
URL: https://www.donga.com/news/Economy/article/all/20251218/132992872/1 /
https://www.samsungcnt.com/

2단계 정보 검증

최 주임은 AI가 준 응답에서 출처를 하나씩 확인합니다. 예를 들어
'해외 브랜드 국내 직진출 러시'의 링크를 확인해 보니, 11월 트렌드가
아니라 삼성패션연구소에서 발표한 2025년 패션산업 10대 이슈여서
목적에 맞지 않아 제외합니다. 최 주임은 판단을 위해 AI에게 추가 질
문을 해가면서 키워드를 확인하고 정리합니다.

3단계 정보 분석

최 주임은 이제 우리 백화점에 가장 영향이 큰 '이달의 소비 트렌드'
키워드 5가지를 선정해야 합니다. 주요 고객층인 30~50대 직장인과

중산층 주부에게 어필할 수 있는 키워드는 무엇일까요?

1. AI에게 '이달의 소비 트렌드' 키워드 중에서 우선순위로 5개를 뽑아달라고 요청합니다.

#배경

우리 백화점 주요 고객:

- 30~50대 직장인 (오피스 출근 증가)
- 중산층 주부 (가족 소비 결정권자)
- 평균 구매 단가: 중상 (프리미엄 선호하지만 가성비도 중시)

#지시사항

아래의 10개 키워드 목록을 보고, 우리 고객층에게 가장 어필할 5개를 선정하세요.

각 키워드마다:

- 선정 이유 (1줄)
- MD 상품 기획 시 활용 방안 (1줄)

#키워드 목록

[정리한 키워드 목록과 내용 제시]

#출력형식

우선순위 순서로 정렬

2. AI가 '이달의 소비 트렌드' 5개를 골라주었습니다. 1위는 O4O(매장테스트와 온라인 판매 연계) 뷰티, 2위는 러닝코어(기능 스펙 비교 중심 구매), 3위는 프리미엄 베이커리 존 강화 등입니다. 각각 선정 이유와 활용 방안도 알려줍니다.

1위. O4O(매장 체험 → 온라인 구매/재구매) 뷰티

- 선정 이유
  출근 증가로 오프라인 방문은 늘었지만, 반복 구매는 여전히 온라인을 선호하는 고객의 소비 동선과 정확히 부합.
- **MD 활용 방안**
  매장에서는 테스트·상담 중심으로 구성하고, **QR 기반 온라인 재구매 혜택·정기구독 연계 상품을 핵심** 기획 포인트로 설정.

2위. 러닝코어(기능 스펙 비교 중심 구매)

- 선정 이유
  30~40대 직장인의 건강관리 니즈와 "예쁨보다 성능"을 중시하는 합리적 프리미엄 소비 성향이 결합.
- **MD 활용 방안**
  러닝·워크웨어를 출퇴근 겸용 퍼포먼스 아우터/팬츠로 재정의하고, **기능 스펙 비교 POP**를 매대에 명확히 제시.

3위. 카페 프리미엄 판단 기준 = 베이커리·디저트 품질

- 선정 이유
  중산층 주부와 직장인 모두에게 '작은 사치'로 작동하며, 브랜드보다 **구체적인 품질 차별**에 반응.
- **MD 활용 방안**
  식품관 내 **프리미엄 베이커리** 존을 강화하고, 카페·디저트 **세트 기획(커피+시그니처 디저트)**으로 객단가 상승 유도.

4단계 정보 보고

내용을 정리했다면 4단계 정보 보고로 넘어갑니다. 상품 기획회의용 자료는 간결해야 합니다. A4 1페이지에 5개 키워드와 각각의 설명, 그리고 상품 기획 제안을 담아서 정리해 봅시다.

1. AI에게 다음과 같이 '이달의 소비 트렌드' 키워드 5가지 보고서를 A4용지 1페이지 분량으로 써달라고 합니다.

#역할

당신은 백화점 MD팀 월간 트렌드 보고서 작성자입니다.

#지시사항

위 5개 키워드를 A4용지 1페이지 분량의 보고서로 작성하세요.

#구조

1. 제목: "2025년 11월 소비 트렌드 키워드"
2. 키워드별 정리:
   - 키워드 (굵게)
   - 트렌드 설명 (2줄)
   - MD 제안 (1줄)
   - 참고 데이터 (수치 또는 출처)

#스타일

- 간결하고 실무적
- 숫자 데이터 포함
- 바로 실행 가능한 제안

#제약사항

- A4 1페이지 이내
- 글머리 기호 최소화

2. AI가 깔끔한 이달의 소비 트렌드 키워드를 1페이지 보고서로 만들었습니다. 각 키워드마다 구체적인 수치와 실행 가능한 MD 제안이 포함되어 있습니다.

3. 보고서 초안이 작성되었다면, 모든 수치가 정확한지, 출처가 명확한지, 제안이 실현 가능한지 체크하며 잘못된 정보를 수정해 줍니다. 이제 완성이네요.

정보 수집 단계의 핵심은 '정기적이고 반복적인 모니터링을 체계화하는 것'입니다. 매일·매주·매월 똑같은 패턴으로 반복되는 업무라면 정보 수집 4단계 워크플로를 템플릿화해 두세요. 프롬프트를 저장해 두고, 날짜와 키워드만 바꿔서 재사용하면 됩니다. 처음에는 30분 걸리던 일이 10분으로 줄어들 것입니다.

신속한 의사결정이 필요할 때 AI 정보 수집법

−임원 긴급 질의 대응, 인터뷰 전 팩트체크, 고객 불만 원인 분석

IT기업 전략기획팀 김 대리, 임원 긴급 질의 대응

오전 10시, IT 기업 전략기획팀 김 대리의 책상 위 전화기가 울립니다. 부사장님 비서실입니다.

"부사장님이 11시 30분 경영회의 전에 '애플의 최근 AI 전략' 관련 브리핑을 요청하셨어요. 1시간 30분 남았는데 가능한가요?"

1단계 질문 정의

의사결정 서포트의 경우 먼저 핵심 질문 정의부터 시작합니다. 10분만 투자해 생각을 정리합니다. 왜 갑자기 애플 AI 전략을 물어볼까요?

김 대리의 회사는 B2B SaaS(기업 간 거래를 위한 서비스형 소프트웨어) 솔루션을 만드는 중견 IT 기업입니다. 최근 경영진 회의에서 AI 기능 통합 여부 얘기가 나왔다고 들었는데, 아마 애플 같은 빅테크가 어떻게 AI를 제품에 녹여내는지 참고하고 싶은 것 같습니다.

그렇다면 핵심 질문은 3가지입니다. 첫째, 애플의 AI 전략 핵심 방향은 무엇인가? 둘째, 최근 6개월간 주요 발표나 투자 내용은? 셋째, 우리 같은 중견 IT 기업이 참고할 만한 점은? 이 3가지 질문에 답할 수 있으면 브리핑은 성공입니다.

1. 챗GPT를 열고 글로벌 빅테크 AI 전략을 3가지 핵심 질문에 따라 알려달라고 요청합니다. 시간이 없으니 한 번에 정확하게 물어봐야 합니다.

#역할

당신은 IT 산업 분석가로서 글로벌 빅테크 AI 전략을 모니터링합니다.

#지시사항

애플(Apple Inc.)의 하반기 AI 전략을 다음 관점에서 정리하세요:

1. 핵심 전략 방향 (Apple Intelligence 중심으로)
2. 주요 제품/서비스 발표 사항
3. AI 관련 투자 및 파트너십
4. 경쟁사(구글, MS) 대비 차별점

#제약사항

- 2025년 7월 이후 정보만 사용
- 공식 발표 및 주요 언론(WSJ, Bloomberg, Reuters, TechCrunch) 출처만
- 추측성 정보나 루머 제외
- 각 항목당 핵심만 3~5개 글머리 기호(bullet points)로 요약

#출력형식

항목별로 명확히 구분, 각 정보마다 출처와 날짜 병기

---

2. AI가 다음과 같이 응답을 주었습니다. 애플의 핵심 전략은 스마트폰 같은 기기 내에서 작동하는 '온디바이스 AI', 주요 발표로는 '26' 세대 OS 업데이트, 개발자용으로 파운데이션 모델 프레임워크 정식 제공, 투자 관련 내용으로 AI 로드맵 가속을 위한 M&A에 규모 제한 없이 열려 있다는 점, 경쟁사 대비 차별점으로는 프라이버시 우선, 온디바이스 처리를 강조했습니다.

---

1) 핵심 전략 방향 (Apple Intelligence 중심)

- **"Apple Intelligence = OS 전반에 깊게 통합된 '시스템 기능'"**으로 포지셔닝(번역·화면 인식·자동화 등 '일상 작업'에 AI를 녹이는 방향). *(Apple Newsroom, 2025-09-15)* Apple
- 온디바이스 우선 + 필요 시 **Private Cloud Compute**로 확장(데이터 비저장/비공유, 검증 가능한 보안 아키텍처를 핵심 차별 요소로 전면에 배치). *(Apple Newsroom, 2025-09-15)* Apple
- 개발자 생태계 확장: **"Foundation Models framework"**으로 서드파티 앱이 온디바이스 **LLM**을 오프라인/무료 추론으로 활용하도록 개방. *(Apple Newsroom, 2025-09-29)* Apple
- AI 성능을 '실리콘 로드맵'으로 견인(M5를 "AI 성능 도약"으로 규정, GPU 코어별 Neural Accelerator 등 하드웨어 구조 혁신 강조). *(Apple Newsroom, 2025-10-15)* Apple
- 후발주자 인식 하에 투자 확대 기조를 공식화(AI·데이터센터 투자 확대 및 M&A 가능성 언급). *(Reuters, 2025-08-01)* Reuters

2) 주요 제품/서비스 발표 사항 (2025년 7월 이후)

- **iOS 26** 등 '26' 세대 OS 업데이트로 **Apple Intelligence** 기능군 확대·배포(Live Translation, 화면 기반 visual intelligence, Shortcuts의 지능형 액션 등). *(Apple Newsroom, 2025-09-15)* Apple
- **Reminders** 등 핵심 기본 앱에 '콘텐츠 기반 자동 분류/추출' 기능 추가(메일·웹·노트 등에서 관련 액션 식별/정리). *(Apple Newsroom, 2025-09-15)* Apple
- **Foundation Models framework** 정식 제공(개발자용): Swift에 긴밀히 통합, 온디바이스 **3B(30억)** 파라미터 모델 호출/가이드드 제너레이션/툴 연동 등 개발 기능을 구체화. *(Apple Newsroom, 2025-09-29)* Apple
- **M5** 기반 신제품(예: MacBook Pro·iPad Pro·Vision Pro) 업데이트를 통해 "로컬 LLM/확산모델 등 AI 워크로드" 성능을 전면에 내세움. *(Apple Newsroom, 2025-10-15 / Reuters, 2025-10-15)* Apple +1

3) AI 관련 투자 및 파트너십 (2025년 7월 이후, '공식/주요언론 확인분')

- AI·데이터센터 투자 확대 의지를 CEO가 실적 콜에서 직접 언급("catch up" 맥락). *(Reuters, 2025-08-01)* Reuters
- AI 로드맵 가속을 위한 M&A에 '규모 제한 없이' 열려 있음(대형 AI 기업 인수 가능성까지 열어둠). *(Reuters, 2025-08-01)* Reuters
- 개발자 생태계 측면의 '플랫폼 투자': Apple Intelligence 온디바이스 모델을 서드파티가 오프라인/무료 추론으로 쓰게 하는 프레임워크 제공(수익모델보다 확산을 우선하는 성격). *(Apple Newsroom, 2025-09-29)* Apple
- 하드웨어 투자(실리콘)로 AI 역량 강화: M5를 AI 중심으로 설계(Neural Accelerator의 GPU 내장, Neural Engine 강화, 메모리 대역폭 확대 등). *(Apple Newsroom, 2025-10-15)* Apple
- (참고: 공식 발표 기준) 2025년 7월 이후 '신규' 외부 AI 모델 파트너십(예: 특정 **LLM** 제공사와의 추가 통합)을 애플이 공식 보도자료로 확정 발표한 사례는 제한적이며, 하반기 커뮤니케이션의 중심은 OS 통합·개발자 프레임워크·실리콘에 더 맞춰져 있음. *(Apple Newsroom, 2025-09-15 / 2025-09-29 /*

2단계 정보 검증

그런데 경영회의 전까지 1시간도 안 남아 시간이 촉박하니 김 대리는 모든 내용을 다 볼 수 없습니다. 그래서 정보 검증으로 넘어가면서 동시에 핵심만 추렸습니다.

김 대리는 AI가 제시한 내용 중 가장 중요한 3가지를 골라 출처를 직접 확인합니다. 첫째, 애플 인텔리전스(Apple Intelligence)가 정말 온디바이스 AI인지, 둘째, 개발자용 파운데이션 모델 프레임워크가 어떻게 제공되는지, 셋째, 26세대 OS에 업데이트된 애플 인텔리전스가 제대로 작동하는지를 확인합니다. 각각 애플의 공식 뉴스룸과 로이터 등의 해외 언론을 통해 실제로 확인할 수 있었습니다.

3단계 우리 회사 관점 분석

김 대리는 애플 전략을 조사하고 검증했으니, 이제 우리 회사가 참고할 점을 도출해야 합니다. 김 대리네 회사는 클라우드 기반 업무관리 솔루션을 제공하는데, 최근 고민은 AI 기능을 어떻게 통합할지, 투자 우선순위를 어떻게 정할지입니다. 경쟁사들도 AI 기능을 추가하고 있어서 김 대리네 회사도 서둘러야 하는 상황입니다.

1. AI에게 우리 회사 상황에서 애플의 AI 전략 중 참고할 만한 3가지를 뽑아달라고 합니다. 우리 회사의 상황을 구체적으로 설명해야 AI가 맥락에 맞는 답을 줄 수 있습니다.

#역할
당신은 우리 회사(중견 IT 기업, B2B SaaS) 전략기획 담당자입니다.

#배경 정보
- 우리 회사 현황: 클라우드 기반 업무관리 솔루션 제공 (프로젝트 관리, 문서 협업 등)
- 고객: 중소기업 및 스타트업 (500~1,000명 규모)
- 최근 고민: AI 기능 통합 여부, 투자 우선순위
- 경쟁사: 노션(Notion), 먼데이닷컴(Monday.com) 등도 AI 기능 추가 중

#지시사항
애플의 AI 전략 중 우리 회사가 참고할 수 있는 시사점 3가지를 도출하세요.
각 시사점마다 다음 구조로 작성:
- 애플 사례 (1줄로 요약)
- 우리 회사에 적용 가능성 (구체적으로 2줄)
- 예상 효과 (1줄)

#제약사항
- 현실성 있는 제안만 (애플처럼 수조 원 투자 같은 비현실적 제안 금지)
- "AI 투자 확대" 같은 추상적 제안 금지
- 구체적 액션 아이템 포함

2. AI가 애플의 최근 AI 전략이 우리 회사에 주는 3가지 시사점을 알려줍니다. AI를 별도 기능이 아니라 기존 워크플로의 일부로 녹이고, 통제 가능한 범위부터 '온플로 AI'로 도입하고, AI를 플랫폼 경쟁력이 아니라 '기본값'으로 만들라고 하네요. 각각 구체적인 액션과 예상 효과까지 알려주었습니다.

아래는 애플의 2025년 하반기 AI 전략을 참고해, **우리 회사(B2B SaaS, 중견 IT)**가 현실적으로 적용 가능한 시사점 3가지로 정리한 내용입니다. 각 항목은 실제 제품·조직 여건을 전제로 한 **구체적 액션 중심으로** 작성했습니다.

시사점 1. "AI를 별도 기능이 아닌, 기존 워크플로의 일부로 녹여라"

- **애플 사례**
  Apple Intelligence는 챗봇 형태가 아니라, 메일·리마인더·단축어 등 기존 **OS 기능** 안에 자연스럽게 흡수되는 방식으로 설계됨.
- **우리 적용 가능성**
  프로젝트 관리·문서 협업 화면에 **'AI 탭'을 따로** 두기보다, 기존 기능에 AI를 내장하는 방식이 적합함. 예를 들어 회의록 문서 저장 시 자동으로 "업무 태스크 추출 → 담당자 제안 → 프로젝트 카드 초안 생성"이 백그라운드에서 동작하도록 설계 가능.
- **예상 효과**
  고객이 "AI를 쓴다"는 부담 없이 기존 사용 습관 그대로 생산성 향상 체감 가능.

시사점 2. "모든 AI를 만들지 말고, 통제 가능한 범위부터 '온플로우 AI'로 도입하라"

- **애플 사례**
  애플은 모든 걸 클라우드 AI로 처리하지 않고, 온디바이스 우선 + 필요한 경우에만 클라우드 확장이라는 명확한 경계 설정을 유지함.
- **우리 적용 가능성**
  전사적 AI 도입보다, 리스크가 낮고 범위가 명확한 영역부터 적용하는 것이 현실적임.
  1단계로는 외부 데이터 호출이 없는 ▲문서 요약 ▲업무 항목 분류 ▲프로젝트 상태 설명 자동 생성 등 사내 데이터 한정 AI 기능을 우선 출시.
- **예상 효과**
  보안·비용·운영 리스크를 통제하면서도, **AI 기능 도입에 대한 내부 학습 효과와 고객 반응 데이터를** 확보할 수 있음.

4단계 90초 브리핑 준비

이제 11시 10분입니다. 경영회의 시간까지 불과 20분 남았습니다. 임원을 위한 브리핑은 결론부터 말해야 합니다. 전략기획팀 김 대리는 프렙(PREP) 구조, 즉 '주장-이유-근거-재주장(Point-Reason-Example-Point) 구조'로 정리하기로 했습니다.

1. AI에게 우리 회사에 시사점을 주는 애플 AI 전략 핵심 3가지를 담은 브리핑 스크립트를 요청합니다.

#역할

당신은 임원 대상 브리핑 전문가입니다.

#지시사항

위 내용을 90초 구두 브리핑용 스크립트로 작성하세요.

#구조

1. 오프닝 (10초): "부사장님, 애플 AI 전략 핵심 3가지 말씀드리겠습니다"
2. 본론 (60초):

　　– 핵심 포인트 1: 기존 워크플로의 일부로 녹여라 (10초)

　　– 핵심 포인트 2: 온플로 AI로 도입하라 (20초)

　　– 핵심 포인트 3: AI를 기본값으로 만들어라 (30초)

3. 클로징 (20초): "우리 회사 시사점은 [3가지 요약]"

#제약사항

– 총 200단어 이내 (한국어 기준)

– 문장은 짧고 명확하게 (한 문장에 하나의 메시지)

– 전문 용어 최소화, 불가피하면 쉬운 설명 추가

– 자연스러운 구어체

#출력형식

[10초] 오프닝 멘트
[10초] 본론1
[20초] 본론2
[30초] 본론3
[20초] 클로징

2. AI가 임원을 위한 깔끔한 브리핑 스크립트를 만들어 주었습니다.

실제로 소리 내어 읽어보았더니 정확히 85초가 걸렸습니다. 완벽

합니다.

[10초] 오프닝 멘트
부사장님, 애플의 AI 전략을 보면 우리 같은 B2B SaaS 기업이 참고할 핵심이 딱
세 가지로 정리됩니다. 짧게 핵심만 말씀드리겠습니다.

[10초] 본론1 – 기존 워크플로우의 일부로 녹여라
첫째, AI를 따로 꺼내 쓰게 하지 않는다는 점입니다.
애플은 챗봇을 앞에 내세우지 않고, 메일이나 메모처럼 쓰던 기능 안에 AI를 숨겼습니다.
우리도 마찬가지로, 새 AI 메뉴를 만드는 게 아니라
회의록을 저장하면 자동으로 할 일이 정리되고,
프로젝트 카드가 만들어지는 식이 더 현실적입니다.
사용자는 학습 없이 바로 효과를 느낍니다.

[20초] 본론2 – 온플로 AI로 단계적 도입
둘째, 모든 걸 한 번에 하지 않는다는 점입니다.
애플도 가능한 건 기기 안에서 처리하고, 꼭 필요할 때만 확장합니다.
우리도 외부 데이터까지 건드리는 AI보다
문서 요약, 업무 분류처럼 범위가 명확한 기능부터 시작하는 게 맞습니다.
리스크와 비용을 통제할 수 있습니다.

[30초] 본론3 – AI를 기본값으로 만들어라
셋째, AI를 특별한 옵션으로 팔지 않는다는 겁니다.
애플은 AI를 기본 기능으로 깔아놓았습니다.
우리도 핵심 AI는 기본 요금제에 포함시키고,
고급 분석만 상위 기능으로 두는 구조가 경쟁력이 됩니다.

[20초] 클로징
정리하면 세 가지입니다.
AI는 눈에 띄게 말고, 흐름 속에 넣고.
작게 시작하되, 실제 업무부터 적용하고.
마지막으로, 옵션이 아니라 기본값으로 만들자.
이게 애플 전략이 주는 우리 회사 시사점입니다.

3. 그런데 부사장님이 김 대리에게 추가 질문을 할 수 있으니, 예상 질문도 준비해야 합니다. AI에게 전략기획 임원 시뮬레이터 역할을 주고, 부사장님이 할 만한 추가 질문 5가지를 달라고 합니다. 답변을 준비할 때에는 구조화하는 것이 좋습니다. 예를 들어 먼저 팩트를 제시하고, 분석 내용을 설명한 후 제안하는 방식의 구조가 적절합니다.

#역할
당신은 20년 경력 전략기획 임원 시뮬레이터입니다.

#지시사항
위 브리핑을 들은 부사장이 가장 궁금해할 추가 질문 5가지를 생성하세요. 답변할 때, 추가 정보가 필요하거나 부정확한 내용은 '확인 후 보고하겠습니다'라고 답변하세요.

#질문유형
 – 우리 회사 영향: "그래서 우리는 뭘 해야 하나?"
 – 리스크: "이거 안 하면 무슨 문제가 생기나?"
 – 실행 가능성: "예산은 얼마나 들까?"
 – 경쟁상황: "경쟁사는 어떻게 대응하고 있나?"
 – 시급성: "이거 내년 안에 해야 하나?"

#출력형식
각 질문마다 90초 답변 초안 제공 (3문장 구조: 팩트→분석→제안)

4. AI가 부사장님이 할 만한 질문 5가지와 답변을 줍니다. 예를 들어 "그래서 우리는 당장 뭘 해야 하나?" 질문에 대해 AI가 준 답변 초안을 볼까요?

AI의 답변에 할루시네이션이 있는지 잘 파악해야 합니다. AI는 우리 회사나 팀 상황을 잘 알지 못하기에, 특히 우리 회사의 대비 상황이나 필요한 예산 등에 대한 답변은 할루시네이션이 섞여 있을 가능성이 높습니다. 각각의 답변을 살펴보며, 거짓이나 부정확한 정보가 있을 가능성이 있는 부분을 잘 확인하세요.

아래는 **부사장이 실제로 던질 법한 추가 질문 5가지**와, 각 질문에 대한 **90초 분량을 전제로 한 3문장 답변 초안(팩트 → 분석 → 제안)**입니다.

1. 우리 회사 영향

Q. 그래서 우리는 당장 뭘 해야 하나?

- **팩트:** 현재 우리 제품은 프로젝트 관리와 문서 협업에 강점이 있지만, AI는 아직 핵심 워크플로에 직접 결합돼 있지 않습니다.
- **분석:** 이 상태가 지속되면 고객은 "기능은 충분한데 생산성 체감이 낮다"고 느낄 가능성이 큽니다.
- **제안:** 내년 상반기까지 회의록·업무정리·프로젝트 카드 생성 중 하나를 **AI 자동화의 기준 시나리오**로 정해 집중 구현하는 것이 필요합니다.

2. 리스크

Q. 이거 안 하면 무슨 문제가 생기나?

- **팩트:** Notion과 Monday.com은 이미 AI를 기본 기능처럼 녹여 사용자 체류 시간을 늘리고 있습니다.
- **분석:** 우리가 AI를 옵션 수준에 머물게 하면 기능 격차보다 **'사용 경험 격차'**가 빠르게 벌어집니다.
- **제안:** AI 미도입 리스크를 기술 리스크가 아니라 **이탈 리스크**로 정의하고, 최소 기준선을 올해 안에 설정해야 합니다.

3. 실행 가능성

Q. 현실적으로 예산은 얼마나 들까?

- **팩트:** 문서 요약·업무 분류 수준의 AI는 대규모 모델 학습 없이 API 기반으로도 구현 가능합니다.
- **분석:** 초기 비용보다 중요한 것은 전사 도입이 아닌, 기능 **1~2개의 선택과 집중**입니다.
- **제안:** 1차 목표를 '파일럿 기능 1개 출시'로 제한하고, 연간 IT 예산의 일부 범위에서 단계적으로 집행하는 것이 적절합니다.

의사결정 브리핑의 핵심은 '시간 압박 속에서 핵심만 빠르게 추출하는 것'입니다. 모든 정보를 다 볼 수 없으니, 핵심 질문 3가지를 정하고, 그 질문에만 집중합니다. 검증도 전체를 다 할 수 없으니 가장 중요한 3가지 팩트만 확인합니다. 분석도 길게 할 시간이 없으니, 우리 회사 관점에서 시사점 3가지만 뽑습니다. 보고도 장황하게 할 수 없으니 90초 스크립트로 압축합니다. 쉽게 익히고 싶다면 숫자 '3'을 기억하세요. 핵심 질문 3개, 검증 3개, 시사점 3개, 브리핑 포인트 3개, 이것이 의사결정 브리핑의 공식입니다.

제약회사 IR팀 박 과장의 언론 인터뷰 전 팩트체크

오후 3시, IR팀 박 과장에게 긴급 연락이 옵니다.

"오늘 오후 5시에 경제지 기자분이 우리 신약 임상 3상 결과 관련 인터뷰를 옵니다. 경쟁사 비교 자료를 급하게 준비해 주세요. IR 담당 상무님이 인터뷰하실 건데, 잘못된 정보를 말씀하시면 안 되니 정확한 데이터 부탁드려요." 인터뷰 시간까지 2시간 남았습니다.

1단계 핵심 질문 정리

먼저, 박 과장은 핵심 질문을 정리합니다. 제약회사의 IR 담당 상무와 인터뷰를 할 기자가 물어볼 것은 아마 "귀사의 신약이 경쟁사 제품보다 나은 점이 뭔가요?" 같은 것이겠죠. 이 질문에 답하려면 우리 신약과 경쟁사 신약의 임상결과를 정확히 비교해야 하며, 비교 항목은 임상 성공률·유효성 지표·안전성 프로파일·예상 출시 시기 등입니다.

1. AI에게 제약산업 분석가 역할을 주고, 다음과 같이 경쟁사와 우리 신약의 임상 3상 결과를 비교해 달라고 요청합니다. 우리 신약은 당뇨병 치료제, 경쟁사는 A제약과 B제약입니다. 여기서는 우리 회사와 A제약, B제약의 제품을 각각 삭센다, 위고비, 오젬픽으로 가

정하고, AI에게 정보 수집을 요청했습니다.

#역할

당신은 <u>제약산업 분석가</u>로서 신약 개발 동향을 모니터링합니다.

#지시사항

다음 당뇨병 치료 신약의 임상 3상 결과를 비교하세요:

– 우리 회사: 삭센다

– 경쟁사 A제약: 위고비

– 경쟁사 B제약: 오젬픽

#비교 항목

1. 임상 3상 성공률 (%)

2. 주요 유효성 지표 (HbA1c 감소율, 체중 감소 등)

3. 주요 이상반응 발생률

4. 예상 허가 시기

#출처

– 각 사 공식 발표자료 (IR 자료, 보도자료)

– 식품의약품안전처 임상시험 정보

– 임상시험 등록 DB (ClinicalTrials.gov)

– 주요 의학 저널 (NEJM, Lancet 등)

#제약사항

– 공식 발표된 정보만 (추정치 제외)

– 2025~2026년 정보 우선

– 각 수치마다 출처와 발표 날짜 명시

#출력형식

비교표 형식으로 정리

2. AI가 우리 신약과 경쟁사 신약의 임상 3상 결과를 표로 비교해 주었습니다. 우리 신약은 HbA1c 감소율 1.3%, 경쟁사 A는 1.6%, 경쟁사 B는 1.8%이고, 체중 감소는 우리가 평균 6.1kg, A사가 9.6kg, B사가 6.5kg입니다. 이상반응은 우리가 오심 32.7% 등이고, A사는 GI 이상반응 63.5%, B사는 GI 이상반응 44%입니다.

임상 3상 결과 비교표 (공식 발표/저널 기반)

구분	우리 회사: 삭센다(리라글루타이드 3.0mg, 1일 1회)	경쟁사 A: 위고비(세마글루타이드 2.4mg, 주 1회)	경쟁사 B: 오젬픽(세마글루타이드 0.5/1.0mg, 주 1회)
대표 3상(연구)	SCALE Diabetes (JAMA, 2015) clinicasande.co…	STEP 2 (Lancet, 2021) clinicasande.co… +1	SUSTAIN 7 (3b) (Lancet Diabetes Endocrinol., 2018) – Novo Nordisk synopsis(원논문 요약) sciencehub.novo…
임상 3상 성공률(%)	100% (3개 coprimary/주요 평가 포함, 유의한 체중·대사지표 개선 보고) clinicasande.co… +1	100% (coprimary: 체중 변화-≥5% 감량 달성, 모두 유의) clinicasande.co… +1	100% (주요평가: HbA1c 변화—비열등/우월 설계, 우월 결과 제시) sciencehub.novo…
유효성: HbA1c 변화(%)	-1.3%p (56주, 3.0mg) clinicasande.co…	-1.6%p (68주, 2.4mg) clinicasande.co…	-1.8%p (40주, 1.0mg) sciencehub.novo…
유효성: 체중 변화	*(kg 수치)* -6.1kg (56주, 3.0mg) clinicasande.co…	*(% 수치)* -9.6kg(68주, 2.4mg) clinicasande.co…	*(kg 수치)* -6.5kg (40주, 1.0mg) sciencehub.novo…
주요 이상반응 발생률(예: GI)	오심 32.7%, 구토 15.6%, 설사 25.6% (3.0mg) clinicasande.co…	GI 이상반응 63.5% (2.4mg) clinicasande.co…	GI 이상반응 44% (1.0mg) sciencehub.novo…
예상 허가 시기(식약처)	기허가 품목(삭센다) → "예상" 산출 불가(이미 허가) / 품목 정보: MFDS NEDRUG Nedrug	기허가 품목(위고비) → "예상" 산출 불가(이미 허가) / 품목 정보: MFDS NEDRUG Nedrug	기허가 품목(오젬픽) → "예상" 산출 불가(이미 허가) / 품목 정보: MFDS NEDRUG Nedrug

2단계 정보 검증

언론 인터뷰 전 팩트체크 작업에서는 정보 검증이 가장 중요합니다. 기자에게 잘못된 수치를 말하면 기사화되고, 나중에 정정보도를 내야 하는 대형사고가 날 수 있습니다. 임상시험 정보를 확인할 수 있는 '의약품안전나라 의약품통합정보시스템'을 비롯해 공식 자료를 확인할 수 있는 출처에서 우리 회사와 경쟁사의 데이터를 확인합니다. 만일 학술대회 발표자료라면 공식적이지만, 아직 최종 승인 전 중간 결과일 수 있습니다. 더 신중하게 표현할 필요가 있으니 수정해야 할 수도 있습니다.

3단계 정보 분석

이제 우리 신약의 경쟁우위를 명확히 정리해야 합니다. 하지만 제약 업계는 과장광고 규제가 엄격합니다. '세계 최초', '압도적 효과' 같은 표현은 쓸 수 없습니다. 객관적 수치로만 말해야 합니다.

1. AI에게 언론 대응 경험이 풍부한 제약업계 IR 전문가 역할을 주고, 우리 신약의 경쟁우위를 분석해 달라고 요청합니다.

#역할

당신은 제약업계 IR 전문가로서 언론 대응 경험이 풍부합니다.

#지시사항

우리 신약의 경쟁우위를 분석하되, 다음 원칙을 준수하세요.

#원칙

1. 과장 금지: "세계 최초", "압도적", "획기적" 같은 표현 사용 금지
2. 숫자 기반: 모든 주장은 구체적 수치로 뒷받침
3. 약점 포함: 기자가 물어볼 약점도 1가지 미리 준비
4. 겸손한 톤: "~할 것으로 기대됩니다", "~가능성이 있습니다"

#배경

– 기자 대상: 한국경제 제약/바이오 담당 기자 (전문성 높음)
– 인터뷰 목적: 우리 신약 긍정적 보도 유도 (과장 없이)

#출력형식

1. 경쟁우위 3가지 (각각 숫자 기반, 1문장)
2. 약점 1가지 (솔직하게, 1문장)
3. 각 항목에 대한 예상 기자 질문과 모범 답변

---

2. AI가 우리 신약의 경쟁우위 분석 결과를 줍니다. 각 항목마다 예상 질문과 답변도 주었습니다. 예를 들어 "GLP-1 계열은 이상반응이 많다는 인식이 있는데요"라는 질문에 대한 모범 답변은 "계열 특성상 위장 관계 이상반응은 공통적으로 나타납니다. 점진적 증량 프로토콜을 활용하면 임상 현장에서 관리 가능성이 있다는 평가가 있습니다"입니다. 과장하지 않으면서도 긍정적으로 표현한 것입니다.

---

1. 경쟁 우위 3가지 (숫자 기반 · 각 1문장)

① 장기 사용 데이터 축적 측면의 신뢰성

삭센다는 전 세계 누적 처방 경험이 수백만 **patient-year** 단위로 축적되어 있으며, 주요 임상에서 **56주 이상** 장기 안전성 데이터가 공개돼 있습니다.

② 이상반응 강도 관리 측면의 예측 가능성

3상(SCALE Diabetes)에서 **오심 32.7%, 구토 15.6%**로 보고돼, 동일 GLP-1 계열 내에서 **중증 이상반응 발생률이 관리 가능한 범위**에 위치합니다.

③ 당뇨 동반 환자에서의 혈당·체중 동시 개선 근거

당뇨 동반 비만 환자 대상 3상에서 **HbA1c −1.3%p, 체중 −6.1kg(56주)**가 동시에 확인돼, 혈당과 체중을 함께 고려하는 환자군에서 **임상적 활용 가능성**이 제시됐습니다.

---

2. 약점 1가지 (솔직하게 · 1문장)

주 1회 제형 대비 투약 편의성의 한계

삭센다는 1일 1회 투여가 필요해, 주 1회 제형 대비 복약 편의성에서는 불리한 측면이 있습니다.

---

3. 예상 기자 질문 & 모범 답변

경쟁 우위 ① 관련

Q. "요즘은 효과가 더 강한 신약들이 많은데, 기존 약의 '경험 축적'이 정말 경쟁력이 될 수 있나요?"
A. "효과의 크기만 보면 최신 약물들이 더 큰 수치를 보이는 것도 사실입니다. 다만 삭센다는 **56주 이상** 장기 임상과 수백만 **patient-year** 실사용 데이터가 공개돼 있어, 장기 복용 시 안전성 예측 가능성 측면에서는 의미 있는 근거를 제공할 수 있다고 기대합니다."

4단계 정보 보고 준비

IR 담당 상무님은 의학 전공이 아니라 숫자를 한눈에 볼 수 있는 자료를 선호합니다. 비교표 1장과 Q&A 5세트면 충분합니다.

1. AI에게 제약회사 IR 담당자 보좌관 역할을 주고, 언론 인터뷰용 Q&A 자료를 달라고 요청합니다.

#역할

당신은 제약회사 IR 담당자 보좌관입니다.

#지시사항

언론 인터뷰용 Q&A 자료를 작성하세요.

#구조

Part 1: 비교표

– 우리 vs 경쟁사 A vs 경쟁사 B

– 항목: 유효성, 안전성, 출시 예정 시기

– 각 수치에 출처 각주

Part 2: Q&A (5세트)

Q1: 경쟁사 대비 차별점은?

A: [3문장, 숫자 포함, 겸손한 톤]

Q2: 가장 큰 장점은?

A: [3문장]

Q3: 부작용은 없나요?

A: [솔직하게, 3문장]

Q4: 출시 시기는?

A: [구체적 일정, 2문장]

Q5: 가격은 어느 정도?

A: [현 단계에서 답변 가능 범위, 2문장]

#제약사항

– A4 2페이지 이내

– 글씨 크게 (상무님 시력 고려)

– 핵심만 (장황한 설명 금지)

2. AI가 깔끔한 2페이지 자료를 만들어 주었습니다. 비교표는 한눈에 들어오고, Q&A는 바로 읽어도 자연스러웠습니다. 하지만 모든 숫자를 원본 자료와 대조하면서 최종 검토를 해야 합니다. 막바지에 자료의 신뢰성을 높이는 작업을 합니다.

이 단계에서 가장 중요한 것은 '검증'입니다. 시간이 없어도 핵심 팩트만큼은 반드시 직접 확인해야 합니다. 특히 숫자·날짜·출처는 100% 정확해야 합니다. AI가 준 정보를 그대로 쓰면 큰 사고가 날 수 있습니다.

온라인 쇼핑몰 CS팀 이 대리의 고객 불만 원인 긴급 분석

오늘, 온라인 쇼핑몰 고객서비스(CS)팀 이 대리의 오전은 평소와 다릅니다. 보통 하루 10건 정도 들어오는 특정 상품 관련 불만이 오늘 오전에만 벌써 50건이 넘었습니다. 상품은 인기 주방용품 브랜드의 신상 에어프라이어입니다. '배송이 늦어요', '설명과 달라요', '불량품이에요' 같은 내용들입니다. 오후 2시에 경영진 보고가 예정되어 있습니다. 지금 11시, 3시간 안에 원인을 파악하고 대응 방안을 마련해야 합니다.

1단계 문제 파악

이 대리는 먼저 문제 파악부터 합니다. 고객들의 불만이 급증했다는 것은 알지만, 정확히 어떤 불만인지 분류해야 합니다. 고객서비스(CS) 시스템에 들어온 50건의 불만 내용을 엑셀로 다운로드합니다. 하나하나 읽어볼 시간이 없으니, AI에게 분류를 맡깁니다. 하지만 고객 개인 정보가 포함된 원본을 AI에게 그대로 주면 안 되니, 먼저 불만 내용만 추출해서 익명화해야 합니다.

1. AI에 50건의 불만 내용을 붙여넣고, 다음과 같이 고객 불만을 카테고리별로 분류하라고 요청합니다.

#역할

당신은 고객 불만 분석 전문가로서 CS 데이터를 분류하고 패턴을 찾습니다.

#지시사항

다음 50건의 고객 불만 내용을 카테고리별로 분류하세요.

#분류 기준

‒ 배송 관련 (지연, 파손, 오배송 등)

‒ 제품 품질 (불량, 고장, 기능 문제 등)

‒ 설명 불일치 (사이트 정보와 실제 제품 차이)

‒ 가격/환불 (가격 오류, 환불 처리 등)

‒ 기타

#출력형식

1. 카테고리별 건수와 비율

2. 각 카테고리 대표 사례 3개 (원문 그대로 인용)

3. 가장 많이 언급된 키워드 톱(Top) 10

#불만 내용

[50건의 고객 불만 내용 붙여넣기]

---

2. AI가 고객들의 불만을 분석한 결과를 줍니다.

3. 이제 오늘 갑자기 늘어난 상품 관련 불만 문제를 좀더 구체적으로 파고들어야 합니다. AI에게 제품 품질 불만 28건을 다시 세부적으로 분류해 달라고 요청합니다.

> 위 분석 결과 중 '제품 품질' 카테고리 28건을 다시 세부 분류하세요:
> - 전원/작동 불량
> - 소음/진동 문제
> - 온도 조절 불량
> - 외관 손상
> - 기타
> 각 세부 항목별 건수와 대표 사례 1개씩 제시하세요.

4. AI가 고객들의 제품 품질 불만들을 재분류합니다. AI의 분석을 보니, 이것은 단순 불만이 아니라 제품 자체에 결함이 있을 가능성이 높습니다.

2단계 원인 가설 수립

그런데 왜 오늘 고객들의 불만이 갑자기 급증했을까? 어제까지는 문제가 없었는데, 오늘만 50건이라는 것은 특정 원인이 있을 것입니다. 고객서비스팀 이 대리는 가능한 원인 가설을 세워봅니다. ① 특정 제조 로트(제조 단위)의 불량, ② 배송 중 파손, ③ 사용 설명서 문제, ④ 특정 지역 물량의 문제.

1. AI에게 제품 불량 원인을 파악하기 위해, 가설 검증을 위한 추가 분석을 요청합니다.

#지시사항

제품 불량 원인을 파악하기 위해 다음 관점에서 패턴을 찾으세요:

1. 시간 패턴: 불만 접수 시간대 분포 (오전/오후)
2. 지역 패턴: 특정 지역에 집중되었는지
3. 구매 시기: 언제 구매한 제품인지
4. 공통점: 불만 고객들의 공통된 특징

만약 데이터가 불충분하면 "확인 필요" 표시하고, 어떤 추가 정보가 필요한지 제안하세요.

#제공 데이터

[불만 접수 시간, 고객 주소 (시/도만), 주문 날짜 등 추가 정보 입력]

---

2. AI가 고객 불만에서 패턴이 있는지 분석합니다.

 불만 접수 시간은 오전 9시부터 11시 사이 집중(80%)되었습니다. 고객들이 어젯밤 또는 오늘 아침에 제품을 받아 사용하다가 불량을 발견한 것으로 보입니다. 주문 날짜를 보니 <u>모두 12월 27~28일, 이틀 사이 주문</u>입니다. 지역은 전국 고르게 분포되어 있어서 특정 지역 문제는 아닙니다.

3. 그렇다면 고객들의 제품 불만이 늘어난 것은, 12월 27~28일에 출고된 제품이 문제일 가능성이 높습니다. 해당 기간 출고물량의 제조 로트(제조 단위) 번호를 확인해야 합니다. 고객서비스팀 이 대리는 물류팀에 전화해서 확인합니다. 12월 27~28일 출고분은 모두 동일한 제조 로트(Lot No. 2412-A03)였습니다. 제조사에 문제를 제기해야 합니다.

4. 그런데 경영진 보고 전에 좀더 확실한 근거가 필요합니다. 고객서비스팀 이 대리는 전원 불량 15건 중 몇 건을 제품 불만을 접수한 고객에게 직접 전화해서 확인합니다. "혹시 제품 박스에 제조 로트 번호가 표시되어 있나요? 2412-A03인가요?"라고 물으니, 3명 모두 "맞아요, 그렇게 적혀 있어요"라고 답합니다. 확증을 얻었습니다.

3단계 대응 방안

1. 고객 불만의 원인을 알아냈으니, 이제 AI에게 상황을 알려주고 긴급 대응 방안을 3단계로 정리해 달라고 합니다.

#상황 요약

- 제품: 에어프라이어 신상품

- 문제: 전원 불량 (전체 불만의 30%)

- 원인: 특정 제조 로트 (2412–A03) 결함 추정

- 영향 범위: 12월 27~28일 출고분 약 200개

#지시사항

긴급 대응 방안을 3단계로 제시하세요:

1. 즉시 조치 (오늘 안)

   – 추가 피해 방지　　　 – 현 불만 고객 대응

2. 단기 조치 (1주일 내)

   – 원인 규명　　　　　 – 전수 조사

3. 재발 방지

   – 시스템 개선

#출력형식

각 단계마다 구체적 액션 아이템, 담당 부서, 예상 비용 제시

---

2. AI가 즉시 조치, 단기 조치, 재발 방지 등으로 체계적인 대응 방안을 줍니다.

즉시 조치: ① 2412-A03 로트 제품 판매 중단, ② 해당 로트 구매 고객 200명에게 SMS 발송(무상 교환 안내), ③ CS 상담원 증원 배치

단기 조치: ① 제조사에 로트 전수 검사 요청, ② 불량률 확인 후 리콜 여부 결정, ③ 교환 물류 프로세스 가동

재발 방지: ① 제조사 품질 관리 강화 요청, ② 신상품 입고 시 샘플 테스트 강화, ③ 고객 불만 모니터링 시스템 개선

4단계 경영진 보고 준비

이제 고객서비스팀 이 대리가 보고해야 할 오후 2시까지 2시간 남았습니다. 경영진은 ① 무슨 문제인지(현상), ② 왜 발생했는지(원인), ③ 어떻게 할 것인지(대응)를 명확히 알고 싶어할 것입니다.

1. AI에게 경영진에 보고하기 위한 1페이지 보고서를 요청합니다.

#역할
당신은 경영진 보고서 작성 전문가입니다.

#지시사항
위 내용을 1페이지 경영진 보고서로 작성하세요.

#구조
1. 상황 요약 (3줄)
    - 무슨 문제가 얼마나 발생했는가
2. 원인 분석 (4줄)
    - 왜 발생했는가
    - 영향 범위는 얼마나 되는가
3. 대응 방안 (3단계, 각 2줄)
    - 즉시/단기/재발 방지
4. 예상 비용 및 리스크 (2줄)

#스타일
- 결론 우선 (첫 문장에 핵심)
- 숫자 명확히
- 책임 회피 표현 금지 ("~로 보입니다"→"~입니다")

2. AI가 경영진에 보고하기 위한 1페이지 보고서를 작성해 주었습니다. 첫 문장이 이렇게 시작됩니다.

> 금일 오전 특정 에어프라이어 제품에 대한 불만이 50건 급증했으며, 분석 결과 제조 로트 2412-A03의 전원 결함으로 확인되었습니다. (중략)

3. 하지만 한 가지 추가해야 할 내용이 있습니다. 경영진은 '고객들이 SNS에 불만을 올리면 어떻게 하지?'라고 걱정할 것입니다. AI에게 평판 리스크 부분을 추가해 달라고 요청합니다.

> 위 보고서에 "SNS 확산 리스크 및 대응" 섹션을 추가하세요:
> – 현재 SNS 언급 현황
> – 확산 시 예상 시나리오
> – 선제적 커뮤니케이션 방안

4. AI가 경영진 1페이지 보고서에 리스크 섹션을 추가해 줍니다.

> 네이버, 인스타그램, 카카오톡 오픈채팅 등을 모니터링한 결과 아직 공개 게시물은 없지만, 시간이 지나면 확산될 가능성이 있습니다.
> 선제적 대응으로 ① 공식 홈페이지에 공지 게시, ② 해당 제품 상세 페이지에 교환 안내 배너, ③ SNS 모니터링 강화를 추천합니다.

핵심은 '빠른 패턴 파악과 즉시 실행'입니다. 50건의 불만을 하나씩 읽을 시간이 없으니 ① AI로 분류하고, ② 패턴을 찾아 원인을 추정하며, ③ 몇 건만 직접 확인해서 검증하고, ④ 바로 대응 방안을 수립합니다. 완벽한 분석을 기다리다가는 SNS에 퍼져서 대형사고가 됩니다. 80% 확신이 들면 실행하는 것, 그것이 이 단계의 생존 전략입니다.

전략적 대응이 필요할 때
심층 리서치 분석

−기술 파트너십, 시장 진출 타당성, ESG 투자 전략

통신사 네트워크 전략팀 김 팀장의 <기술 파트너십> 검토

최근 경영진 회의에서 'AI 기반 네트워크 자동화 솔루션 도입'이 안건으로 올라왔습니다. 후보 중 하나가 노키아 AVA(Nokia AVA)라는 솔루션입니다. 핀란드 노키아의 자회사 제품으로, AI를 활용해 네트워크 장애를 예측하고 자동으로 최적화하는 솔루션입니다. 통신사 네트워크 전략팀의 김 팀장은 1주일 후 경영진 보고를 위해 종합 분석 보고서를 작성해야 합니다.

이번에는 단순 정보 정리가 아니라, 회사에 특정 솔루션을 '도입할 것인가 말 것인가'를 판단할 수 있는 전략적 분석이 필요합니다.

1단계 조사 설계

심층 리서치 분석은 시간이 넉넉하니, 통신사 네트워크 전략팀의 김

팀장은 조사 설계에 반나절을 투자합니다. 먼저 의사결정 기준을 명확히 합니다. 경영진이 이 보고서를 보고 진행/중단(Go/No-go)을 결정할 것이므로, 먼저 판단 기준을 정해야 합니다. 김 팀장은 다음의 4가지 기준으로 평가하기로 합니다.

AI 기반 네트워크 자동화 솔루션 도입 기준

① 기술력 (우리 네트워크에 적합한가?)

② 사업성 (투자 대비 효과가 충분한가?)

③ 리스크 (감수 가능한 수준인가?)

④ 경쟁력 (경쟁사 대비 우위 확보 가능한가?)

김 팀장은 조사 범위를 다음과 같이 프레임워크로 정리하고, 엑셀에 표를 만듭니다.

조사 영역	세부 항목	출처	우선순위
회사 개요	연혁, 규모, 고객사	노키아 공식 사이트	중
기술 역량	핵심 기능, AI 알고리즘, 특허	백서, 기술 문서	상
시장 위치	경쟁사, 점유율	글로벌 시장조사 기관 가트너(Gartner), 옴디아(Omdia)	상
비즈니스 모델	가격, 계약 조건	IR 자료, 레퍼런스	상
고객 사례	도입 효과, 만족도	사례 연구, 인터뷰	중
재무 건전성	매출, 수익성	노키아 재무제표	하
통합 복잡도	우리 시스템 호환성	기술 사양서	상
리스크	기술·사업·운영 리스크	다각도 분석	상

2단계 조사 작업

이제 본격적으로 정보를 수집합니다. AI 기반 네트워크 자동화 솔루션 도입을 위한 조사에서 우선순위가 '상'인 항목부터 시작합니다. 심층 리서치는 단일 AI 도구에만 의존하면 안 됩니다. 여러 출처를 병렬로 활용해서 풍부한 정보를 탐색한 후 종합하는 것이 좋습니다.

1. 먼저 챗GPT에 1차 조사를 맡깁니다. 다음과 같이 노키아 AVA에 대해 솔루션, 주요 고객, 비즈니스 모델 등의 항목으로 구조화된 보고서를 써달라고 요청합니다.

#역할
당신은 기업 분석 전문가로서 통신장비 및 네트워크 관리 소프트웨어 산업에 정통합니다.

#지시사항
노키아 AVA에 대해 다음 항목을 조사하여 구조화된 보고서를 작성하세요.

#조사항목
1. 솔루션 개요
    - 노키아 AVA의 정확한 제품명과 포지셔닝
    - 핵심 기능 (AIOps, 장애 예측, 에너지 최적화 등)
    - 기술적 차별점
2. 주요 고객
    - 1티어(Tier-1) 통신사 도입 사례 (구체적 회사명)
    - 지역별 분포
    - 대표 성공 사례 3개 (효과 수치 포함)
3. 비즈니스 모델
    - 수익 구조 (라이선스/구독/서비스)
    - 대략적인 가격 범위 (공개 정보 한정)

#출처 우선순위

1순위: 노키아 공식 사이트, 백서, 보도자료

2순위: 가트너, 옴디아 같은 시장조사 기관

3순위: 산업 전문 미디어 (Light Reading, TelecomTV)

#제약사항

– 2023년 이후 정보 우선

– 추정 정보는 명확히 표시

– 각 정보에 출처 URL 병기

#출력형식

섹션별로 정리, 각 섹션 5~7개 글머리 기호(bullet points)

2. AI가 1차 조사 결과를 써줍니다. 조사 항목에서 요청한 대로 솔루션 개요와 주요 고객, 비즈니스 모델을 정리했습니다.

1) 솔루션 개요 (Nokia AVA: 정확한 제품명/포지셔닝/기능/차별점)

- 포지셔닝: 최근 Nokia 공식 커뮤니케이션에서 "Nokia AVA"는 단일 제품이라기보다 **AI & Analytics(=Autonomous Networks 구현) 소프트웨어 포트폴리오/브랜드**로 제시되며, 대표 구성요소로 **Data Suite**(데이터 제품)·**Experience Prescriptions**(AI 앱)·**Energy Efficiency**(에너지 최적화)·**Traffica**(트래픽/실시간 모니터링)·**NWDAF**(5G Core analytics function) 등이 함께 소개됩니다. Nokia Corporati… +4

- 핵심 기능(1): Telco 데이터 표준화/데이터 메쉬 기반 AI 준비(**AVA Data Suite**): "데이터 제품(data products)" 형태로 표준화·사전 상관(correlation)된 데이터를 제공해 BI/AI/GenAI 활용을 앞당기는 콘셉트를 강조하며, **데이터 준비 시간 단축 및 MLOps 라이프사이클 '70% faster'**를 공식적으로 언급합니다. Nokia Corporati… +1

- 핵심 기능(2): 오프더셸프(off-the-shelf) **AI 앱 + 권고/처방(Experience Prescriptions)**: 클라우드 네이티브 플랫폼에서 미리 패키징된 AI 애플리케이션을 제공하고, Data Suite의 표준 데이터 제품을 활용해 **고객경험(CX) 개선을 위한 'recommendations'**(처방/권고) 제공을 전면에 둡니다. Nokia Corporati…

- 핵심 기능(3): 에너지 최적화(**AVA Energy Efficiency**): AI/ML로 트래픽 패턴을 예측·분석해 저사용 시간대에 유휴/불필요 자원을 자동 셧다운하고 성능을 함께 유지하는 "telco energy management" 성격을 강조합니다. Nokia Corporati… +2

- 핵심 기능(4): 실시간 모니터링/트러블슈팅(**Traffica**): 2G~5G, RAN/코어 전반에서 트래픽·위치·단말·가입자 관점의 실시간 모니터링 및 인사이트/트러블슈팅을 제공하는 "suite of network monitoring tools"로 설명됩니다. Nokia Corporati… +1

- 핵심 기능(5): 5G Core NWDAF(폐루프 자동화 연계): 5G Core의 표준 네트워크 기능인 NWDAF를 "분산(distributed) 아키텍처"로 제공해 지연 요건이 다른 5G 유스케이스에 맞춰 분석을 제공하고, **closed-loop automation**을 언급합니다. Nokia Corporati… +1

- 기술적 차별점(요약): 공식 자료에서 반복적으로 나타나는 차별화 키워드는 **(a)** 데이터 메쉬 기반 표준 데이터 제품, **(b)** 클라우드 네이티브/클라우드-에그노스틱, **(c)** 멀티벤더·멀티도메인 데이터 상관/연계,

딥 리서치 기능으로 상세 정보 탐색하기

그런데 이 정도 조사만으로는 부족합니다. 가능하다면 프리미엄 데이터 제공 사이트에서 네트워크 자동화 관련 유료 리포트를 구매해도 좋겠지만, 여기서는 챗GPT나 제미나이, 클로드 등의 딥 리서치 기능을 활용해서 최대한 상세한 정보를 탐색해 봅니다.

1. 이번에는 구글 제미나이의 딥 리서치 기능을 이용해 보겠습니다. 제미나이 사이트(gemini.google.com)에 접속한 후 프롬프트 입력란의 〈도구〉 버튼을 누르고 〈Deep Research〉를 선택합니다.

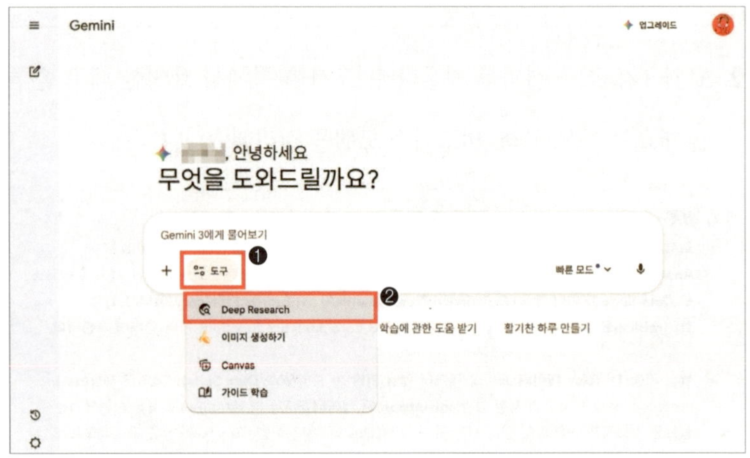

2. 프롬프트 입력란에 노키아 AVA에 대한 보고서를 작성해 달라고 요청합니다. 앞에서 진행한 조사에 대해, 제미나이 딥 러서치 기능을 이용해 더 깊은 내용을 조사하는 것입니다.

> 노키아 AVA에 대해 상세하게 조사해 주세요. 솔루션 개요와 주요 고객, 비즈니스 모델에 대해 2023년 이후 정보를 기반으로 보고서를 작성하세요.

3. 먼저 제미나이가 본격적인 보고서를 작성하기 전에 연구계획을 세 웁니다. 총 6가지 단계를 제시하네요. 연구계획을 수정하고 싶다면 〈계획 수정〉 버튼을 누른 후 원하는 수정 방향을 설명하면 됩니다. 그런 다음 〈연구 시작〉 버튼을 누릅니다. 딥 리서치는 조사결과가 나오기까지 시간이 많이 걸리지만, 그만큼 풍부한 출처에서 다양 한 정보를 탐색할 수 있다는 장점이 있습니다.

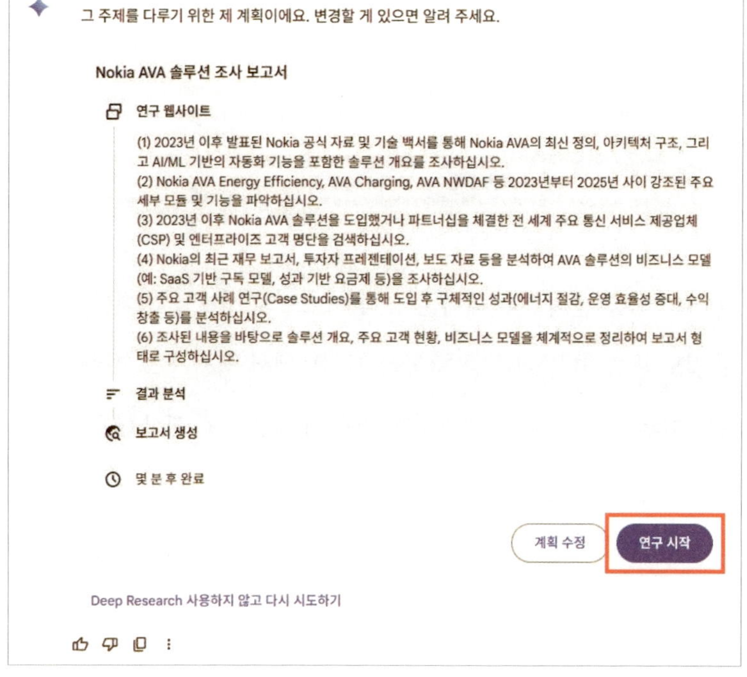

4. 제미나이가 노키아 AVA에 대한 심층 연구 보고서를 써줍니다. 10 분 정도 걸렸습니다. 전략적 프레임워크와 기술 아키텍처, 핵심 솔 루션 포트폴리오, 비즈니스 모델, 미래 기술 전망에 이르기까지 여 러 측면을 정리해 주었네요.

덧붙여, 심층 분석을 위해서는 공식 사이트의 정보를 최대한 활용하는 것도 좋습니다. 예를 들어 공식 사이트에서 백서나 보고서를 발간하는 경우, 해당 자료를 다운로드 받아 AI를 활용해 핵심 내용을 추출하고 요약해서 활용합니다.

3단계 정보 검증 단계

이제 AI와 공식 자료에서 얻은 정보를 교차 검증해야 합니다.

먼저 AI와 공식 자료에서 얻은 정보에서 핵심 정보 10가지를 골라 검증 매트릭스를 만듭니다. 예를 들어 다음과 같이 표로 검증 항목을 정리할 수 있습니다. 이때 검증이 어려운 정보는 과감하게 삭제합니다.

핵심 정보	1차 출처	2차 출처	검증 결과	비고
주요 고객: 보다폰(Vodafone)	챗GPT	노키아 보도자료	✓ 확인	2023년 계약
장애 감소 40%	백서	?	보류	추가 확인 필요
시장점유율 30%	챗GPT	?	✗ 삭제	출처 불명

4단계 경쟁사 비교 분석

노키아 AVA만 보면 좋아 보이지만, 경쟁 솔루션과 비교해야 진짜 가치를 알 수 있습니다. 주요 경쟁사는 에릭슨 BNMS(Ericsson BNMS), 화웨이 i마스터(Huawei iMaster), 시스코 크로스워크(Cisco Crosswork)입니다.

1. AI에게 다음과 같이 노키아 AVA를 경쟁 솔루션과 비교 분석해 달라고 요청합니다.

#역할

당신은 통신 네트워크 관리 솔루션 시장 애널리스트입니다.

#지시사항

노키아 AVA와 주요 경쟁 솔루션을 비교 분석하세요. **반드시 2025년 하반기 이후 자료만을** 참고하여 작성하세요.

#비교 대상

– 노키아 AVA

– 에릭슨 BNMS(Ericsson BNMS)

– 화웨이 i마스터(Huawei iMaster) NCE

– 시스코 크로스워크(Cisco Crosswork)

#비교 항목

1. AI/ML 역량 (알고리즘, 학습방식)

---

2. 네트워크 커버리지 (5G/4G/고정망)

3. 자동화 수준 (수동/반자동/완전 자동)

4. 에너지 최적화 기능

5. 레퍼런스 고객 수

6. 가격 경쟁력 (공개 정보 한정)

#출력형식

비교표＋각 솔루션의 강점/약점 3줄 요약

2. AI가 노키아 AVA와 주요 경쟁 솔루션과의 비교표를 만들어 줍니다. 경쟁사 정보는 노키아만큼 상세하지 않을 수 있습니다. 이때 우리에게 필요한 정보가 충분하지 않다면, 다시 1단계인 정보 탐색 단계로 돌아가서 각 기업에 대해 조사해도 좋습니다. 혹은 더 구체적인 목적과 비교 기업군을 입력해서 '딥 리서치' 기능으로 조사를 요청하면 됩니다.

5단계 경쟁사 비교 분석

이제 김 팀장은 경쟁사 비교 분석을 위해 프레임워크 기반의 분석을 하려고 합니다. 지금까지 취합된 방대한 정보를 기반으로 의사결정에 활용 가능한 형태로 가공하기 위해 특정한 분석의 틀(프레임워크)을 활용하는 것입니다. 김 팀장은 기업의 경영전략 수립에 많이 쓰이는 SWOT(강점·약점·기회·위협) 분석 틀을 사용하기로 했습니다.

1. AI에게 기업 경영전략 수립을 위한 SWOT 분석을 요청합니다. 이때 우리 회사 상황을 구체적으로 알려주어야 합니다.

#역할

당신은 전략 컨설턴트로서 통신사 기술 도입 프로젝트 경험이 풍부합니다.

#우리 회사 상황

– 국내 통신사 Big 3 중 하나

– 네트워크 규모: 기지국 10만 개, 커버리지 전국

– 현재 과제: 운영비 증가(연 5%), 장애 대응 시간 과다(평균 4시간)

– 경쟁사: 2개사도 AI 자동화 검토 중

– 예산: 연 100억 원 범위 내 투자 가능

#지시사항

참고자료를 기반으로 노키아 AVA 도입에 대한 SWOT 분석을 수행하세요.

Strengths (강점)

– 우리에게 유리한 점 3~5개

– 각 강점의 정량적 효과

Weaknesses (약점)

– 우리에게 불리한 점 3~5개

– 각 약점의 영향도

Opportunities (기회)

– 외부환경에서 오는 기회

– 기회 활용 방안

Threats (위협)

– 외부 위협 요인

– 위협 완화 방안

#제약사항

– "혁신적", "효율적" 같은 추상적 표현 금지

– 모든 주장은 데이터 기반으로만 수행할 것

#참고자료

[지금까지 조사한 자료 정리해 첨부파일 형태로 업로드]

2. AI가 상세한 SWOT 분석을 해줍니다. 여기서는 간략한 요약 버전을 소개합니다.

강점(S): 네트워크 장애 25~45% 감소로 연간 장애 대응 비용 약 30억 원 절감 가능

약점(W): 초기 구축 비용 약 80억 원으로 연간 예산 80% 소진

기회(O): 정부 AI 디지털 전환 지원 정책으로 최대 30% 보조금 가능성

위협(T): 경쟁사 선제 도입 시 고객 이탈 리스크

3. AI의 SWOT 분석에서 각각의 내용이 논리적이며 객관적으로 작성되었는지 확인해야 합니다. 이것을 판단하기 위해서는 인간의 경험이 필요합니다. 각각의 내용이 지금까지 조사한 근거를 통해 검증될 수 있는지 반드시 확인하세요.

6단계 시나리오 비교하기

이제 통신사 네트워크 전략팀의 김 팀장은 AI 도입을 위한 시나리오들을 비교합니다. 각 상황에 따라 다르겠지만, 대체로 협업이나 도입과 관련해서는 3가지 시나리오를 설정하면 좋습니다.

시나리오 1: 전면 도입

- 투자: 80억 원

- 기대효과: 운영비 30% 절감(연 50억 원), 장애 40% 감소

- 리스크: 통합 실패 시 손실 큼

- 5년 투자수익률(ROI): 250억 원(수익)−80억 원(투자)=170억 원(순이익)

시나리오 2: 파일럿 도입 (수도권 한정)

- 투자: 20억 원

- 기대 효과: 검증 후 확대 가능

- 리스크: 낮음

- ROI: 불확실 (검증 단계)

시나리오 3: 대안 검토 (에릭슨 또는 자체 개발)

- 에릭슨(Ericsson): 레퍼런스 많지만 AI 역량 다소 낮음

- 자체 개발: 3년 소요, 비용 150억 원

김 팀장은 각 시나리오를 평가표로 정리했습니다. 기술 적합성, 비용 효율성, 리스크 수준, 실행 가능성 등 4가지 기준에 각 10점 만점으로 점수를 매깁니다. AI와 함께 평가해도 좋지만, 중요한 것은 AI에게 결정을 맡기기보다 인간이 직접 수행하는 것이 좋습니다.

7단계 보고서 초안 작성

여기까지 되었다면 이제 보고서 초안 작성 단계로 넘어갑니다. 보고서 작성에 대한 구체적인 워크플로는 뒤에서 다룰 예정이므로, 여기에서는 간단하게 초안을 받을 수 있는 프롬프트를 소개하겠습니다.

1. AI에게 다음과 같이 노키아 AVA 도입 검토 보고서를 요청합니다. 이때 첫 장에는 경영진 요약(Executive Summary)을 넣어 달라고 합니다. 이는 임원진이 핵심만 파악할 수 있게 만든 1페이지 보고서로, '핵심 요약', '경영진 보고서'라고도 하며, 컨설팅업계나 기업 내부에서는 그냥 'ES'라고도 합니다.

#역할

당신은 <u>경영진 보고서 작성 전문가</u>입니다.

#지시사항

<u>노키아 AVA 도입 검토 보고서를</u> 작성하세요. 각 목차별로 '요구사항'의 분량을 준수하되, 토큰의 한계로 전체 출력이 어려운 경우 가능한 부분까지 출력 후 "계속해 줘"라고 입력하면 계속해서 작성하세요.

#보고서 목적

진행/중단(Go/No-go) 의사결정＋조건부 진행(Go)인 경우 실행 계획

#요구사항

- 경영진 요약(Executive Summary) 1페이지
- 본문 15~18페이지
- 부록 2~3페이지
- 각 섹션은 의사결정에 필요한 정보 중심

#목차

- 경영진 요약(Executive Summary)
- 조사 배경 및 목적
- 노키아 AVA 개요
- 기술분석
- 경쟁사 비교
- SWOT 분석
- 재무 영향 분석 (ROI)
- 리스크 평가
- 시나리오 비교
- 결론 및 권고
- 실행 계획 (조건부)
- 부록 (기술 사양, 레퍼런스)

2. AI가 노키아 AVA 도입 검토 보고서를 써줍니다. 프롬프트에서 요청한 목차에 따라 1페이지에 경영진 요약을 넣고 본문을 20페이지 정도 작성해 주었습니다.

3. 이제 각 섹션을 작성합니다(9~10장 참조). 이 단계에서도 AI를 활용하지만, 단순히 AI가 쓴 것을 복사하는 것은 아닙니다. AI가 작성한 초안을 보고, 우리가 직접 다시 쓰는 것이 좋습니다. 우선 전반적인 표현을 살펴보면서 우리 회사의 맥락과 다른 것이 있는지, 표현이 어색하거나 중복되는 지점은 없는지 확인하며 수정합니다.

8단계 최종 검토

보고서 초안이 완성되었다면, 이제 디테일을 점검할 차례입니다.

우선, 모든 숫자를 원본 자료와 대조합니다. 또한 출처가 없는 문장은 삭제하거나 출처를 추가합니다. 아울러 논리 흐름도 점검합니다. 예를 들어 SWOT 분석에서 도출된 인사이트가 '시나리오 비교'로 자연스럽게 이어지는지 확인합니다. 그리고 '결론 및 권고'가 앞의 분석과 일관성 있는지 체크하는 것도 중요합니다.

심층 리서치 분석에서 핵심은 '체계적 설계와 철저한 검증'입니다. 주어진 시간 안에서 '① 설계, ② 수집, ③ 검증, ④ 분석, ⑤ 보고서 작성'에 적절하게 배분해야 합니다. AI는 초안을 빠르게 만드는 도구이지, 최종 결과물을 만드는 도구가 아닙니다. AI가 만든 것을 사람이 검증하고, 재구성하고, 의미를 부여하는 과정이 심층 리서치 분석의 본질입니다.

다음으로는 추가로 두 개의 심층 리서치 분석에 어떻게 단계적으로 접근하면 좋을지 요약해서 제시하겠습니다. 상황이 다르더라도 비슷한 구조로 작업을 계획하면 됩니다. 참고용으로 활용하세요.

제조사 전략기획팀 차 팀장의 <해외 시장 진출 타당성> 검토

국내 중견 자동차 부품 제조사 전략기획팀 차 팀장의 회사는 최근 10년간 국내 시장에만 집중했지만, 국내 자동차 시장이 정체되면서 새로운 성장 동력이 필요합니다. 이번 달 초 경영진 회의에서 동남아 시장 진출이 안건으로 올라왔고, 차 팀장이 타당성 검토 책임을 맡게 되었습니다. 후보지는 베트남·태국·인도네시아 3개국입니다. 2주 후 이사회에서 '어느 나라로 진출할 것인가, 진출한다면 어떤 방식으로 할 것인가'를 결정할 예정입니다.

1단계 조사 설계

해외 시장 진출은 회사의 운명이 걸린 중대한 결정이니 신중하게 설계해야 합니다.

먼저 의사결정 기준을 정합니다. 이사회에서 어떤 기준으로 판단할지 CEO에게 미리 확인했습니다. 다음의 4가지 기준으로 평가하되, 각각 가중치를 부여하기로 했습니다.

① 시장 매력도(규모와 성장성), ② 진입 용이성(규제와 인프라), ③ 수익성(비용 대비 수익), ④ 리스크(정치/경제 안정성)

조사 범위를 구조화하고, 엑셀에 평가 프레임워크를 만듭니다. 3개국을 가로축에, 평가 항목을 세로축에 배치합니다. 평가 항목은 다시 세부 항목으로 나눕니다. 예를 들어 '시장 매력도'는 자동차 생산 대수, 부품 시장 규모, 연평균 성장률(CAGR) 3가지로 세분화합니다. '진입 용이성'은 외국인 투자 규제, 관세율, 물류 인프라, 숙련 노동력 가용성으로 나눕니다. 총 12개 세부 항목이 나왔습니다.

2단계 정보 수집

이제 본격적으로 정보를 수집합니다. 심층 리서치 분석은 단일 출처에 의존하면 위험하니 여러 채널을 병렬로 활용합니다.

1. 먼저 AI에게 3개국 자동차 부품 시장의 1차 조사를 맡깁니다.

#역할
당신은 ASEAN 자동차 산업 전문 애널리스트입니다.

#지시사항
베트남, 태국, 인도네시아 3개국의 자동차 부품 시장을 다음 항목으로 비교 분석하세요.

#비교 항목
1. 시장규모 및 성장성
– 자동차 생산 대수 (2024년 기준)
– 자동차 부품 시장규모 (USD 기준)
– 연평균 성장률 CAGR (2020~2024)
– 2030년 시장 전망
2. 투자환경
– 외국인 투자 규제 (지분 제한, 업종 제한)
– 법인세율

– 관세율 (자동차 부품)

– 투자 인센티브 (세제 혜택, 보조금 등)

3. 비즈니스 환경

– 주요 자동차 제조사 현황 (현지 생산업체)

– 물류 인프라 (항만, 도로, 공항)

– 숙련 노동력 가용성

– 평균 인건비 (제조업 기준)

4. 리스크 요인

– 정치 안정성

– 환율 변동성

– 노동 분쟁 빈도

#출처 우선순위

1순위: 세계은행(World Bank), 아시아개발은행(ADB), 아세안자동차연맹(ASEAN Automotive Federation)

2순위: 코트라(KOTRA) 국가별 진출 가이드

3순위: 딜로이트(Deloitte), 맥킨지(McKinsey) 산업 리포트

#제약사항

– 반드시 2025년 이후에 발표된 내용만을 참고할 것

– 각 수치에 출처(기관, URL)와 연도 명시

– 추정치는 명확히 표시

#출력형식

국가별 비교표＋각국 3줄 요약

＊ 딜로이트(Deloitte): 세계 4대 회계법인 중 하나

2. AI가 베트남·태국·인도네시아 등 3개국의 시장규모와 성장성, 투자와 비즈니스 환경 등에 대한 1차 조사결과를 출처 링크들과 함께 정리해 주었습니다.

3. 하지만 AI 정보만으로는 부족합니다. 코트라(KOTRA) 웹사이트에 접속해 3개국 투자 가이드북을 다운로드합니다.

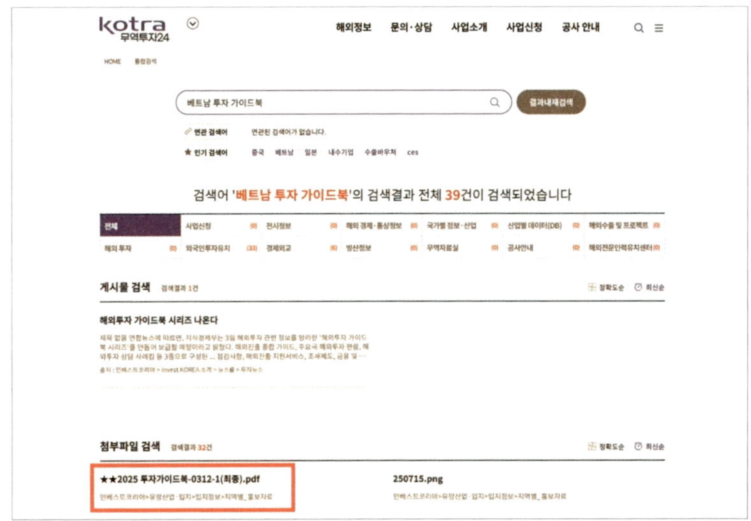

4. 코트라 3개국 투자 가이드북은 방대한 페이지의 PDF 파일이기 때문에 다 읽을 시간이 없으니 핵심만 추출해야 합니다. AI에게 베트남 투자 가이드북을 업로드하고 요약해 달라고 해서 핵심 내용을 파악합니다.

[코트라 투자 가이드북 업로드]

이 코트라(KOTRA) 베트남 투자 가이드북에서 다음 정보를 추출하세요:

1. 자동차 부품 산업 관련 투자 규제
   - 외국인 지분 제한   - 필수 승인 절차   - 금지/제한 업종
2. 세제 혜택
   - 법인세 감면 조건   - 관세 감면 대상   - 투자 인센티브 금액
3. 진출 성공/실패 사례
   - 한국 기업 사례 우선   - 성공/실패 요인

각 항목마다 출처 페이지 번호를 반드시 명시할 것

---

5. AI가 코트라의 베트남 투자 가이드북을 분석합니다. 베트남은 자
동차 부품 제조업에 대해 외국인 지분 제한이 어느 수준인지, 법인
세와 관세 등의 혜택은 어떤지 등을 정리해 줍니다. 현지에 진출한
한국 기업 사례와 성장 수준도 알 수 있겠죠. 태국과 인도네시아 가
이드북도 같은 방식으로 분석합니다.

3단계 검증 및 교차 확인

AI와 코트라 자료에서 얻은 핵심 수치를 재확인해야 합니다. 특히 시
장규모 같은 중요한 숫자는 2개 이상 출처로 확인하세요. AI가 제대
로 대답하지 못하면, 챗GPT나 제미나이, 클로드 등의 '딥 리서치' 기
능이나 퍼플렉시티 같은 검색 에이전트 전문 서비스를 이용하는 것도
좋습니다. 정확하지 않은 정보가 있다면 '추정치' 혹은 '불명확' 등으로
반드시 체크해 두세요.

4단계 비교 분석 및 평가

이제 수집하고 검증한 정보를 바탕으로 베트남·태국·인도네시아 등 3
개국을 평가합니다. 평가표를 만들고 각 항목에 점수를 매깁니다. 점수
체계는 1~5점(5점 만점)입니다. 가중치를 곱해 최종 점수를 계산합니다.

1. AI에게 객관적 평가를 요청해서 결과를 참고하는 것도 좋습니다.
다음과 같이 해외 진출 컨설턴트 역할을 준 후, 우리 회사 상황을
알려주고 3개국에 대한 제조업 투자 타당성을 평가해 달라고 요청
합니다.

#역할

당신은 해외 진출 컨설턴트로서 제조업 투자 타당성 평가 경험이 풍부합니다.

#우리 회사 상황

– 업종: 자동차 엔진 부품 (피스톤, 실린더 등)

– 현재 매출: 연 500억 원 (국내 100%)

– 목표: 5년 내 해외 매출 200억 원 달성

– 투자 가능 금액: 50억 원

– 인력: 기술자 파견 가능 10명

#지시사항

첨부 자료를 충분히 파악한 후, 베트남·태국·인도네시아를 다음 기준으로 평가하세요.

#평가기준 (가중치)

1. 시장 매력도 (35%)

   – 시장규모 (10%)

   – 성장률 (15%)

   – 진입 장벽 (10%)

2. 비용 경쟁력 (30%)

   – 인건비 (15%)

   – 물류비 (10%)

   – 세금/관세 (5%)

3. 사업환경 (25%)

   – 인프라 (10%)

   – 노동력 질 (10%)

   – 규제 환경 (5%)

4. 리스크 (10%)

   – 정치 안정성 (5%)

   – 환율 리스크 (5%)

#출력형식

1. 국가별 항목별 점수 (1~5점)
2. 가중치 적용 총점 (100점 만점)
3. 순위 및 권고안

#첨부자료

[지금까지 조사한 3개국 투자 타당성을 정리한 자료 업로드]

---

2. AI가 베트남·태국·인도네시아에 대한 투자 타당성 평가표를 만들어 줍니다. 각각의 항목마다 평가 점수를 주고 순위도 매겨줍니다. 전략기획팀 차 팀장은 사업 담당자로서 자신의 경험에 근거해 보았을 때 AI의 타당성 평가표가 합리적인 결과인지 살펴봅니다.

3. 하지만 AI가 준 평가 점수가 전부는 아닙니다. 각국의 강점과 약점을 질적으로도 분석해야 합니다.

차 팀장은 정성적인 분석을 위해 분석 프레임워크를 적용하기로 했습니다. AI에게 비즈니스나 특정 프로젝트의 강점·단점·기회·위협을 파악하기 위해 사용하는 SWOT 분석을 요청합니다.

첨부 자료를 기반으로 베트남 진출에 대한 SWOT 분석을 수행하세요.

#배경
우리 회사는 자동차 엔진 부품 전문 제조사로, 기술력은 우수하나 해외 진출 경험은 없습니다.

#출력형식
강점 (우리 강점 활용 가능성)
– 베트남에서 우리 강점이 어떻게 활용될 수 있는가

약점 (우리 약점 노출 가능성)

– 베트남 진출 시 우리 약점이 어떤 문제를 일으킬 수 있는가

기회 (베트남 시장 기회)

– 베트남 시장에서 포착 가능한 기회

위협 (베트남 진출 위협)

– 베트남 진출 시 예상되는 위협

각 항목 3개씩, 구체적 근거를 제시할 것

#첨부자료

[베트남에 대한 조사 자료 업로드]

4. AI가 베트남 진출 프로젝트의 효과적 전략 수립을 위한 SWOT 분석을 해줍니다. 다음은 AI의 답변을 요약한 것입니다.

베트남 진출에 대한 SWOT 분석

강점(S): 베트남 정부의 자동차 산업 육성 정책으로 부품업체 유치 적극적, 우리 기술력은 베트남 로컬 업체 대비 우위

약점(W): 해외 진출 경험 부족으로 현지 네트워크 구축 어려움, 언어 장벽

기회(O): 삼성, LG 등 한국 대기업 베트남 진출로 협력 기회

위협(T): 중국 업체의 저가 공세, 베트남 인건비 상승 추세(연 10%)

5. 이제 실행 방안을 구체화해야 합니다. AI에게 베트남 진출 방식 3가지를 준 후 비교해 달라고 요청합니다.

베트남 진출 방식 3가지를 비교하세요:

옵션 1: 독자 법인 설립

- 투자금액

- 소요 기간

- 통제권

- 리스크

옵션 2: 현지 업체와 합작(JV)

- 투자금액

- 소요 기간

- 통제권

- 리스크

옵션 3: 생산 위탁(OEM)

- 투자금액

- 소요 기간

- 통제권

- 리스크

우리 회사 상황(투자 가능액 50억 원, 해외 경험 무)을 고려한 최적 옵션 제안**

6. AI가 베트남 진출 3가지 방식을 비교 분석하여 다음과 같은 식으로 각각의 옵션에 대한 예상 내용을 정리해 줍니다.

독자 법인: 투자 50억 원, 기간 18개월, 통제권 100%, 리스크 높음

합작: 투자 30억 원, 기간 12개월, 통제권 50~60%, 리스크 중간

위탁: 투자 10억 원, 기간 6개월, 통제권 낮음, 리스크 낮음

해외 경험이 없다면 2단계 접근 권장: 1단계로 생산 위탁(OEM)으로 시장 테스트, 2단계로 실적 검증 후 합작 법인 전환

5단계 보고서 작성

이제 모든 분석을 15페이지 보고서로 정리합니다. 전체 프롬프트는 앞의 시나리오에서 작성한 것을 참고하세요. 구조는 다음과 같은 방식으로 지정하면 좋습니다.

① 경영진 요약(Executive Summary) (1페이지)

② 조사 배경 및 방법 (1페이지)

③ 3개국 시장 비교 (3페이지)

④ 베트남 심층 분석 (4페이지)

⑤ 진출 방식 비교 (2페이지)

⑥ 재무 시뮬레이션 (2페이지)

⑦ 리스크 관리 방안 (1페이지)

⑧ 결론 및 권고 (1페이지)

자산운용사 ESG팀 박 부장의 ESG 투자 전략 수립

A 자산운용사가 2025년 말 현재 운용하는 ESG 펀드 규모는 5,000억 원입니다. ESG 투자는 투자결정 과정에서 재무적 요소와 더불어 환경(Environment)·사회(Social)·지배구조(Governance)를 고려하는 투자를 말합니다. 이 자산운용사는 2026년을 앞두고 포트폴리오를 재조정해야 하는 시점입니다.

최근 글로벌 ESG 공시 규제가 강화되면서 어떤 기업이 진짜 ESG를 실천하는지, 어떤 기업이 그린워싱(Greenwashing, 위장환경주의)인지 구분이 더 중요해졌습니다. 운용본부장은 ESG팀 박 부장에게 〈2026년

ESG 펀드 투자 전략 보고서〉를 요청했습니다. 2주 후 투자위원회에서 발표 예정입니다.

1단계 조사 설계

ESG 투자는 글로벌 ESG 규제 트렌드(외부 환경 변화), 국내 기업 ESG 성과(투자 대상 평가)라는 두 가지 축이 있습니다. 이 두 축을 모두 조사해서 종합해야 합니다. ESG팀 박 부장은 〈ESG 펀드 투자 전략 보고서〉 작성을 위해 조사 범위를 구조화합니다.

글로벌 ESG 규제 트렌드

- EU 택소노미(Taxonomy, EU 지속 가능 녹색 분류체계, 2024년 개정)

- ISSB(국제지속가능성기준위원회) 기준 적용 현황

- 한국 ESG 공시 의무화 일정

- 주요국 탄소중립 정책 변화

국내 기업 ESG 평가

- 코스피 200 기업 ESG 등급 변화 (2023 vs 2024)

- 등급 상승·하락 요인 분석

- ESG와 재무성과 상관관계

- 섹터별 ESG 트렌드

정보 출처는 세계적인 투자은행 모건스탠리의 자회사이며 글로벌 인덱스 기관인 MSCI(모건스탠리 캐피털 인터내셔널), 그리고 서스테이널리틱스(Sustainalytics) 등의 세계적인 ESG 평가기관, 금융위원회 보도자료, 블룸버그(Bloomberg) ESG 데이터를 활용하기로 합니다.

1. 먼저 글로벌 규제 트렌드부터 조사합니다. AI에게 글로벌 ESG 공시 주요 규제 변화를 조사하라고 요청합니다.

#역할

당신은 ESG 규제 전문가로서 글로벌 지속 가능성 공시 기준을 모니터링합니다.

#지시사항

2025년 글로벌 ESG 공시 규제 주요 변화를 조사하세요.

#조사 항목

1. EU 택소노미(Taxonomy)
2. ISSB(국제지속가능성기준위원회) 기준
3. 한국 ESG 공시 규제
4. 탄소국경조정제도 (CBAM)

#출처

- EU 집행위원회 공식 발표
- ISSB 공식 사이트
- 금융위원회 보도자료
- 주요 회계법인(삼일, 삼정, 안진) ESG 리포트

#제약사항

- 반드시 2025년 이후에 발표된 정보만 참고할 것
- 확정된 규제만 (법안 단계 제외)
- 각 정보에 발표 날짜와 출처 URL 명시

---

2. AI가 ESG 공시 주요 규제 변화를 4가지 조사 항목에 따라 정리해 줍니다. 이런 규제 정보는 공식 출처 확인이 필수입니다. 박 부장은 출처 링크를 클릭해 사실 관계를 확인하고, 금융위원회 웹사이트

에 접속해 보도자료를 검색하면서 팩트체크를 합니다.

3. 이제 국내 기업들의 ESG 평가를 조사합니다. MSCI에서 발표하는 ESG 등급(ESG Rating)이나 한국거래소 ESG 포털 등에서 국내 기업 정보들을 확인할 수 있습니다. 데이터베이스를 다운받거나 엑셀로 정리해 다음과 같이 AI를 통해 분석해도 좋습니다.

이 MSCI ESG 등급 데이터(KOSPI 200 기업)를 분석하세요.

#분석 항목
1. 등급 상승 기업 톱(Top) 20
    – 어떤 기업이 얼마나 상승했는가 (예: B→BB)
    – 상승 요인 (E/S/G 중 어느 점수 개선)
2. 등급 하락 기업
    – 하락 기업 수와 주요 기업명
    – 하락 요인
3. 섹터별 트렌드
    – 어떤 섹터가 전반적으로 개선/악화되었는가
    – 섹터별 평균 등급
4. 특이 사항
    – 급격한 변화(2등급 이상 변동) 기업
    – 변화 이유 추정

#출력형식
분석 리포트＋투자 시사점

---

4. AI가 MSCI ESG 등급 데이터(코스피 200 기업)를 분석합니다. 등급 상승 톱 20 중 1위는 S전자, 2위는 H중공업, 3위는 N화학 등이고, 섹터별로는 IT와 화학이 평균 상승, 건설과 해운이 정체 또는 하락

이라고 정리해 주었습니다.

2단계 검증 및 심화 분석

특정 기업들이 ESG 등급이 상승한 이유를 더 깊이 파악해야 합니다. 예를 들어 〈S전자 지속 가능성 보고서〉를 다운받아 분석해 보죠. 150 페이지짜리 PDF로 양이 많으니, 챗GPT나 제미나이, 클로드 등의 유료 플랜을 이용하는 것이 좋습니다.

1. AI에 보고서를 업로드한 후 핵심 정보를 뽑아달라고 합니다.

[〈S전자 지속 가능성 보고서〉 업로드]

S전자 '2025 지속 가능성 보고서'에서 다음 정보를 추출하세요:

1. 2025년 주요 ESG 개선 활동
   - 재생 에너지 전환 비율
   - 탄소 배출량 감축 실적
   - 여성 임원 비율 변화
   - 협력사 ESG 관리 강화 내역
2. 정량적 목표 달성 여부
   - 목표 vs 실적 비교
   - 미달성 항목과 이유
3. 2026년 목표
   - 신규 ESG 이니셔티브
각 항목에 **출처 페이지 번호를 반드시 명시**할 것

---

2. AI가 S전자의 MSCI ESG 등급이 AA로 오른 이유를 분석해 줍니다.

다른 ESG 상위 등급 기업들도 같은 방식으로 ESG 등급이 높아진 이유를 파악합니다.

이 과정에서 자산운용사 ESG팀 박 부장은 패턴을 발견했습니다. ESG 등급이 상승한 기업들의 공통점은 ① 구체적이고 측정 가능한 목표 설정, ② 목표 달성 실적 공개, ③ 제3자 검증 획득입니다. 반대로 등급 하락 기업들은 선언만 하고 실적이 없거나, 환경 사고가 발생했거나 지배구조 논란이 있었습니다.

3단계 투자 전략 수립

이제 박 부장은 앞에서 수집하고 분석한 정보를 바탕으로 2026년 투자 전략을 만듭니다. 전략 방향을 3가지로 정합니다.

① ESG 개선 모멘텀 기업 집중 투자

등급 상승 기업 중 재무성과도 우수한 기업 선별. 단순히 등급이 높은 기업(AAA)보다, 개선 중인 기업(B→BB)에 투자해 상승 모멘텀 포착

② 규제 수혜 섹터 비중 확대

2025년 공시 의무화로 ESG 정보 투명성이 높아지는 섹터(IT, 화학)에 투자. 공시 준비가 잘된 기업이 유리

③ 그린워싱(Greenwashing) 리스크 기업 제외

선언만 하고 실적 없는 기업, 제3자 검증 없는 기업은 투자 대상에서

제외. ESG 논란 발생 시 주가 급락 리스크 큼

1. AI에게 ESG 펀드 매니저로서 구체적 투자 포트폴리오를 달라고
요청합니다.

#역할
당신은 ESG 펀드 매니저로서 포트폴리오 구성 경험이 풍부합니다.

#투자제약
- 총 운용 금액: 5,000억 원
- 투자 대상: 코스피 200 기업
- 섹터 제한: 특정 섹터 30% 이하
- 개별 종목 제한: 5% 이하

#투자기준
1. ESG 개선도 (30%)
    - 2023→2024 등급 상승폭
    - E/S/G 균형적 개선
2. 재무성과 (40%)
    - 투자수익률(ROI) 10% 이상
    - 부채비율 200% 이하
    - 2024년 주가수익률 양호
3. 섹터 분산 (20%)
    - IT, 화학, 금융, 제조 등 분산
4. 밸류에이션 (10%)
    - PER 업종 평균 이하

#지시사항
위 기준으로 투자 종목 톱(Top) 15를 선정하세요.

---

2. AI가 포트폴리오를 제안합니다. 다음은 AI가 준 포트폴리오를 독자의 이해를 돕기 위해 제가 간략히 간추린 것입니다.

톱(Top) 15는 S전자(IT, 8%), H중공업(제조, 6%), N화학(화학, 7%), K은행(금융, 5%) 등입니다. 섹터 배분은 IT 25%, 제조 22%, 화학 18%, 금융 15%, 기타 20%입니다. 각 종목마다 선정 이유를 다음과 같이 첨부합니다.

3. 하지만 AI 제안을 그대로 쓸 수 없습니다. 실제 시장상황을 고려해야 합니다. 예를 들어 H중공업은 ESG는 개선되었지만, 최근 수주 부진으로 주가가 약세입니다. 투자위원회에서 "ESG는 좋은데 실적이 안 좋으면 무슨 소용인가?"라는 질문이 나올 수 있습니다. 박 부장은 H중공업 비중을 6%에서 4%로 줄이고, 대신 실적이 좋은 다른 제조 기업으로 2%를 이동합니다. 이런 부분은 AI가 섬세하게 제안하기 어렵습니다. 결국 우리가 가지고 있는 경험과 지식이 크게 작용합니다.

4단계 보고서 작성

15페이지 보고서를 만듭니다. 앞의 프롬프트들을 참고하면서 목차를 원하는 수준으로 정리합니다.

① 경영진 요약(Executive Summary) (1페이지)

② 2025년 글로벌 ESG 규제 변화 (2페이지)

③ 국내 기업 ESG 평가 트렌드 (3페이지)

④ ESG-재무성과 상관관계 분석 (2페이지)

⑤ 2026년 투자 전략 (3페이지)

⑥ 포트폴리오 구성 (2페이지)

⑦ 리스크 관리 (1페이지)

⑧ 결론 (1페이지)

심층 리서치 분석의 핵심은 ① 체계적 설계, ② 다각도 검증, ③ 프레임워크 기반 분석입니다. 단순히 정보를 모으는 것이 아니라 ① 먼저 의사결정 기준을 정하고, ② 그 기준에 맞는 정보를 체계적으로 수집하고, ③ 여러 출처로 검증하고, ④ 정해진 프레임워크(가중치 평가, SWOT 분석 등)로 분석해서 명확한 결론을 도출하는 것입니다. AI는 속도를 내는 도구이고, 사람이 방향을 잡고 최종 판단하는 주체라는 것을 꼭 기억하세요.

6장

전략 수립은 '과제 정의'에서 이미 절반이 끝난다

"이번 분기 전략을 짜주세요", "신규 사업 기회를 찾아주세요", "문제해결 방안을 내세요." 전략 수립은 많은 직장인들이 어려워하는 영역입니다. 전략 사고를 워크플로로 구조화하는 방법을 알아봅니다.

전략은 '정답 찾기'가 아니라 '선택의 문제'다

AI에게 기획팀 김 과장이 "우리 팀의 내년 전략 짜줘"라고 요청했더니 정말 그럴듯한 전략안 5개를 순식간에 내놓았습니다. 시장 트렌드 분석부터 경쟁사 대응방안, 신규 사업 아이디어까지 완벽해 보였죠. 그런데 막상 실무에 적용하려고 하니 뭔가 이상합니다. "우리 회사 상황에는 안 맞는데?" "예산은 어떻게 확보하지?" "우리 팀장님이 이런 전략안은 절대 승인 안 할 텐데?"

왜 이런 일이 벌어질까요? 전략이란 애초에 정답을 찾는 문제가 아닙니다. 전략은 여러 가능성 중에서 '우리는 이것은 선택한다'고 결정하는 과정입니다. 그리고 그 선택에는 항상 트레이드오프(trade-off), 즉 득실이 따릅니다. A를 선택하면 B를 포기해야 하고, 단기성과를 추구하면 장기투자를 미루어야 할 수도 있습니다.

실제로 경영 컨설팅회사인 마라콘 어소시에이츠(Marakon Associates)가 조사한 결과를 보면, 전략 실패 원인의 무려 45%가 '형편없이 수립된 목표' 때문이었습니다. 즉, 전략을 짜기도 전에 무엇을 이루려고 하는지, 목표조차 명확하지 않고 모호했던 것이죠.

1985년 코카콜라는 '뉴코크'라는 제품을 출시했습니다. 출시 전에 시장조사를 철저히 했고, 블라인드 테스트에서도 소비자들이 새로운 맛을 더 선호한다는 결과를 얻었습니다. 데이터상으로는 완벽한 전략이었죠. 하지만 출시 직후 엄청난 반발에 부딪혔습니다. 소비자들이 원한 것은 '더 맛있는 콜라'가 아니라 '내가 익숙한 바로 그 코카콜라'였던 것입니다. 결국 1년도 안 돼 뉴코크는 단종되었고, 원래 맛으로 돌아가야 했습니다.

사실 전략이란 결국 '무엇을 하지 않을 것인가'를 결정하는 일이기도 합니다. 하버드 경영대학원의 클레이튼 크리스텐슨 교수에 따르면, 매년 3만 개 이상의 신제품이 출시되는데 그중 95%가 실패한다고 합니다. 대부분 "이것도 해보자, 저것도 해보자" 하다가 자원이 분산되고, 정작 중요한 것에 집중하지 못했기 때문입니다.

아무리 데이터가 좋고, 분석이 훌륭해도, 전략의 핵심은 '우리가 무엇을 지키고, 무엇을 바꿀 것인가'라는 선택의 문제입니다. AI는 "더 달콤한 맛이 테스트에서 선호도가 높다"는 것을 알려줄 수는 있지만, "하지만 우리 브랜드의 정체성을 지키는 게 더 중요하다"라는 판단은 사람만이 할 수 있습니다.

그런데 우리는 AI에게 전략을 통째로 맡기고 싶은 유혹을 느끼곤 합니다. 솔직히 말하면, 전략 수립이 정말 어렵고 부담스러운 일이기 때문입니다. 불확실한 미래를 예측해야 하고, 제한된 자원으로 최선의 선택을 해야 하며, 그 결과에 대한 책임까지 져야 하니까요.

AI는 모르고, 당신만 알고 있는 맥락과 제약조건이 있다

중견 제조업체의 기획팀 이 팀장이 "내년에 신사업을 하나 시작하고 싶은데, 아이디어 좀 모아봐"라고 하자, 이 대리는 AI에게 이렇게 물었습니다.

"제조업회사가 할 만한 신사업 아이디어 10개 추천해 줘."

AI는 순식간에 답을 내놓았습니다. 하나같이 트렌디하고 그럴듯한 아이디어들이었지만, 막상 실무자들은 한숨부터 쉬었습니다.

"우리 회사는 IT 인력이 단 한 명도 없는데 스마트 팩토리를 어떻게 해?"

"친환경 소재 개발? R&D 예산이 전년 대비 30% 깎였는데?"

"구독 모델? 우리 CEO는 '제조업은 물건을 팔아야지, 서비스가 무슨 제조업이냐'고 할 텐데…."

AI는 일반적인 트렌드와 베스트 프랙티스(Best practice)는 잘 알고 있지만, 우리 회사의 특수한 상황은 전혀 모릅니다. 설비 노후화 정도, 직원들의 평균 연령과 학습능력, 주거래 은행과의 관계, 심지어 CEO의 성향까지 말이죠. 이런 것들은 공개된 데이터에도 없고, AI가 학습할 수 있는 정보도 아닙니다.

1970년대 두 차례 석유 파동 이후, 많은 기업들이 불확실한 미래를 예측하고 대비하기 위해 '전략기획팀'이라는 조직을 만들기 시작했습니다. 그런데 시간이 지나면서 전략기획팀이 점점 비대해지고, 현장과 동떨어진 '책상머리 전략'을 만들어내기 시작했습니다.

LG경제연구원이 발표한 보고서를 보면, 기업 전략이 실패하는 주요 원인 중 하나가 '구상과 실행의 분리'라고 합니다. 전략을 짜는 사람과 실행하는 사람이 다르다 보니, 책상 위에서는 멋진 전략이 현장에서는 실행 불가능한 계획이 되어버리는 것이죠. 그런데 AI에게 전략을 맡기면 이 문제가 더욱 심각해집니다. AI는 아예 현장이 어떤지조차 모르니까요. 실제로 전략 컨설팅을 오래 해온 한 전문가는 이런 이야기를 했습니다.

전략
컨설턴트

고객사에 전략을 제안할 때 가장 중요한 게 뭐냐면, 그 회사가 '실제로 실행할 수 있는' 전략을 주는 것입니다. 아무리 이론적으로 완벽해도, 그 회사의 조직 역량으로 할 수 없는 일이면 의미가 없어요.
그래서 좋은 컨설턴트는 며칠씩 현장에 상주하면서 직원들과 대화하고, 공장을 돌아보고, 실무자들의 고충을 듣는 시간을 가집니다.

AI에게 효율적으로 맥락·제약조건을 전하려면

그렇다면 우리는 AI에게 모든 맥락을 다 알려줘야 할까요? 이론적으로는 가능하지만, 현실적으로는 거의 불가능에 가깝습니다. 우리 회사의 모든 상황·제약조건·이해관계를 AI에게 설명하려면 아마 책 한 권 분량의 배경 설명이 필요할 것입니다.

그렇다면 어떻게 해야 할까요? 간단합니다. 방향은 우리가 잡고, AI는 그 안에서 옵션을 넓혀주는 도구로 활용하는 것입니다. 예를 들어 AI에게 "전략을 짜달라"고 하지 말고, "이런 제약조건 속에서 가능한 선택지를 보여달라"고 요청하면 훨씬 현실적인 답변을 받을 수 있습니다.

> 우리 회사는 기존 생산 라인을 최대한 활용하면서, 추가 인력 투입 없이, 6개월 내에 시작할 수 있는 신사업 아이디어를 찾고 있어. <u>이런 제약조건에서 가능한 옵션 5가지만 제안해 줘.</u>

그러려면 먼저 우리 회사나 일의 제약조건을 명확히 파악하고 있어야겠죠? 그것이 AI가 절대 대신해 줄 수 없는, 현장을 아는 우리만이 할 수 있는 일입니다.

전략 수립에서 사람이 반드시 해야 하는 3가지

이제 전략 수립에서 AI와 구체적으로 역할을 나눠 보겠습니다. 먼저 사람이 절대로 AI에게 넘겨서는 안 되는 3가지 영역부터 살펴보죠.

문제 정의와 우선순위 설정

앞에서 소개했던 마라콘 어소시에이츠의 조사에 따르면, 전략 실패의 45%가 잘못 수립된 목표 때문이었습니다. 즉, 해결해야 할 문제를 잘못 정의하면 아무리 전략을 잘 짜도 소용없습니다. 따라서 문제를 정의하고 우선순위를 설정하는 것은 사람이 해야 합니다.

회사의 매출이 작년 대비 10% 감소했을 때, 문제를 어떻게 정의하느냐에 따라 전략이 완전히 달라집니다. 매출 감소 문제를 '경쟁사가 가격을 낮춰서'라고 정의하면 가격인하 전략을 세우게 되지만, '우리 제품이 고객의 변화된 니즈를 충족시키지 못해서'라고 정의하면 제품 개선이나 신제품 개발 전략으로 가게 되죠.

어느 쪽이 맞을까요? AI는 데이터를 분석해서 '경쟁사의 가격이 평균 15% 낮다'고 알려줄 수 있지만, '진짜 문제는 가격이 아니라 고객 니즈의 변화'라고 판단하는 것은 현장을 아는 사람만이 할 수 있습니다. 실제로 현장 영업사원들과 대화해 보니 고객들이 비싸서 안 사는 것이 아니라 업무방식이 바뀌어 이제 이런 제품이 필요 없다고 말한다면, 가격 전략은 방향 자체가 틀린 것입니다.

제약조건 명확화

전략을 세울 때 가장 현실적으로 고려해야 하는 것이 제약조건입니다. 예산·시간·실행 역량, 그리고 실패했을 때 감당할 수 있는 리스크가 어느 정도인지 명확히 해야 합니다.

2017년 펩시는 켄달 제너를 주인공으로 한 광고에서 시위대에게 펩시를 건네는 장면을 넣었습니다. 데이터상으로는 '사회적 이슈에 참여하는 브랜드'가 트렌드였고, 젊은 세대가 선호한다는 분석도 있었지만, 실제로 광고가 나가자 소비자들은 심각한 사회문제를 상업적으로 이용했다며 엄청나게 반발했습니다. 여기서 펩시가 놓친 것은 '브랜드 정체성'이라는 제약조건입니다. AI는 사회적 이슈 광고의 참여율이 일반 광고보다 30% 높다는 데이터를 보여줄 수는 있지만, 실제 우리 브랜드가 이 주제를 다루는 것이 적절한가 하는 판단은 사람이 해야 하는 것입니다.

최종 선택과 책임

AI는 여러 옵션을 제시할 수 있지만, '우리는 이것을 한다'고 결정하고 그 결과에 책임지는 것은 오직 사람만이 할 수 있습니다.

하버드비즈니스리뷰의 연구에 따르면, 많은 기업들이 전략 실패를 겪는 이유 중 하나가 '전략의 한 가지 요소에만 집중'하기 때문이라고 합니다. 예를 들어 신기술이라는 황금 기회만 보고 뛰어들었다가 정작 수익화할 방법을 찾지 못하거나, 수억 달러를 투자받고 수천만 고객을 모았지만 결국 망하는 스타트업들이 이런 경우입니다.

이럴 때 최종 의사결정자의 균형 잡힌 판단이 필요합니다.

"이 신기술은 분명 트렌드이지만, 우리가 지금 뛰어들어야 할 타이밍인가? 우리에게 3년 동안 적자를 감당할 여력이 있나? 만약 실패하면 어떻게 되나?" 이런 질문들을 던지고 최종 결정을 내리는 것이 사람의 역할인 것이죠.

전략 수립에서 AI의 2가지 역할

전략 수립에서 시간이 촉박하고, 정해진 형식의 결과물이 필요하며, 창의성이 크게 요구되지 않는 일이라면, AI를 '실행 보조'로 활용하세요. 반대로 중요한 의사결정이 필요하고, 다양한 관점을 검토해야 하며, 우리 회사만의 독특한 해법을 찾아야 한다면, AI를 '사고 파트너'로 활용하세요.

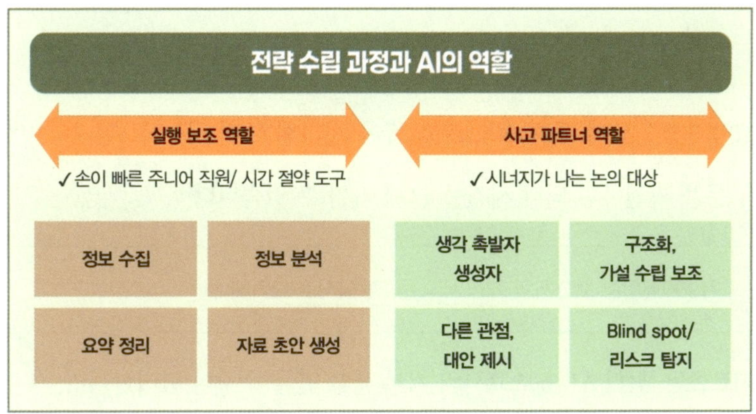

AI를 실행 보조로 쓰는 경우

전략 수립에서 AI를 손이 빠른 주니어 직원이나 시간 절약 도구로 활

용하는 경우입니다. AI는 간단하지만 손이 가고, 시간이 오래 걸리는
일에 정말 유용합니다.

정보 수집 | 먼저 전략 기획 단계에서 AI를 정보 수집에 이용해 보세요.
시장 트렌드, 경쟁사 정보, 고객 피드백, 산업 보고서 등 전략 수립에
필요한 기초 자료를 모으는 단계에서 유용합니다.

> 최근 2년간 전기차 시장규모와 성장률 데이터를 주요 국가별로 정리해 줘.

정보 분석 | AI는 전략 수립에서 통계적 분석, 트렌드 예측, 패턴 인식
등 정보 분석에도 유용합니다. AI가 복잡한 데이터셋에서 의미 있는
인사이트를 뽑아줍니다. 물론 최종 해석은 우리가 해야 하지만, 기초
적인 분석 작업은 AI가 빠르게 처리합니다.

> 이 판매 데이터에서 계절별 패턴이 있는지 분석해 줘.

요약 정리 | AI가 주요 포인트를 뽑아 정리해 주면, 꼭 필요한 부분만
원문을 확인하면 되니 시간을 크게 아낄 수 있습니다.

> 이 100페이지 보고서의 핵심 내용을 2페이지로 요약해 줘.

자료 초안 생성 | AI가 보고서의 기본 틀을 만들어 주니 편리합니다.

> 우리 전략을 임원 보고용 1페이지 요약으로 작성해 줘.

이 4가지 일은 모두 '정해진 작업을 빠르고 정확하게 처리하는 것'입니

다. 창의성이나 판단력보다는 속도와 정확성이 중요한 일들이죠. 이런 일들은 마치 주니어 직원에게 맡기는 것처럼 AI에게 맡기고, 여러분은 더 중요한 판단과 결정에 집중하세요.

AI를 사고 파트너로 쓰는 경우

AI를 단순히 일을 시키는 대상이 아니라 '시너지가 나는 논의 대상'으로 활용합니다. AI는 사고 파트너로서 4가지 역할을 잘합니다.

생각 촉발자이자 생성자 | AI는 다양한 아이디어, 시나리오, 질문을 제시해서 창의적 사고를 자극합니다.

> 주유소 부지를 활용한 <u>신사업 아이디어</u>를 최대한 다양하게 제안해 줘. 기존 산업 경계를 넘어서 생각해 줘.

AI는 전기차 충전소 같은 뻔한 아이디어뿐 아니라, 드론 배송 허브, 도심 소형 물류센터, 모빌리티 데이터 수집 거점, 로컬 커뮤니티 공간 등 우리가 미처 생각하지 못한 방향을 제시합니다. 이중에서 상당수는 현실적이지 않을 수 있지만, 그 과정에서 우리의 사고가 "아, 이런 방향으로도 생각할 수 있구나" 하며 확장됩니다.

구조화 및 가설 수립 | AI는 복잡한 문제나 방대한 정보를 논리적으로 정리하고, 다양한 가설을 수립하는 과정을 도와줍니다. 특히 어떤 프레임워크나 방법론을 사용할지 모를 때 도움이 됩니다.

AI가 다양한 프레임워크를 제시하며 설명하고 추천해 주면, 그 중에서 우리 상황에 가장 맞는 것을 선택하면 됩니다.

또한 AI는 가설 수립에서도 유용합니다. AI는 체계적인 가설 트리를 만들어 줍니다.

물론 최종적으로 어떤 가설이 맞는지는 우리가 데이터를 확인하고 판단해야 하지만, AI가 생각의 방향을 잡아주는 것이죠.

다른 관점과 대안 제시 | 우리는 종종 자기가 생각한 방향에 빠져서 다른 가능성을 놓치곤 하는데, AI는 예상치 못한 관점을 제시하고, 기존 전략에 대한 비판적 검토를 유도합니다.

AI가 이런 질문에 항상 정답을 제시하는 것은 아니지만, 우리가 미처 생각하지 못한 리스크를 짚어주거나 새로운 기회 영역을 발굴하는 데 도움이 됩니다. 특히 팀 내에서 반대 의견을 내기 어려운 분위기일 때, AI는 감정 없이 객관적으로 다른 관점을 제시해 줄 수 있습니다.

블라인드 스폿(Blind spot)**과 리스크 탐지** | 사람은 아무리 꼼꼼해도 놓치는 부분이 있습니다. 특히 자기가 잘 모르는 영역이나 경험하지 못한 상황에 대해서는 사각지대가 생기죠. AI는 방대한 데이터 속에서 미묘한 시그널을 감지해서 우리가 놓친 위험 요소를 찾아냅니다.

> 우리가 A 국가로 수출을 확대하려는데, 주의해야 할 점이 뭐가 있을까?

그러면 AI가 환율 변동성, 해당 국가의 최근 규제변화, 경쟁사의 현지화 전략, 물류 병목 지점 등 우리가 미처 생각하지 못한 리스크 요소들을 짚어줍니다. 물론 모든 리스크를 찾아주진 못하지만, 적어도 이것도 확인해 봐야겠다는 체크리스트를 만드는 데 유용합니다.

　AI를 사고 파트너로 쓸 때는 '같이 생각해 보자'라는 태도로 대화하는 것이 좋습니다. AI와의 대화를 통해 우리의 생각을 더 깊고 넓게 만들어가는 것이죠.

신사업 전략 수립에 AI 활용한 예

신사업 전략을 수립하는 프로젝트를 진행 중이라고 가정해 보죠. 이 프로젝트는 4주 동안 진행되고, 1주차에는 트렌드 분석, 2주차에는 아이디어 발산, 3주차에는 평가 및 선정, 4주차에는 사업 모델 구체화를 할 계획입니다.

1주차 트렌드 분석 (AI는 실행 보조로 많이 활용) | 먼저 기초 자료를 빠르게 모읍니다. 이 단계에서는 창의성보다는 정확하고 빠른 정보 수집이 중요하니까요. 이때는 AI를 실행 보조로 씁니다.

- 최근 3년간 우리 산업의 주요 트렌드를 정리해 줘.
- 경쟁사들의 신사업 진출 현황을 표로 만들어 줘.
- 관련 시장 보고서에서 핵심 내용만 요약해 줘.

이제 수집한 정보를 해석하고 우리 사업에 주는 시사점을 뽑아야 합니다. 이때는 AI와 사고 파트너로서 대화하면서 인사이트를 도출합니다.

- 이 트렌드들이 우리 사업에 어떤 의미일까? 기회와 위협을 각각 3가지씩 제시해 줘.
- 이 트렌드를 고려할 때 우리가 주목해야 할 고객 니즈 변화는 뭘까?

2주차 아이디어 발산 (AI를 사고 파트너로) | AI의 사고 파트너 역할이 커집니다. AI와 계속 대화하면서 아이디어를 발전시킵니다.

- 우리 강점을 활용한 신사업 아이디어를 최대한 다양하게 제안해 줘.
- 이 아이디어의 문제점은 뭐가 있을까?
- 비슷한 시도를 한 해외 사례는 없을까?

이 과정에서 AI가 제시한 아이디어를 그대로 쓰기보다는, 그것을 보면서 우리의 아이디어가 촉발되고 구체화됩니다.

3주차 아이디어 평가 및 선정 (AI를 실행 보조로) | 아이디어 평가 및 선정 단계에서는 다시 AI의 실행 보조 역할이 커집니다. AI에게 체계적인 정리와 분석 작업을 맡깁니다.

> • 이 아이디어들을 매력도와 실행 가능성 기준으로 2×2 매트릭스로 정리해 줘.
> • 각 아이디어의 예상 투자규모와 회수 기간을 표로 만들어 줘.

4주차 전략 최종 선택 (AI를 사고 파트너로) | AI와 대화하면서 사업 모델 구체화를 위한 의사결정에 필요한 다양한 관점을 확보합니다. 다시 AI를 사고 파트너로 활용하는 것이죠.

> • 우리가 A안을 선택하면 어떤 리스크가 있을까?
> • B안이 실패하는 시나리오를 3가지만 그려줘.
> • C안을 성공시키려면 어떤 역량이 필요할까?

사업 모델 구체화 단계에서는 AI를 실행 보조나 사고 파트너 역할로 번갈아 활용합니다.

> **사업 모델의 기본 틀을 만들 때**
> • 비즈니스 모델 캔버스(Business Model Canvas) 형식으로 초안 작성해 줘.
> →실행 보조
> **핵심 요소를 1페이지에 시각화할 때**
> • 우리 고객 세그먼트를 어떻게 세분화하면 좋을까?
> • 수익 모델의 대안은 뭐가 있을까?→사고 파트너

코카콜라나 3M 같은 글로벌 기업들도 AI를 이렇게 활용합니다. 단순 반복 작업은 AI에게 맡겨 시간을 아끼고, 중요한 전략적 의사결정 과정에서는 AI를 사고 파트너로 활용해서 관점을 넓히지만, 최종 결정은 항상 사람이 내립니다. 왜냐하면 AI는 우리 회사의 역사·문화·리더의 의지·조직의 역량을 알 수 없고, 그 결과에 대한 책임도 질 수 없기 때문입니다.

TIP

AI를 처음 활용할 땐 '실행 보조'로 시작하세요

AI를 처음 활용할 때는 간단한 정보 수집이나 요약 정리부터 시켜보면서, AI가 어느 정도 수준의 결과를 내놓는지 파악하세요. 그러면서 점차 사고 파트너로 활용하는 비중을 높여가세요. 처음부터 중요한 전략적 판단을 AI와 논의하려다가 실망할 수 있으니까요.

핵심은 AI를 '만능 해결사'가 아니라 '상황에 맞는 역할을 하는 도구'로 보는 것입니다. 때로는 손이 빠른 주니어 직원처럼, 때로는 다른 관점을 제시하는 논의 파트너처럼 활용하되, 항상 주도권은 여러분이 쥐고 있어야 합니다. 그래야 AI가 여러분의 전략 역량을 높여주는 진짜 조력자가 될 수 있습니다.

전략 수립 워크플로 4단계와 AI 활용 포인트

1단계 과제 정의: 질문부터 다시 쓰자

전략 수립의 첫 단계는 '무엇을 해결해야 하는지'를 명확히 하는 과정입니다. 이것을 '과제 정의'라고 하는데, 쉽게 말하면 "우리가 정말 풀어야 할 문제가 뭐지?"라는 질문에 답하는 과정입니다. 문제를 잘못 정의하면 아무리 좋은 해결책을 내놔도 소용없으니까요.

과제를 정의할 때는 문제를 상황(Situation)→난항(Complication)→핵심 질문(Key Question) 순서로 구조화해 핵심 질문을 도출하는 'SCQ 프레임워크'를 많이 사용합니다.

상황(S) | 먼저 현재 우리가 처한 상황을 '객관적'으로 쓰세요. 의견이나 해석이 아니라 사실만 객관적으로 나열하는 것이 포인트입니다.

> 우리 회사는 국내 중견 전자부품 제조업체로, 주로 B2B 거래를 하고 있다. 주요 고객사는 5개이며, 이들로부터 전체 매출의 80%가 발생한다.

전략 수립 프로젝트 워크플로별 세부 과업

각 단계별 세부 워크플로마다 AI의 역할이 다르다.
AI는 전략 수립 프로젝트의 각 워크플로에서 적용될 수 있지만, 인간의 주도에 따라 실행 보조 혹은 사고 파트너로 활용하는 것이 좋다.

1단계 과제 정의	2단계 구조화 및 작업 계획	3단계 작업 수행	4단계 전략 통합 및 실행 계획
1. 사선 조사 • 관계자 인터뷰 • 내/외부 관련자료 리뷰 2. 프로젝트 목표 정의 3. SCQ(상황·난항·핵심질문) 정리 4. 프로젝트 정의서 작성	1. 과제 해결 위한 접근법 정의 2. 프레임워크 방법론 선택 3. 핵심 질문에 대한 가설 수립 4. 작업 계획 수립	1. 트렌드 분석/시사점 도출 (사회, 기술, 고객 니즈, 사례 벤치마킹) 2. 우선순위 기회영역 선정 3. 콘셉트 아이디어화 및 짧은 목록 4. 사업 모델 구체화 5. 사업 모델 타당성 및 매력도 평가, 추진 여부 결정	1. 통합 및 신사업 전략 선언 작성 2. 실행 로드맵 작성

난항(C) | '현재 상황에서 왜 문제가 되는가'를 설명하는 부분입니다. 왜 지금 이게 문제인지, 방치하면 어떤 결과가 생길지를 명확히 쓰세요.

> 그런데 최근 주요 고객사 중 한 곳이 해외 업체로 공급선을 변경하겠다는 통보를 했다. 이 고객사가 우리 매출의 35%를 차지하고 있어서, 이대로 가면 내년 매출이 큰 폭으로 감소할 것으로 예상된다.

핵심 질문(Q) | 가장 중요한 부분으로 상황과 난항을 고려했을 때, 우리가 '진짜 답해야 할 질문이 무엇인지'를 정의합니다. 어느 질문을 핵심 질문으로 선택하느냐에 따라 전략이 완전히 달라집니다.

> 1. 해당 고객사를 어떻게 붙잡을 것인가?
> 2. 고객사 다변화를 어떻게 달성할 것인가?
> 3. 특정 고객 의존도를 낮출 새로운 사업 모델을 어떻게 만들 것인가?

핵심 질문으로 '1. 해당 고객사를 어떻게 잡을까'를 선택하면 가격인 하나 서비스 개선 전략을, '2. 고객 다변화'를 선택하면 신규 고객 개척 전략을, '3. 새로운 사업 모델'을 선택하면 비즈니스 모델 혁신 전략을 세우게 됩니다. 그래서 핵심 질문을 뽑는 단계가 정말 중요합니다.

여기서 중요한 것은 AI에게 "과제를 정의해 줘"라고 요청하면 안 된다는 것입니다. 과제 정의는 우리 회사만의 고유한 상황·제약조건· 전략적 의도를 모두 고려해야 하는데, 이것은 AI가 알 수 없기 때문입니다. 대신 AI는 〈팁〉에서 소개한 방법으로 활용할 수 있습니다.

AI가 제시한 관점이나 핵심 질문을 무조건 따를 필요는 없습니다. AI의 제안은 '참고사항'으로 받아들이고, 최종적으로는 우리가 현 장의 맥락을 고려해서 판단하면 됩니다. 이 '과제 정의' 단계는 뒤에서 상세하게 다룰 예정입니다. 지금은 전체 워크플로 속에서 이 단계가 어떤 위치에 있고, AI를 어떻게 활용할 수 있는지 큰 그림만 이해하면 됩니다.

2단계 문제의 구조화 및 작업 계획: 접근법 설계

앞에서 '무엇이 문제인지' 과제를 정의했다면, 이제 '이 문제를 어떻게 풀어갈 것인가'를 설계합니다. 쉽게 말하면 전략을 만들어가는 로드맵 을 그리는 과정입니다. ① 접근법 정의, ② 프레임워크 선택, ③ 핵심 질문에 대한 가설 수립, ④ 구체적 작업 계획 수립 등 크게 4가지 일을 하게 됩니다.

과제 해결을 위한 접근법(Approach) 정의하기

만약 '주유소 네트워크를 활용한 신사업 발굴'이라는 과제가 있다면, 먼저 이 과제 해결을 위한 접근법을 정의해야 합니다.

예를 들어 '트렌드 기반 접근'은 사회 트렌드, 기술 트렌드, 고객 니즈 변화를 분석하고 대응 가능한 기회를 찾는 방식입니다. '역량 기반 접근'은 먼저 우리가 가진 자산과 역량(전국 네트워크, 물리적 공간, 브랜드 등)을 정리하고, 이것을 어떻게 새롭게 활용할 수 있을지 찾는 방식입니다. 그리고 '벤치마킹 접근'은 해외나 다른 산업에서 비슷한 자산을 어떻게 활용하는지 사례를 수집하고, 우리에게 적용 가능한 아이디어를 도출하는 것입니다.

정답은 없으며 상황에 따라 다릅니다. 만약 시장변화가 빠르고 우리가 대응이 늦었다면 트렌드 기반 접근이 좋고, 우리 조직이 보수적이고 검증된 방법을 선호한다면 벤치마킹 접근이 나을 수 있습니다.

과제를 해결하기 위한 접근법을 선택할 때, AI에게 요청해 보세요.

> <u>주유소 네트워크 기반 신사업 발굴이라는 과제를 해결하기 위한 접근법을 5가지 제안해 줘.</u> 각 접근법의 장단점과 어떤 상황에 적합한지도 설명해 줘.

그러면 AI가 우리가 미처 생각하지 못한 다양한 접근법을 알려줍니다. 그중에서 우리 상황에 가장 맞는 접근법을 선택하거나, 여러 접근법을 혼합해서 우리만의 방식을 만들면 됩니다.

프레임워크 분석도구 선택

과제를 해결하기 위한 접근법을 정했으면, 각 단계에서 구체적으로 어떤 분석도구(Framework)를 쓸지 결정해야 합니다. 그런데 분석도구들의 이름도 생소하고, 각각 언제 어떻게 쓰는지 잘 모를 수 있죠. 이런 경우 AI에게 물어보면 됩니다.

> 우리는 지금 신사업 아이디어를 평가해서 우선순위를 정하는 단계야. 각 아이디어의 매력도와 실행 가능성을 평가하고 싶은데, 어떤 프레임워크나 방법론이 적합할까? 3가지 옵션을 주고, 각각을 어떻게 사용하는지 간단한 예시와 함께 설명해 줘.

그러면 AI가 분석도구로 쓸 적절한 프레임워크를 알려줍니다. 우리가 선택할 수 있는 옵션과 정보를 제공해 주는 것이죠. 그중에서 우리 팀의 역량과 시간을 고려해서 가장 적합한 방법을 선택하면 됩니다.

> 1. 2×2 매트릭스를 사용해서 가로축은 매력도(시장규모, 성장성), 세로축은 실행 가능성(기술 확보, 투자규모)으로 각 아이디어를 배치하는 방법
> 2. 점수 평가 방식으로 시장성, 기술성, 수익성 등 5~6개 기준을 정하고, 각각 10점 만점으로 평가해서 총점으로 우선순위를 정하는 방법
> 3. 단계별 필터링 방식으로 먼저 실행 불가능한 아이디어를 걸러내고, 남은 것들 중에서 매력도가 높은 순으로 정하는 방법

실무 팁 하나를 드리자면, AI에게 프레임워크를 물어볼 때 반드시 분석 '예시'를 같이 달라고 요청하세요.

그러면 AI가 'SWOT 분석이 좋다'는 추상적인 답변보다 'SWOT

분석을 주유소 신사업에 적용한다면 … 강점: 전국 네트워크, 약점: IT 역량 부족…' 식으로 답변을 줍니다. 이렇게 AI의 응답에 구체적인 예시가 있으면 훨씬 이해하기 쉽고 적용 여부를 판단하기가 수월해집니다.

작업 계획 세우기

앞에서 과제 해결을 위한 접근법과 프레임워크를 선택했으면, 이제 '누가, 언제, 무엇을, 어떻게 할 것인가'를 구체적으로 계획해야 합니다. 이 부분도 AI가 도와줄 수 있습니다.

> 우리는 4주 동안 3명이 주유소 신사업 전략을 수립할 거야. 1주차에는 트렌드 분석, 2주차에는 아이디어 발산, 3주차에는 평가 및 선정, 4주차에는 사업 모델 구체화를 할 계획이야. 각 주차별로 구체적으로 무슨 작업을 해야 하는지, 필요한 정보나 데이터는 무엇인지 정리해 줘.

그러면 AI가 각 주차별 세부 작업 목록, 필요한 인풋, 예상되는 아웃풋을 정리해 줍니다. AI의 응답을 참고해 우리 팀의 상황에 맞게 조정하면 됩니다.

구조화 및 작업 계획 단계에서 핵심은 AI를 '사고 파트너'로 활용하는 것입니다. AI와 대화하면서 훨씬 다양한 옵션을 검토할 수 있으며, 그 과정에서 '아, 우리는 이런 방식이 맞겠다' 또는 '이 방법은 우리 상황엔 안 맞네'라고 판단할 수 있고, 우리의 생각도 더욱 명확해집니다.

3단계 작업 수행: 아이디어 발산과 필터링

이제 본격적으로 전략의 내용을 만드는 단계입니다. 이 단계에서는

'① 트렌드 분석→② 아이디어 도출→③ 평가기준 적용→④ 후보 선정'을 합니다. 여기서 AI는 트렌드 분석과 아이디어 도출에 큰 역할을 합니다.

트렌드 분석

사회 트렌드, 기술 트렌드, 고객 니즈 변화, 경쟁사 동향, 관련 사례 등을 조사하고 분석합니다. 만약 전기차 관련 신사업을 고민 중이라고 해보죠.

> 최근 3년간 전기차 충전 인프라 관련 글로벌 트렌드를 정리해 줘. 특히 주요 국가별 정책 변화, 기술발전 방향, 주요 기업들의 투자 동향을 중심으로.

그러면 AI가 방대한 정보를 빠르게 정리해서 보여줍니다. '유럽 2035년까지 내연기관차 판매 금지, 중국 배터리 교환식 충전 인프라 확대, 미국 초고속 충전 네트워크 구축에 수백억 달러 투자' 등등. 이런 정보를 우리가 직접 찾으려면 며칠씩 걸리겠지만, AI는 몇 분 만에 정리해 줍니다.

여기서 중요한 팁이 있습니다. AI에게 단순히 "트렌드 정리해 줘"가 아니라, 다음과 같이 요청해 보세요.

> 이 트렌드가 우리 사업에 어떤 의미인지, 어떤 기회와 위협이 있는지도 분석해 줘.

그러면 AI 단순 정보 나열을 넘어서 트렌드 인사이트까지 줍니다.

 배터리 교환식 충전 모델이 확산된다면, 고정식 충전기 설치보다 배터리 보관 및 관리 시스템이 더 중요해질 수 있습니다. 주유소는 이미 에너지 저장 및 공급의 경험이 있으므로, 배터리 교환 스테이션으로 전환하는 데 유리할 수 있습니다.

아이디어 발산하기

AI는 아이디어 발산 작업에 매우 유용합니다. 혼자 또는 소수 팀원과 브레인스토밍을 하면 금방 막히는데, AI는 끊임없이 새로운 아이디어를 제시할 수 있으니까요.

주유소 부지를 활용한 신사업 아이디어를 30개 제안해 줘. 최대한 다양한 산업과 비즈니스 모델을 고려하고, 기존에 없던 창의적인 아이디어도 포함해 줘.

그런데 아이디어 발산 단계에서 실무자들이 자주 하는 실수가 있습니다. AI가 제시한 아이디어를 보고 "이것은 우리한테 안 맞아"라며 바로 거부하는 것입니다. 물론 안 맞는 아이디어도 많겠지만, 중요한 것은 그 아이디어 자체보다 '그 아이디어가 담고 있는 인사이트'입니다.

예를 들어 AI가 주유소 부지를 활용한 신사업 아이디어로 '도시 농업 수직 농장'을 제안했다면, '우리가 무슨 농사를…'이라고 생각할 수 있습니다.

하지만 이 아이디어의 핵심은 '주유소의 물리적 공간을 에너지 공급 외의 용도로 활용', '도심 내 희소한 공간 자산의 가치 재발견'이라는 인사이트입니다. 이 인사이트를 가지고 다시 생각해 보면, '그렇다면 우리 주유소 옥상이나 유휴 공간을 다른 사업자에게 임대하는 것은 어떨까?'라는 현실적인 아이디어로 발전시킬 수 있습니다.

아이디어 평가하기

아이디어를 충분히 모았으면, 이제 평가할 차례입니다. 각 아이디어를 매력도·타당성·실행 난이도 등으로 평가합니다.

> 이 20개 아이디어를 다음 기준으로 평가해 줘. 시장 매력도(시장규모, 성장성), 기술적 타당성(우리가 보유한 역량으로 가능한지), 투자규모(초기 투자 및 운영 비용), 경쟁 강도(기존 플레이어 존재 여부). 각 기준별로 상/중/하로 평가하고, 이유도 간단히 설명해 줘.

그러면 AI가 각 아이디어를 기준에 따라 평가해 줍니다. 물론 AI의 평가가 100% 정확하지는 않습니다. 특히 우리 역량이나 감당할 수 있는 투자규모 같은 것은 정확히 알 수 없으니까요. 하지만 AI의 평가를 '1차 스크리닝'으로 활용하면 명백히 부적합한 아이디어를 걸러내고, 논의가 필요한 아이디어에 집중할 수 있습니다.

아이디어 후보 선별하기

평가결과를 바탕으로 실제로 추진할 소수의 아이디어를 선별합니다. 이때 AI가 제시한 아이디어나 평가를 그대로 쓰지 않고, 반드시 우리 맥락에 맞게 변형하고, 현장 실무자의 의견을 반영해야 합니다.

실제로 성공한 신사업 대부분은 AI가 제안한 그대로가 아니라, AI

의 제안을 우리 상황에 맞게 변형한 결과입니다. 예를 들어 AI가 '전기차 충전소'를 제안했는데, 우리 회사는 '충전만 하면 지루하니 대기 시간에 세차나 간단한 정비 서비스를 결합한 복합공간'으로 발전시킬 수 있습니다. 이것이 진짜 AI를 잘 활용하는 것입니다.

4단계 전략 통합: 선택과 실행 계획

마지막 전략 통합 단계에서는 여러 전략적 선택들을 하나의 일관된 이야기로 엮고, 실제로 실행할 수 있는 계획으로 구체화합니다. 선택한 전략들을 하나의 전략 선언(Statement)으로 통합하고, 구체적인 실행 로드맵을 수립하며, 예상되는 리스크와 대응방안을 준비합니다.

전략 선언 작성하기

만약 3주차까지 작업해서 '전기차 충전 복합공간, 도심 소형 물류 허브, 로컬 커뮤니티 공간' 등 3가지 신사업 아이디어를 선정했다면, 이제 '우리 회사는 이런 방향으로 간다'는 하나의 이야기로 엮어야 합니다.

이때 신사업 아이디어 3가지를 단순히 나열하는 데 그치면 그냥 '할 일 목록'이 되어버립니다. 진짜 전략은 이 3가지가 어떻게 연결되어 있고, 왜 이 조합이 우리에게 경쟁력을 주는지를 설명할 수 있어야 합니다.

다음과 같이 쓰면 3가지 신사업이 단계적으로 연결되어 있고, 최종적으로 '도심 생활 플랫폼'이라는 큰 그림을 향해 간다는 것이 명확해집니다. 이것이 진짜 전략입니다.

우리는 주유소 네트워크를 '에너지 공급 거점'에서 '도심 생활 플랫폼'으로 전환한다. 1단계로 전기차 충전 복합공간을 구축해 미래 모빌리티 고객을 확보하고, 2단계로 소형 물류 허브를 통해 라스트마일 배송 수요에 대응하며, 3단계로 로컬 커뮤니티 공간을 운영해 지역 주민의 일상 접점을 넓힌다. 이를 통해 단순 주유 거래 관계를 넘어선 생활 밀착형 플랫폼 사업자로 자리매김한다.

전략 선언을 작성할 때 AI를 사고 파트너로 활용하세요.

> 우리가 선택한 이 3가지 신사업을 하나의 일관된 전략 스토리로 엮어줘. 각 사업이 어떻게 연결되고, 전체적으로 어떤 방향을 향하는지 명확하게 표현해 줘.

그러면 AI는 여러 버전의 전략 선언을 보여줍니다. 어떤 버전은 고객 가치 관점, 어떤 버전은 사업 모델 진화 관점, 또는 경쟁 우위 관점에서 이야기를 풀어낼 것입니다. 이중에서 우리 회사의 상황과 리더의 성향에 가장 맞는 버전을 선택하거나, 여러 버전을 섞어 우리만의 전략 선언을 만들면 됩니다.

실행 로드맵 수립하기

실행 로드맵은 '언제, 누가, 무엇을, 어떻게 할 것인가'를 구체적으로 정리한 계획서입니다. 이때 중요한 것은 '현실성'입니다.

많은 전략이 실패하는 이유 중 하나가 바로 실행 계획이 너무 이상적이라는 것입니다. 실행 로드맵을 짤 때는 반드시 여유를 두어야 합니다. 각 단계별로 예상 시간에 20~30% 정도 여유를 추가하고, 사업 및 프로젝트 진행과정에서 반드시 통과해야 하는 핵심 이정표 (milestone)마다 점검 시점을 넣어야 합니다. 또한 누가 책임지고 추진할지, 어떤 자원이 필요한지, 의사결정권자의 승인은 언제 받을지 등을 구체적으로 명시해야 합니다.

AI는 실행 로드맵을 수립할 때 실행 보조로 유용합니다.

> 우리 신사업 전략을 향후 12개월 실행 로드맵으로 만들어 줘. 월별로 주요 과업, 필요 자원, 예상 결과물을 정리해 줘.

AI가 실행 로드맵의 기본 틀을 만들어 주면, 그것을 보면서 현실적으로 조정하면 됩니다. 예를 들어 AI가 제시한 각 단계별 예상 시간과 로드맵의 순서가 우리 상황에 안 맞으면 바꾸면 됩니다. AI의 로드맵 초안을 출발점으로 삼아, 우리 조직의 현실을 반영해서 실행 가능한 계획을 만드는 것이 중요합니다.

리스크 시나리오 플랜 B와 대응 방안 작성하기

전략을 세울 때 모든 것이 계획대로 되기를 바라지만, 현실은 그렇지 않습니다. 예상치 못한 일들이 생기고, 가정했던 것들이 틀릴 수도 있죠. 그래서 좋은 전략에는 항상 "만약 이렇게 되면 어떻게 할 것인가"라는 플랜 B가 있어야 합니다. 여기서 AI를 사고 파트너로 활용하면 매우 유용합니다.

그러면 AI가 우리가 미처 생각하지 못한 리스크를 짚어주며 구체적인 대응방안까지 제시해 줍니다.

시나리오 1: 전기차 보급이 예상보다 느려서 충전 수요가 계획의 50%에 그칠 경우

대응: 충전기 설치를 단계적으로 진행하고, 초기에는 일반 주차장으로도 활용 가능하게 설계

물론 AI가 모든 리스크를 찾아내지는 못합니다. 특히 우리 회사 내부 사정(조직 저항, 리더 교체, 예산 삭감 등)은 알 수 없으니까요. 하지만 AI는 외부 환경 변화나 시장 리스크에 대해서는 꽤 유용한 관점을 제공합니다.

조기 경보 시스템 만들기

리스크 대응 방안을 만들 때, '어떤 신호가 보이면 미리 대응을 시작한다'는 식으로 조기 경보 시스템을 만들어 두세요. 구체적인 기준을 정해두면 리스크가 현실화되기 전에 미리 대응할 수 있습니다.

전기차 보급 속도를 분기마다 모니터링하고, 2분기 연속 목표 대비 30% 미달 시 플랜 B로 전환한다.

설득력 있는 자료의 요건

전략 통합 단계에서 만든 자료는 '설득력'이 생명입니다. 따라서 경영진 전략 요약은 1분 안에 설명 가능해야 하고, 실행 로드맵은 한눈에 들어와야 하며, 리스크 대응 방안은 '이 정도면 감당할 만하구나'라는 확신을 주어야 합니다.

> 이 전략을 CEO에게 보고하려고 해. 핵심만 담은 1페이지 요약본을 만들어 줘. 우리 CEO는 숫자와 구체적인 일정을 중요하게 보는 스타일이야.

물론 최종적으로는 우리가 다듬어야 합니다. 하지만 AI가 만든 초안을 가지고 시작하면, 백지에서 시작하는 것보다 설득력 있는 보고자료를 훨씬 빠르게 완성할 수 있습니다.

전략 통합에선 일관성 유지가 중요

전략 통합 단계에서 가장 중요한 것은 '일관성'입니다. 앞에서 정의한 문제, 선택한 접근법, 도출한 아이디어, 최종 선택한 전략이 모두 하나의 이야기로 자연스럽게 연결되어야 합니다.

만약 중간에 방향이 바뀌었다면(예를 들어 목표가 처음엔 매출 증대였는데 나중에 수익성 개선으로 바뀌었다면), 그 이유를 명확히 설명해 주어야 합니다. AI는 객관적인 시각에서 논리의 허점을 찾아내는 데 꽤 유용합니다.

> 우리 전략 문서 전체를 검토해 줘. 1단계에서 정의한 문제와 4단계의 최종 전략이 논리적으로 연결되는지, 중간에 논리적 비약이나 모순은 없는지 점검해 줘.

AI와 전략 수립 시작 전에 체크할 것들

시작 전에 4가지 맥락 준비하기

1. 회사나 팀의 현재 상황 3줄 요약

AI에게 유용한 답을 받으려면, 우리가 먼저 회사의 맥락을 명확히 알고 있어야 합니다. 만약 우리 회사의 현재 상황을 3줄로 정리하지 못한다면, AI에게 물어봐도 뜬구름 잡는 답만 나올 것입니다. 만약 현재 상황을 3줄로 정리하기 어렵다면, 먼저 관련 자료를 모으고 정리하는 시간을 가지세요. 다음과 같은 정도로 간결하게 정리할 수 있다면 준비가 된 것입니다.

우리는 국내 중견 제조업체로 주로 B2B 거래를 한다. 최근 3년간 매출은 정체되었지만 수익성은 개선되고 있다. 주요 고객사 5곳이 전체 매출의 80%를 차지한다.

2. 전략의 목표와 제약조건 명확히 하기

전략의 목표를 구체적으로 명확히 하세요.

- 3년 내 전체 매출의 20% 이상을 차지할 신사업을 발굴한다.
- 기존 인력과 설비를 최대한 활용하면서 추가 투자 100억 원 이내로 시작 가능한 신사업을 찾는다.

또한 AI가 예산·시간·사람·기술적 역량·리더의 리스크 허용 범위 등 제약조건을 명확히 알고 있어야 현실적인 제안을 줍니다. 막연하게 '좋은 신사업'을 찾으라고 하면, AI는 테슬라나 애플처럼 하라는 식의 비현실적인 답만 내놓습니다.

- 예산은?
- 시간은?
- 사람은?
- 기술적 역량은?
- 리더의 리스크 허용 범위는?

3. 성공의 기준을 구체적 수치로!

목표에 따른 성공 기준에는 우선순위가 있어야 합니다. 목표에 따라 전략이 달라집니다. 예를 들어 1년 내 신사업으로 '100억 원 매출 달성'이 목표라면 빠른 매출 성장이 가능한 사업을, '3년 내 영업이익률 15% 달성'이 목표라면 수익성이 높은 사업을 찾아야 합니다.

- 매출 증가
- 수익 증가
- 시장점유율 상승
- 브랜드 인지도 높이기

또한 수치가 없으면, 나중에 전략을 평가할 기준이 없어서 전략 성공과 실패를 판단할 수 없게 됩니다. 그러니 전략 수립을 시작하기 전에 반드시 성공 기준을 숫자로 정의하세요.

- 1년 내 신사업으로 100억 원 매출 달성 ・ 3년 내 영업이익률 15%

4. 의사결정권자의 우선순위 알아보기

전략 수립 전에 의사결정권자가 무엇을 중요하게 생각하는지 알아야 합니다. 어떤 리더는 빠른 성과를, 어떤 리더는 장기적 성장을 추구합니다. 리스크를 감수하는 걸 선호하는 리더도 있고, 안정성을 최우선으로 생각하는 리더도 있습니다.

전략 수립 시작 전에 가능하다면, 의사결정권자와 간단한 사전논의를 하여 다음의 질문으로 방향을 확인하는 것이 좋습니다.

- 이번 신사업 전략에서 가장 중요하게 보는 것은 무엇인가요?
- 매출 성장인가요, 수익성인가요?
- 어느 정도 리스크까지 감수 가능한가요?

앞에서 소개한 4가지 중 하나라도 명확하지 않다면, AI와 본격적인 작업을 시작하기 전에 먼저 정리하세요. 불명확한 상태에서 AI를 활용하면 오히려 혼란만 가중시킵니다. 반대로 전략 수립 시작 전에 4가지가 명확하다면, AI는 강력한 조력자가 됩니다. 다음과 같이 구체적으로 요청하면 AI는 훨씬 현실적이고 유용한 답을 내놓습니다.

> 우리는 B2B 제조업체고, 3년 내 매출 20% 성장이 목표이고, 투자 100억 원 제약이 있고, CEO는 검증된 비즈니스 모델을 선호해. 이 조건에서 가능한 신사업 옵션 5가지만 제안해 줘.

전략 수립 작업 중간에 방향 재확인하기

전략 수립 작업을 시작했다고 끝이 아닙니다. 전략 수립 작업을 하다 보면 예상과 다른 상황이 생기고, 새로운 정보가 나타나며, 방향을 조정해야 할 때가 생깁니다. 그래서 중간중간 방향을 재확인하는 점검이 필요합니다.

1. AI가 제안한 프레임워크가 실제로 우리 상황에 맞을까?

만약 AI가 신규 시장 진입에 대해 외부 거시환경 분석을 위한 PEST 분석(Political·Economic·Social·Technological)을 추천했는데, 실제로 해보니 너무 거시적이고 추상적이어서 구체적인 액션으로 연결되지 않는다면 AI에게 다시 물어보세요.

> PEST 분석을 해봤는데, 우리 상황엔 너무 거시적인 것 같아. 좀더 실무적이고 액션으로 연결되는 프레임워크는 없을까?

그러면 AI가 경쟁사 벤치마킹이나 고객 인터뷰 기반 접근법 등 다른 옵션을 제시합니다. AI의 제안을 맹목적으로 따르지 말고, 실제로 해보면서 우리에게 맞는지 판단하고, 안 맞으면 과감히 바꾸세요. 전략 수립은 교과서대로 하는 게 아니라 우리 상황에 맞게 하는 거니까요.

2. 브레인스토밍 아이디어 중 실행 가능한 것은 몇 %?

AI는 다양한 아이디어를 주지만, 문제는 그중 상당수가 현실성이 떨어지는 것일 수 있다는 것입니다. 프롬프트에서 제약조건과 맥락을 더 구체적으로 주면, AI가 더 현실적인 제안을 합니다.

3. 현장 실무자가 봤을 때 납득 가능한 전략인가?

전략을 짜다 보면 책상 위에서는 완벽해 보이는데, 실제 현장에서는 작동하지 않는 경우가 많습니다. 전략 초안이 나왔을 때, 현장 실무자들에게 보여주고 다음과 같은 질문을 던지고 피드백을 받으세요.

- 이거 실제로 할 수 있어요?
- 현장에서 가장 큰 걸림돌이 무엇일까요?
- 이 계획에서 비현실적인 부분이 있나요?

현장 실무자들의 반응이 "글쎄요", "어려울 것 같은데요" 식이라면, 아무리 AI가 논리적으로 완벽하게 짠 전략이라도 다시 검토해야 합니다. 실행되지 않는 전략은 아무 의미가 없으니까요.

4. 단기 성과와 장기 방향성의 균형이 맞는가?

단기 성과에만 너무 집중하면 지속 가능하지 않고, 장기 비전만 너무 추구하면 당장의 생존이 어려워집니다. 전략을 검토할 때는 다음과 같이 자문해 보세요.

- 이 전략으로 1년 내에 구체적인 성과가 나올까요?
- 동시에 3년 후를 보았을 때도 여전히 의미 있는 방향일까요?

위 질문에 둘 다 "예"라고 답할 수 있어야 합니다. AI에게 단기 성과와 장기 방향성의 균형을 점검해 달라고 해보세요.

만약 전략 수립을 3단계 이상 진행했는데도 여전히 막막하다면, 1단계로 돌아가서 문제를 다시 정의하세요. 많은 경우 전략이 막히는 이유는 애초에 문제를 잘못 정의했기 때문입니다. 다시 '진짜 풀어야 할 문제가 뭐지?'라고 물으면 새로운 돌파구가 보일 수 있습니다.

실행 가능성 점검하기

드디어 전략이 완성되었습니다. 하지만 의사결정권자에게 보고하기 전에 마지막으로 점검할 것이 있습니다. 바로 '실행 가능성'입니다.

1. 이 전략을 1분 안에 설명할 수 있는가?

엘리베이터에서 우연히 CEO를 만났다고 가정해 보죠. CEO가 "요즘 신사업 전략을 짜고 있다면서요? 어떤 내용이에요?"라고 물었을 때, 1분 안에 핵심을 명확하게 전달할 수 있어야 합니다. 만약 5분, 10분 설명해야 겨우 이해시킬 수 있다면, 전략이 너무 복잡하거나 핵심이 불명확한 것입니다. 좋은 전략은 단순하고 명확합니다. 다음과 같은 정도로 30초 만에 설명할 수 있어야 합니다.

우리는 주유소를 도심 생활 플랫폼으로 전환합니다. 1단계는 전기차 충전, 2단계는 물류 허브, 3단계는 커뮤니티 공간입니다.

만약 전략에 대해 1분 안에 설명이 안 된다면, AI에게 도움을 받으세요.

AI가 만들어 준 엘리베이터 요약 스피치를 보면서, 우리도 전략의 핵심이 무엇인지 다시 정리할 수 있습니다.

2. 각 전략에 책임자와 일정이 배정되었는가?

각 전략마다 명확한 책임자와 일정을 배정하세요. "A는 김 팀장이 3월까지, B는 박 과장이 6월까지, C는 이 부장이 9월까지 책임지고 추진" 식으로 구체적이어야 합니다.

책임자를 정할 때는 반드시 본인의 동의를 받으세요. "이 부분은 네가 잘할 수 있을 것 같은데, 어떻게 생각해?"라고 물어본 후 결정하세요. 본인이 납득하고 동의한 일은 훨씬 더 적극적으로 추진합니다.

3. 필요한 예산과 자원이 확보 가능한가?

선택한 전략을 실행할 때 필요한 예산·인력·시설·장비를 구체적으로 계산하고, 현실적으로 확보 가능한지 확인하세요. 예산 100억 원이 필요한데 투자할 돈이 50억 원밖에 없다면, 전략을 축소하거나 단계를 나누어 진행하거나 외부 투자를 받는 방안을 고려해야 합니다.

인력도 마찬가지입니다. IT 전문가가 3명 필요한데 우리 회사엔 한 명도 없다면 채용, 외주, 아니면 전략 수정을 해야 합니다. 자원 확보 가능성을 고려하지 않은 전략은 그림의 떡입니다.

4. 실패하는 시나리오를 3가지 이상 생각해 보았는가?

좋은 전략가는 항상 '만약 이게 안 되면 어떻게 하지?'를 생각합니다. 너무 낙관적이기만 한 것은 위험합니다. 냉정하게 '이 전략이 실패할 수 있는 경우의 수'를 생각해 보세요. 그리고 각 시나리오에 대한 대응책을 준비하세요. 완벽한 대응책까지는 아니더라도, 최소한 그렇게 되면 우리는 이런 식으로 방향을 바꾸겠다는 계획 정도는 있어야 합니다. AI에게 실패 시나리오를 만들어 달라고 하면, 우리가 미처 생각하지 못한 리스크를 짚어줄 수 있습니다.

마지막 팁입니다. 이 모든 점검을 마쳤다면, 전략 문서를 하루 정도 묵혀두었다가, 다음 날 다시 처음부터 읽어보세요. 신기하게도 시간을 두고 보면 전날에는 안 보이던 문제점이 보입니다.

멋진 PPT보다 '다음 주 월요일부터 무엇을 할지'가 명확한 것이 좋은 전략입니다. 화려한 전략 문서를 만드는 데 시간을 쓰지 말고, 실제로 실행할 수 있는 구체적인 계획을 만드는 데 집중하세요.

7장

실무 현장에서 바로 통하는 AI 전략 수립법

정보 수집이나 분석은 할 수 있는데, 그것을 '전략'으로 만드는 것이 어렵다는 직장인들이 많습니다. 사업 확장 전략, 품질 개선 전략 등 실무 현장에서 자주 만나는 전략 수립 업무를 AI와 함께 해보겠습니다. 각 단계마다 구체적인 프롬프트를 소개하니 실제 업무에 사용해 보세요.

[실습] 헬스케어 웨어러블 기기 사업 확장 전략 만들기

사업부 단위의 큰 전략 프로젝트, 팀 단위의 일상적인 개선 전략 수립을 통해, 전략 수립의 전체 워크플로를 따라가 보겠습니다. 각 단계마다 구체적인 프롬프트도 소개하니, 상황에 맞게 조금씩 수정하여 실제 업무에 사용해 보세요.

사전 조사: AI로 관계자 인터뷰 준비·정리

IT 제조기업 A사는 기존의 스마트워치 사업을 본격적인 헬스케어 영역으로 확장하기로 결정했는데, 박 과장이 3개월 내에 경영진에게 보고할 전략안을 만들어야 합니다. 문제는 박 과장도 그가 속한 팀도 헬스케어 사업 경험이 전혀 없다는 것입니다.

박 과장이 가장 먼저 해야 할 일은 무엇일까요? 바로 제품개발자·마케터·영업자 등 관계자들과 이야기를 나누는 것입니다. 이들이 느끼는 시장변화, 고객 요구, 내부 역량과 한계를 파악해야 전략의 방향

을 잡을 수 있습니다. 하지만 인터뷰는 생각보다 어렵습니다. 특히 인
터뷰 대상자가 임원이거나 바쁜 현장 담당자일 경우, 한정된 시간 안
에 필요한 정보를 얻어내야 하기 때문에 더욱 그렇습니다.

인터뷰 질문지 만들기

1. AI에게 사업 확장 전략을 짜기 위한 관계자 인터뷰 핵심 질문을 요
청합니다. 제품개발팀장·마케팅 이사·영업팀 과장에게 물어볼 질
문 10가지씩을 달라고 했습니다.

당신은 전략 컨설턴트입니다. 나는 IT 제조기업에서 신사업 개발을 담당하
고 있으며, 현재 스마트워치 사업을 헬스케어 영역으로 확장하는 전략을 수
립 중입니다.
다음 인터뷰 대상자와 30분간 인터뷰를 진행할 예정인데, 각 대상자에게 물
어봐야 할 핵심 질문 10가지를 추천해 주세요.

#인터뷰 대상자
1. 제품개발팀장 (현 스마트워치 제품 개발 총괄)
2. 마케팅팀 이사 (B2C 마케팅 15년 경력)
3. 영업팀 과장 (유통 채널 담당)

#질문 작성 시 고려사항
– 개방형 질문 위주로 구성
– 대상자의 전문 영역에 집중
– 헬스케어 시장 진출의 기회와 위험 요소 파악
– 우리 회사의 강점과 약점 파악

#출력형식
각 대상자별로 질문을 구분해 정리, 각 질문이 왜 중요한지 간단히 설명

2. AI가 각 인터뷰 대상자의 관점과 전문성을 고려한 맞춤형 질문 리스트를 줍니다. 제품개발팀장의 경우 기술적 실현 가능성과 개발 리소스, 마케팅팀 이사는 고객 세그먼트와 포지셔닝, 영업팀 과장은 유통 채널과 파트너십에 대한 인터뷰 질문을 뽑아주었습니다.

AI의 인터뷰 질문지 평가 및 수정하기

AI가 준 질문이 인터뷰 대상에 맞게 구성되었는지, 논리적 흐름에 따라 배치되었는지, 질문 유형이 적절한지 확인하고 수정하세요.

인터뷰의 흐름은 전체적으로 논리적인 흐름에 따라야 하며, 보통 넓은 범위에서 시작해 점차 구체적인 내용으로 좁혀갑니다. 개방형 질문이 좋고, 과거의 실제 행동이나 경험을 묻고 그것을 기반으로 미래 예측에 대한 의견을 묻는 것이 좋습니다. 질문이 나의 의도나 편견을 담고 있지는 않는지, 한 번에 너무 여러 개를 묻지는 않는지도 점검하세요.

인터뷰 흐름 설계 체크포인트

- 질문들이 논리적인 흐름에 따라 적정하게 배치되어 있어야 함
- 일반적으로는 넓은 범위에서 시작해 점차 구체적인 내용으로 좁혀감
- 길고 복잡한 인터뷰의 경우: ① 도입부→② 탐색 단계→③ 심층 단계→④ 해결 방안 탐색→⑤ 마무리 등의 흐름이 적절

인터뷰 질문 유형의 적절성 체크포인트

- **개방형 질문:** "네/아니오"의 폐쇄형 질문보다는, 상대방이 자유롭게 생각·경험·감정을 이야기하도록 유도하는 질문을 사용해야 함
- **행동/경험 기반 질문:** 과거의 실제 행동이나 경험에 대한 질문이 미래의 의향이나 가상 상황에 대한 정보보다 훨씬 신뢰도 높은 정보 제공. 사람들은 자신의 미래 행동을 예측하는 데 서툴기 때문
- **중립적 질문:** 인터뷰어의 의도나 편견이 드러나지 않도록 질문해야 함. 유도 질문은 솔직하지 못한 답변이나 왜곡된 답변을 유도할 수 있음
- **간결하고 명확한 질문:** 한 번에 한 가지 내용만 묻고, 쉽고 명확한 단어를 사용해야 함
- **'왜?'를 묻는 후속 질문:** 표면적인 답변 너머의 근본적인 이유·동기·감정을 파악하기 위해 후속 질문 활용

인터뷰 내용 정리하기

박 과장은 3명의 관계자와 각각 30분씩 인터뷰를 진행했고, 녹음 파일과 간단한 메모를 남겼습니다. 그런데 인터뷰 내용은 대화 형식이기 때문에 중복도 많고, 핵심과 부수적인 내용이 섞여 있습니다.

1. AI에게 인터뷰 녹취록이나 메모를 업로드하고, 핵심 이슈를 추출해 달라고 요청합니다. 프롬프트를 쓸 때 '작업 단계' 부분에서 인터뷰 내용을 어떤 기준(주제별이나 분야별 구조, 또는 문제-원인-영향-해결책 구조)으로 분류하고 정리할 것인지 써주어야 합니다.

2. AI가 다음과 같이 인터뷰를 요약해 구조화된 인사이트로 정리해
줍니다. 요약 결과를 검토하세요. 이때 AI가 정리한 내용이 실제
인터뷰 대상자의 의도와 일치하는지 반드시 확인해야 합니다. 특히
AI가 '핵심 주장'이라고 정리한 것이 정말 중요한 것인지, 아니면
단순히 많이 언급되어 그렇게 보이는 것인지 구분해야 합니다.

헬스케어 웨어러블 사업 확장 전략

인터뷰 분석 요약 보고서

인터뷰 대상

- 제품개발팀장 (스마트워치 제품 개발 총괄)
- 마케팅팀 이사 (B2C 마케팅 15년 경력)
- 영업팀 과장 (유통 채널 담당)

---

1. 관계자별 핵심 추출 요약

1-1. 제품개발팀장

핵심 주장

- 현재 스마트워치는 웰니스*(wellness)* 영역에서는 경쟁력이 있으나, *의료(healthcare)* 수준으로 확장하기에는 기술·조직·규제 측면에서 간극이 큼.
- 하드웨어보다는 **데이터 신뢰성, 알고리즘 검증, 규제 대응 프로세스**가 핵심 병목.

주요 문제점

- 센서 정확도는 일정 수준 확보했으나, 의료적 의미를 주장할 수 있을 만큼의 검증 체계 부족
- 규제 대응(FDA/MFDS)을 고려한 개발 프로세스가 조직 내에 정립되어 있지 않음
- 기존 스마트워치 로드맵과 헬스케어 기능 개발 간 리소스 충돌 우려

Unmet Needs

- 헬스케어 전용 개발 기준(정확도, 검증, 문서화)에 대한 명확한 내부 가이드
- 외부 의료·데이터 파트너와의 구조적 협력 모델
- 단기/중장기 기술 목표를 구분한 현실적인 로드맵

제안

- 단기적으로는 '의료 주장 없는 건강 관리 기능'에 집중
- 헬스케어는 독립적 트랙(조직·로드맵·KPI 분리)으로 접근 필요

박 과장은 AI가 정리한 내용을 다시 읽어보면서 고개를 끄덕이기도
하고, 좀 과장된 것은 수정하기도 했습니다. 이렇게 AI의 도움을 받
되, 최종 판단은 사람이 하는 것이 전략 수립의 핵심입니다.

이제 지금까지 인터뷰 등을 통해 취합한 정보를 바탕으로 '우리가 정말 답해야 할 질문이 무엇인가?' 하는 핵심 질문(Key Question)을 정리해야 합니다. 전략 프로젝트에서 핵심 질문은 프로젝트의 나침반과 같습니다. 핵심 질문을 잘못 정의하면 아무리 열심히 일해도 엉뚱한 곳에 도착하게 됩니다.

SCQ 프레임워크로 핵심 질문 도출하기

핵심 질문을 도출하는 데 유용한 프레임워크가 바로 SCQ 구조입니다. 먼저 현재 상황(Situation)을 정의하고, 그 상황에서 발생한 문제나 변화(Complication)를 명확히 한 다음, 그것을 해결하기 위해 답해야 할 질문(Question)을 도출하는 방식입니다. 사실 이 과정은 많은 고민과 분석이 필요하기 때문에 전문 컨설턴트들도 중요하게 여기는 단계입니다.

　박 과장의 초기 과제는 '헬스케어 웨어러블 사업 확장 전략 수립'이라는 막연한 것이었는데, 이것을 SCQ 구조로 정리해 보겠습니다.

상황(S) **정의** | 우리의 상황과 변화를 정리합니다. 사실은 이 과정도 AI를 활용할 수 있지만, 앞의 사전조사 결과를 기반으로 직접 하는 것이 가장 좋습니다.

　먼저 현재의 맥락과 목적·배경지식·객관적인 정보나 전제 등을 정리합니다. 즉, 우리가 전략을 수립해야 하는 이유와 배경, 이 주제와 관련해서 사실로 받아들여지며 이견의 여지가 없는 정보들을 정리하는 것입니다.

예를 들어 상황을 다음과 같이 정리했다고 가정해 보겠습니다.

우리 회사는 스마트워치 시장에서 15% 점유율을 보유한 중견 플레이어이다. 하드웨어 제조 역량은 검증되었으나, 기존 사업은 성숙 단계에 접어들었다. 연평균 20% 성장하는 헬스케어 웨어러블 시장은 새로운 성장 기회로 보이지만, 우리는 이 분야의 핵심 역량인 데이터 분석 능력이 부족하다.

난항(C) **정리 |** 그 다음은 난항을 정리합니다. 역시 AI의 도움을 받지 않고 직접 정리하는 것이 가장 좋습니다.

상황의 변화나 의견 불일치, 목표 달성 과정에서 예상되는 어려움과 관련된 것들을 정리하면 됩니다. 이 단계는 결국 핵심 질문이 무엇이며, 무엇에 주력해야 하는지 가이드하기 위한 것입니다. 따라서 지금 논의하는 주제가 중요해지거나, 특별한 조치가 필요해진 원인과 문제의식 등을 정리하면 됩니다.

물론 이 '난항'은 작성자, 프로젝트의 내용이나 성격, 혹은 회사의 상황과 비전 등에 따라 달라질 수 있습니다. 그래서 AI에 맡기기보다는 직접 스스로 수행하는 것을 추천하는 것입니다.

예를 들어 난항을 다음과 같이 정리했다고 가정해 보죠.

헬스케어 시장은 의료기기 인증이라는 높은 규제 장벽이 존재하며, 이미 선발 주자들이 시장을 선점하고 있다. 내부적으로는 신규 투자 대비 수익 창출 시점에 대한 우려가 크다. 기존 역량만으로는 시장 진입이 어렵고, 새로운 역량 확보에는 상당한 투자와 시간이 필요하다.

AI와 함께 핵심 질문 정의하기

앞에서 상황과 난항을 정리했다면 이제 핵심 질문을 도출합니다. 핵심 질문은 우리가 정리한 상황과 난항이 충분히 고려되어야 합니다.

핵심 질문 정의 체크포인트

문제해결을 위해 대답해야 하는 핵심 질문
- 앞에서 파악한 난항(C)에 기반해 도출
- 목적 달성 위해 필요한 답변, 의사결정을 해야 하는 상황을 질문으로 변환
  - ✓ 보통 가장 상위층의 질문은 3~6개로 구성
  - ✓ 로직 트리 구조를 사용하여 상세화
- 작업의 포커스를 명확하게 함
- 동일한 과제라 해도 난항(C)을 평가하는 관점에 따라 다른 핵심 질문이 도출됨

1. AI에게 현재까지의 상황과 난항을 기반으로 핵심 질문 3~6개를 뽑아달라고 합니다. 이 프로젝트의 목적·상황·난항을 정리합니다. '제약조건'에서는 핵심 질문은 MECE 조건을 충족시키는 질문을 뽑아달라고 합니다. MECE는 어떤 항목들을 나눌 때 서로 겹치지 않으면서(ME), 나누어진 전체가 빠짐없이(CE) 원래의 전체를 이루도록 분류하는 원칙으로, 복잡한 문제를 구조화하고 분석하며 해결책을 찾는 데 유용한 방식입니다.

#요청사항

당신은 전략기획 전문가입니다. 현재까지 파악한 상황(S) 및 난항(C)을 기반으로 핵심 질문(의사결정이 필요한 사항)을 3~6개로 정리해 주세요.

#목적

우리 회사는 현재 스마트워치 시장에서 점유율 15%를 차지하고 있습니다. 경영진은 이 사업을 헬스케어 영역으로 확장하여 신성장 동력을 만들고자 합니다. 3개월 내에 구체적인 전략안을 제시해야 합니다.

#상황(Situation)

[앞에서 정리한 상황 붙여넣기]

#난항(Complication)

[앞에서 정리한 난황 붙여넣기]

#제약조건

– 핵심 질문은 MECE 조건을 충족할 것
– 2단계 깊이(depth)의 계층구조로 정리할 것
– 각 질문은 "~해야 하는가?" 형식으로 작성하고, 우선순위를 매겨야 함

2. AI가 다음과 같이 우리 상황과 난항에 따른 핵심 질문을 뽑아줍니다. 이렇게 정리하고 나니 '헬스케어 분야로 확장하자'는 막연한 과제가 '어떤 세부 영역에, 어떤 방식으로, 어떤 타임라인으로 진입할 것인가'라는 구체적인 질문들로 바뀌었습니다.

① 헬스케어 시장에 어떤 방식으로 진입해야 하는가? *(최우선)*

- ①-1. 기존 스마트워치의 기능 확장 수준으로 헬스케어에 진입해야 하는가, 아니면 헬스케어 전용 제품·플랫폼으로 분리 진입해야 하는가?
- ①-2. 단일 국가·세그먼트 중심의 단계적 진입을 해야 하는가, 초기부터 글로벌 확장을 전제로 설계해야 하는가?

② 헬스케어 사업에서 우리가 확보해야 할 핵심 역량의 범위는 어디까지여야 하는가?

- ②-1. 데이터 수집·분석 역량을 내부 핵심 역량으로 내재화해야 하는가?
- ②-2. 의료 해석·진단 관련 영역은 외부 파트너에 의존해야 하는가?

③ 의료기기 규제와 인증에 어디까지 대응해야 하는가?

- ③-1. 의료기기 인증이 불필요한 웰니스·예방 중심 영역에 한정해야 하는가?
- ③-2. 중장기적으로 의료기기 인증을 전제로 한 사업 구조를 설계해야 하는가?

④ 헬스케어 시장 내에서 우리는 어떤 경쟁 포지션을 가져가야 하는가?

- ④-1. 선발 주자 대비 기능·정확도 경쟁을 선택해야 하는가?
- ④-2. 하드웨어 기반 사용자 접점과 가격 경쟁력을 중심으로 차별화해야 하는가?

⑤ 신규 투자와 수익화에 대해 어떤 시간축과 목표를 설정해야 하는가? *(상대적 우선순위 하)*

- ⑤-1. 단기 수익성보다 전략적 옵션 확보를 우선해야 하는가?
- ⑤-2. 기존 스마트워치 사업과의 교차 수익 모델을 조기에 설계해야 하는가?

3. 이제 AI가 준 질문들이 과연 우리 상황과 난항에 맞는 핵심 질문인지, 우선순위가 올바른지, 그리고 우리 회사 상황에 맞게 달라져야 하는 부분이 있는지 점검합니다. 이 질문 구조에 따라 프로젝트가 진행되면, 다른 조직 혹은 경영진으로부터 어떤 지적이 나올 것인지도 고려하면 좋습니다.

AI는 초안을 빠르게 만드는 데 탁월하지만, 최종 결정은 사람이 해야 합니다. 특히 이해 관계자들과의 합의(Alignment)는 AI가 대신할 수 없는 영역입니다. 관계자들이 핵심 질문에 대해 "맞아, 이게 우리가 답해야 할 질문이야"라고 동의해야 이후 전략 작업이 힘을 받을 수 있습니다.

핵심 질문을 가지고, 다시 한번 주요 관련자들과 짧은 검토 회의를 했어요. "제가 이렇게 핵심 질문을 정리해 봤는데, 이것들에 답하면 우리가 원하는 전략을 만들 수 있을까요?"

그 과정에서 일부 질문을 수정하고 우선순위도 조정했어요. 경영진은 '손익분기점 도달 시점'보다 '시장에서 차별화된 포지션을 확보할 수 있는가'를 더 중요하게 생각하더라고요. 이런 피드백을 반영하여 최종 핵심 질문들을 확정했습니다.

2단계 AI와 함께 접근 및 단계별 방법론 설계하기

앞에서 핵심 질문들이 명확해졌으니, 이제 '이 질문들에 어떻게 답할 것인가'를 설계해야 합니다. 전체적인 접근법(Approach)을 결정하고, 단계별 방법론(Framework)을 정의합니다. 그 다음 주요 질문에 대한 가설을 수립하고 전체적인 작업 계획을 수립하면 됩니다.

접근법 결정하기

같은 질문에 대해서도 여러 가지 접근방식이 있을 수 있습니다. 예를 들어 '어떤 헬스케어 세부 영역에 진출할 것인가'라는 질문에 답하는 방법은 여러 가지입니다.

- 시장규모가 큰 영역부터 검토하는 톱다운(Top-down) 방식
- 우리의 강점을 활용할 수 있는 영역을 찾는 인사이드 아웃(Inside-out, 기업 내부 관점 중심) 방식
- 고객의 미충족 니즈(Pain Point)에서 출발하는 고객 중심(Customer-centric) 방식

우리 회사의 상황, 가용한 시간과 리소스, 의사결정자의 성향에 따라

적합한 접근방식이 다릅니다. 중요한 것은 '왜 이 방식을 선택했는가'를 설명할 수 있어야 한다는 것입니다.

1. AI에게 헬스케어 영역 진출을 위한 핵심 질문에 답하기 위해서는 어떤 접근방식이 좋을지 제안해 달라고 합니다.

당신은 <u>전략 컨설턴트입니다. 다음 핵심 질문에 답하기 위한 접근방식(Approach)을 3가지 제안해 주세요.</u> 각기 서로 다른 관점을 제시해 주세요.

#핵심 질문

우리가 진출할 헬스케어 웨어러블 시장의 구체적인 세부 영역은 무엇이어야 하는가?

#우리 회사 상황

- 하드웨어 제조 역량 우수, 데이터 분석 역량 부족
- 3개월 내 전략 수립 필요 (시간 제약)
- 신규 사업이므로 리스크를 최소화하고 싶음
- 경영진은 명확한 근거 기반 의사결정 선호

#요청사항

각 접근방식에 대해 다음을 설명해 주세요:

1. 접근방식(Approach) 이름 및 핵심 개념
2. 주요 단계 (5~7단계로 구조화)
3. 장점과 단점
4. 우리 상황에 적합한지 평가 (적합도: 상/중/하)

2. AI가 핵심 질문에 답하기 위한 접근방식 3가지를 알려주었습니다.

 **헬스케어 진출 핵심 질문에 답하기 위한 접근방식**

1. 시장 매력도 기반 롱-리스트(Long-list) 스크리닝 방식

모든 가능한 헬스케어 영역을 나열한 후 시장규모·성장률·경쟁 강도 등으로 점차 좁혀가는 방식

적합도: 상 (체계적이고 근거 기반, 경영진 선호 스타일과 일치)

2. 고객 고충(Pain Point) 발굴 후 역추적 방식

고객의 미충족 니즈를 파악하고, 그것을 해결할 수 있는 우리의 역량을 매칭하는 방식

적합도: 중 (차별화된 시각 제공, 하지만 고객 리서치에 시간 소요)

3. 경쟁사 벤치마킹 및 틈새시장 발굴 방식

선발 주자들이 진출하지 않은 영역을 찾아 빠르게 진입하는 방식

적합도: 중 (리스크 최소화 가능, 하지만 시장규모가 작을 수 있음)

3. AI가 제안한 접근방식을 검토할 때, 단계별로 어떤 결론이 나오는지에 주목해서 해당 결과물을 차례로 보고하고, 상사와 논의하는 상황을 시뮬레이션해 보는 것이 좋습니다. 또한 병렬적으로 진행할 작업과 순차적으로 진행할 작업을 구분해서 전체 프로젝트의 속도감에 맞게 업무가 진행되도록 설계하는 것도 중요합니다.

전략기획팀 박 과장

회사 상황에 가장 적합한 '1번 롱-리스트(Long-list) 스크리닝' 방식을 기본으로 하되, 2번 '역추적' 방식의 요소를 일부 결합하기로 결정했어요. 즉, 시장 매력도로 일차 스크리닝을 하되, 최종 결정 시에는 고객 불편 사항이 명확한지도 함께 평가하는 방식이죠.

AI가 여러 접근방식을 제안했더라도, 이처럼 꼭 하나만 선택해야 하는 것은 아닙니다. 실무에서는 다양한 접근법을 토대로 결합해서 '하이브리드' 형태로 종합하는 것이 좋습니다.

단계별 워크플로 짜기

이제 선택한 접근방식을 구체적인 단계로 나누어 시간 순서대로 워크플로를 짜는 단계입니다. 이때 단계별로 어떤 작업을 수행해야 하는지 구체적이고 명확하게 작성하고, 각각의 단계마다 결과물도 미리 정의하는 것이 좋습니다.

1. AI에게 헬스케어 진출 핵심 질문에 롱-리스트 스크리닝 방식으로 접근할 테니, 구체적인 워크플로를 만들어 달라고 요청합니다.

> 우리는 "시장 매력도 기반 롱-리스트(Long–list) 스크리닝 방식"을 선택했습니다. 이 접근법(Approach)을 구체적인 워크플로로 바꿔주세요.

> #요청사항
> 1. 단계는 5~7개로 나누되, 각 단계는 1~2주 내에 완료 가능한 수준으로 설계
> 2. 각 단계의 주요 활동(Activity)과 결과물(Output), 주의사항을 명시
> 3. 각 단계에서 필요한 인풋 데이터나 정보 원천 제시
> 4. 단계 간 의사결정 포인트 표시 (어떤 기준으로 다음 단계로 넘어갈지)
>
> #제약사항
> - 전체 기간: 3개월
> - 팀 규모: 3명 (박 과장 + 2명의 주니어)
> - 외부 리서치 예산: 제한적

2. AI가 구체적인 작업 단계를 보여주고 워크플로를 짜줍니다. 작업 단계가 명확해지면, 팀원들에게 작업을 배분하기도 쉽고, 진행상황을 관리하기도 수월합니다. 또한 각 단계의 결과물이 명확하기 때문에, 지금 우리가 어디까지 왔는지를 확인하기도 좋습니다.

**전략기획팀
박 과장**

팀원들과 워크플로를 공유하고 각자의 역할을 배분했습니다. AI가 만들어 준 초안을 바탕으로 "우리 팀 상황에서는 이 단계는 2주가 걸릴 것 같다", "이 데이터는 구하기 어려우니 다른 방법을 찾아야겠다" 같은 현실적인 조정을 거쳤습니다.

AI에게 적합한 분석도구/프레임워크 추천받기

이제 각 단계에서 실제로 어떤 분석도구나 프레임워크를 사용할지 결정해야 합니다. 전략 분석에는 SWOT, PEST, 경쟁요인, 밸류 체인

(Value Chain), 비즈니스 모델 캔버스(Business Model Canvas) 등 다양한 분석도구가 사용됩니다.

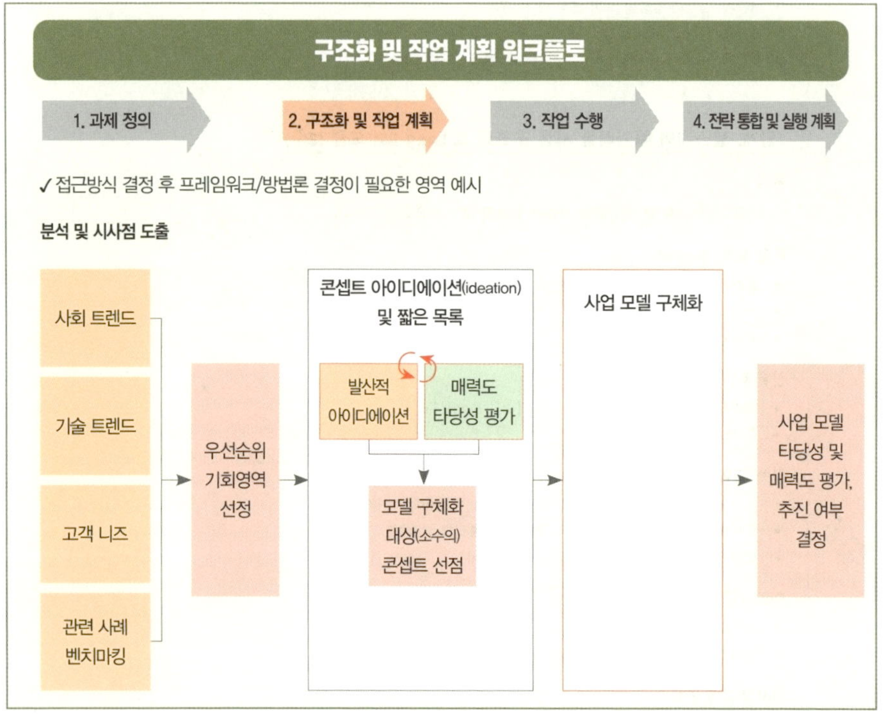

문제는 '어떤 프레임워크를 언제 사용해야 하는가'입니다. 경영전략 선택을 위한 SWOT(강점·약점·기회·위협) 분석이 모든 상황에 적합한 것은 아닙니다. 기업의 외부환경을 거시적으로 분석할 때는 PEST(정치·경제·사회·기술) 분석이 더 적합하고, 산업구조를 이해할 때는 5가지 경쟁요인 모델(5 Forces)이 유용하며, 사업 모델을 구체화할 때는 비즈니스 모델 캔버스(Business Model Canvas)가 효과적입니다.

박 과장은 여러 단계에서 '헬스케어 시장 트렌드 분석', '경쟁사 현황 파악', '우리 사업 모델 구체화' 등 서로 다른 목적의 분석을 수행해야 하는데, 각각 어떤 프레임워크가 적합한지 판단하기 어려웠습니다.

1. AI에게 거시 환경 트렌드 분석, 세부 영역 매력도 평가 등의 분석 작업에 각각 어떤 프레임워크가 적합한지 물어봅니다. 프레임워크나 방법론에 대해 잘 모르더라도, AI를 사고 파트너로 삼아 질문을 주고받으면서 다양한 방법론을 검토할 수 있습니다.

당신은 전략 분석 전문가입니다. 나는 다음 3가지 분석 작업을 수행해야 합니다. 각 작업에 가장 적합한 분석 프레임워크를 추천하고, 그 프레임워크를 어떻게 적용할지 설명해 주세요.

분석 작업 1: 헬스케어 웨어러블 시장의 거시 환경 트렌드 분석

목적: 시장에 영향을 미치는 사회적·기술적·정책적 변화 파악

기간: 2주

팀 역량: 전략 분석 초급 수준

분석 작업 2: 선정된 3개 세부 영역의 매력도 평가

목적: 시장규모, 성장성, 수익성, 진입 난이도를 종합 평가해 우선순위 결정

기간: 2주

필요: 정량적 평가기준

분석 작업 3: 최종 선택한 사업 모델 구체화

목적: 고객 세그먼트, 가치 제안, 수익 모델, 핵심 자원 등을 상세 설계

기간: 3주

필요: 실행 가능한 수준의 구체성

#요청사항

각 작업에 대해 아래 항목 작성

1. 추천 프레임워크 이름과 선택 이유

2. 프레임워크의 주요 구성요소 설명

3. 우리 상황에 맞게 커스터마이징하는 방법

4. 작성 시 주의사항

---

2. AI가 각 작업에 적합한 프레임워크를 추천하고, 그것을 어떻게 사용할지 구체적으로 알려줍니다.

분석 작업 1

헬스케어 웨어러블 시장의 거시 환경 트렌드 분석

1. 추천 프레임워크: PEST(STEL) 분석

선택 이유

- 사회·기술·정책 변화라는 목적에 정확히 부합
- 분석 구조가 단순해 전략 분석 초급자도 2주 내 수행 가능
- 헬스케어처럼 규제 영향이 큰 산업에 특히 적합

2. 주요 구성 요소

- **P (Political / Policy):** 정부 정책, 규제, 의료 인증, 보험 제도
- **E (Economic):** 의료비 지출 구조, 웨어러블 소비 여력
- **S (Social):** 고령화, 건강 인식, 자가 건강관리 수요
- **T (Technological):** 센서, 배터리, AI 분석 기술
- *(필요 시 L: Legal, E: Environmental 추가 가능하나, 이번 과제에서는 생략 권장)*

3. 우리 상황에 맞는 커스터마이징 방법

표준 PEST → '웨어러블 헬스케어 버전 PEST'로 재정의

항목	질문 형태로 단순화
Policy	의료·웰니스 구분에 변화가 있는가?
Economic	소비자가 기기에 얼마까지 지불하는가?
Social	건강 데이터에 대한 수용도는 증가 중인가?
Tech	HW 성능 경쟁이 계속 유효한가?

- 각 항목당 **3개 핵심 트렌드만 도출**
- "사실 + 시장에 미치는 영향 한 문장" 구조로 정리

다만, AI는 학습한 자료를 기반으로 '일반적인' 내용의 프레임워크를 제안하다 보니, 간혹 너무 상세하거나 단계를 너무 많이 주기도 합니다. 불필요한 상세 내용이나 고정된 방법론을 맹신하고 좇아갈 필요는 없습니다. 또한 AI가 제안한 프레임워크나 방법론을 우리가 잘 활용할 수 있는 역량과 자원이 있는지도 고려해야 합니다. 결국 노력 대비 결과물의 중요도(ROI) 관점을 가지고, 우리에게 적합한 수준의 프

레임워크로 다듬어 주는 것이 좋습니다.

프레임워크 실제 적용 템플릿 요청하기

이제 프레임워크를 실제로 적용하기 위한 '템플릿'이 필요합니다. 예를 들어서 'PEST 분석'을 한다면 분석 내용을 작성할 템플릿이 있어야 하고, 시장 매력도를 평가한다면 점수표를 만들어야겠죠.

1. AI에게 시장 매력도 평가를 작성할 표 형식의 템플릿을 만들어 달라고 요청합니다.

가중치 기반 시장 매력도 평가를 실제로 작성할 수 있는 표 형식의 템플릿을 만들어 주세요.

#요청사항
1. 평가 대상: 3개 세부 영역 (만성질환 관리, 피트니스/웰니스, 수면 관리)
2. 평가 항목: 시장규모, 성장성, 수익성, 경쟁 강도, 진입 난이도
3. 점수 산정 방식: 각 항목을 1~5점으로 평가, 가중치 적용하여 합산
4. 표 형식으로 제시하고, 점수 입력 예시도 하나 포함
5. 각 항목에 대해 구체적인 정의와 점수화 방식(예: 5점 척도 기준 등)도 함께 제시

또한 점수를 입력한 후, 어떻게 해석하고 의사결정에 활용할지 가이드를 제시해 주세요.

2. AI가 실제로 작성 가능한 평가표 템플릿을 만들어 줍니다. 이때 AI가 만들어 준 평가기준과 가중치가 우리 회사 상황에 맞는지를 검토하세요. 예를 들어 AI는 시장규모에 30% 가중치를 주었는데, 우리 회사는 아직 신규 사업이므로 기술적 실현 가능성을 더 중요하

게 봐야 할 수도 있습니다. 이런 결정은 경영진, 또는 관련 부서와 논의해서 결정하세요.

평가표 템플릿을 엑셀로 옮겨서 실제 데이터를 입력하고, 각 영역의 점수를 계산했어요. 이렇게 초안을 만든 후, 제품개발팀장과 재무팀장에게 이 평가기준과 가중치가 적절한지 리뷰를 요청했죠.
제품개발팀장은 "기술적 실현 가능성의 가중치를 좀더 높어야 한다"고 제안했고, 재무팀장은 "수익성/마진율을 더 중요하게 봐야 한다"는 의견을 냈습니다. 이런 피드백을 반영하여 최종 평가기준을 확정했습니다.

프레임워크는 도구일 뿐입니다. 같은 프레임워크를 사용해도, 어떤 질문을 던지고 어떤 기준으로 평가하느냐에 따라 결과가 크게 달라집니다. AI는 '일반적으로 통용되는' 프레임워크와 기준을 제시하지만, '우리 회사에 맞게' 맞춤형으로 만드는 것은 사람의 몫입니다.

3단계 콘셉트 도출(Ideation): AI와 브레인스토밍하기

박 과장 팀은 분석 단계를 거쳐 '피트니스/웰니스' 영역이 가장 매력적이라는 결론에 도달했습니다. 시장규모도 크고, 규제 장벽이 상대적으로 낮으며, 기존 스마트워치 기술을 활용할 수 있기 때문입니다. 이제 '어떤 제품이나 서비스로 이 시장에 진입할 것인가'를 정해야 합니다. 이것이 바로 콘셉트 개발 단계입니다.

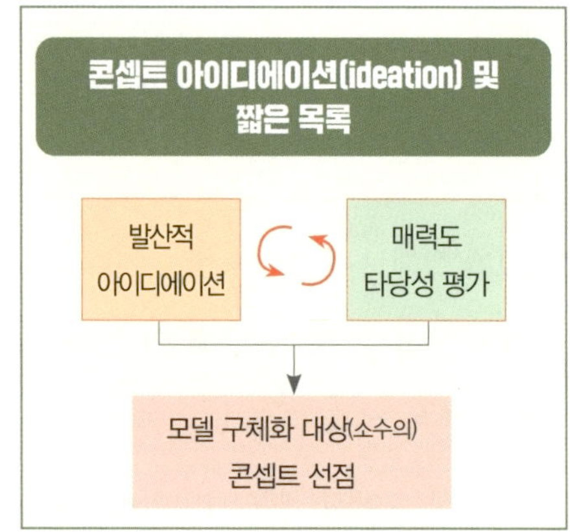

실제로 사전 자료를 수집하고 분석한 후에는 콘셉트 도출(ideation)을 합니다. 콘셉트를 개발하는 것은 창의적인 작업입니다. '우리만의 차별화된 가치를 어떻게 만들 것인가'를 고민해야 합니다. 하지만 창의성이 막연히 회의실에 모여 앉아서 "좋은 아이디어 없을까요?"라고 물어본다고 나오는 것은 아닙니다. 체계적인 아이디어 발산과 수렴 과정이 필요합니다. 아이디어 발산 단계에서는 가능한 많은 아이디어를 쏟아내고, 수렴 단계에서 기준을 가지고 좁혀가는 것입니다.

아이디어 발산 단계 | 아이디어 발산 단계에서는 가능한 많은 아이디어를 쏟아내야 하며, 일단 양을 늘리는 것이 중요합니다. 이때 "이건 현실성이 없어", "이건 너무 비용이 많이 들어"라고 판단하면 안 됩니다.

1. 다음과 같이 AI에게 '피트니스/웰니스 웨어러블 사업 모델' 아이디어를 30개 달라고 요청합니다.

당신은 혁신적인 제품 기획자입니다. 우리는 피트니스/웰니스 웨어러블 시장에 진출하려고 합니다. 다양한 각도에서 사업 모델 아이디어를 30개 제안해 주세요.

#우리 회사 강점
– 정밀한 센서 기술 (심박, 움직임 감지)
– 세련된 디자인 역량
– 대량생산 능력

#타깃 고객
– 20~40대 건강에 관심 많은 도시 직장인

- 운동을 규칙적으로 하고 싶지만 바쁜 사람들
- 데이터 기반 건강 관리를 선호하는 얼리어답터

#아이디어 발산 방향

1. 고객 고충(Pain Point) 기반: 고객의 어떤 불편함을 해결할 것인가?
2. 기술 활용 기반: 우리의 센서 기술로 무엇을 측정/분석할 것인가?
3. 파트너십 기반: 누구와 협력하면 시너지를 낼 수 있는가?
4. 비즈니스 모델 기반: 어떻게 수익을 창출할 것인가?

각 아이디어는 1~2문장으로 간결하게 설명하되, 핵심 차별화 포인트를 명시해 주세요. 기존에 없던 참신한 아이디어도 포함해 주세요.

2. AI가 다양한 웨어러블 사업 모델 아이디어를 제안해 줍니다.

 **피트니스/웰니스 웨어러블 사업 모델 아이디어 30가지**

고객 고충(Pain Point) 기반 아이디어:

1. 운동 루틴 설계 자동화: 개인의 체력 수준과 일정에 맞춰 AI가 매일 운동 루틴을 자동으로 생성
2. 운동 중 실시간 폼 교정: 센서로 운동 자세를 분석하여 부상 위험을 실시간 경고
3. 회복 최적화 코치: 운동 후 회복 상태를 모니터링하여 다음 운동 타이밍 추천

기술 활용 기반 아이디어:

4. 수면-운동 연계 분석: 수면의 질과 운동 성과의 상관관계 분석하여 최적 운동 시간 제시
5. 스트레스 기반 운동 강도 조절: 심박 변이도로 스트레스 측정, 그날의 컨디션에 맞는 운동 강도 추천

(중략)

전략기획팀
박 과장

AI가 사업 모델 아이디어를 30개나 줬는데요. 팀원들과 "이것은 좋은데?", "우리가 생각 못 했던 건데?"라며 흥미로워했습니다. 하지만 동시에 "30개를 다 할 수는 없는데, 어떻게 좁혀가지?"라는 고민도 생기더라고요.

아이디어 수렴 단계 | 아이디어 수렴 단계에서는 발산 단계에서 나온 아이디어들을 평가하여 실제로 추진할 2~3개로 좁힙니다. 평가기준은 앞의 작업 계획 단계에서 선택한 프레임워크와 기준을 이용하면 됩니다. AI는 훌륭한 아이디어 생성 파트너이지만, 최종 검증은 시장과 고객을 통해 해야 합니다.

전략기획팀
박 과장

우리 팀은 아이디어를 3~4개로 좁혔어요. 그리고 최종 결정 전에 실제 잠재고객들의 의견을 들어보기로 했습니다. 아이디어 3가지를 간단한 설명 자료로 만들어 타깃 고객 20명에게 온라인 설문을 했습니다. "이런 제품이 있다면 사용하시겠습니까?", "월 얼마까지 지불할 의향이 있습니까?" 등.

결과는 의외였습니다. AI와 우리 팀이 1순위로 평가했던 아이디어에 대한 잠재고객들의 반응은 시큰둥했습니다. 오히려 2순위였던 '기업 복지 B2B 모델'에 대한 관심이 높더라고요. 이 서비스를 제공해 준다면 쓰겠다는 답이 많았어요. 그래서 AI의 제안과 고객 피드백을 종합하여 '기업 복지 B2B 모델'을 최종 콘셉트로 선정했습니다.

4단계 사업 모델 구체화: AI로 디테일 채우기

'기업 복지 B2B 모델'이라는 콘셉트가 선정되었지만, 이것은 아직 하나의 아이디어일 뿐입니다. '기업에 웨어러블 기기를 공급하고 임직원 건강관리를 돕는다'는 방향성은 있지만, 구체적으로 어떻게 돈을 벌 것인지, 누구를 고객으로 삼을 것인지, 어떤 자원이 필요한지는 아직 불명확합니다. 이제 이 아이디어를 실행 가능한 사업 모델로 구체화해야 합니다.

앞의 '작업 계획' 단계에서 AI는 사업 모델 구체화 작업에 비즈니스 모델 캔버스(Business Model Canvas, BMC)를 추천한 바 있습니다. 박 과장은 이 모델에 대해 들어본 적은 있지만 실제로 작성해 본 경험은 없습니다.

1. AI에게 '기업 복지 B2B 헬스케어 웨어러블 서비스'라는 사업 콘셉트를 BMC의 9가지 요소로 구체화해 달라고 요청합니다.

2. AI가 '기업 복지 B2B 헬스케어 웨어러블 서비스'라는 사업 콘셉트를 BMC의 9가지 요소로 구체화해 줍니다. 이렇게 9가지 요소가 채워지면, 사업 모델의 전체 그림이 보이기 시작합니다. 그런데 AI가 제시한 숫자들은 어디까지나 추정치이므로, 구체적인 가격은 시장조사나 경쟁사 벤치마킹을 통해 검증해야 합니다.

1. 고객 세그먼트 (Customer Segments)

핵심 내용

- 임직원 **300명 이상 국내 중견·대기업**
- IT·금융·제약 등 화이트칼라 비중이 높은 업종
- 복지 예산을 인재 유지·조직 건강 관리 수단으로 활용하려는 기업
- HR·총무·인사팀이 의사결정 주체

왜 중요한가

- 복지 예산은 경기 변동에도 비교적 안정적인 예산 항목
- B2C 대비 **계약 단위 크고 반복 매출 가능**
- 개인 판매가 아닌 조직 단위 도입으로 유통·마케팅 비용 절감

주의사항 / 리스크

- 실사용자는 임직원, 구매자는 기업 → **B2B2C 구조 복잡성**
- HR의 KPI(이직률·만족도)와 직접 연결되지 않으면 도입 저항 발생

2. 가치 제안 (Value Propositions)

핵심 내용

기업 대상

AI가 만들어 준 BMC(비즈니스 모델 캔버스) 초안을 가지고 다시 관계자들과 논의했습니다. 재무팀에서는 "하드웨어 원가 12만 원은 너무 낙관적이다. 초기에는 15만 원 정도로 봐야 한다"고 했고, 영업팀에서는 "B2B 영업 사이클이 최소 6개월인데, 영업 인력 10명으로 연간 30개 기업을 확보하는 것은 무리다"라는 의견을 냈습니다.

이런 현실적인 피드백을 반영해 BMC를 수정했습니다. 하드웨어 원가는 15만 원으로 상향 조정하고, 그에 따라 판매가도 25만 원으로 올렸습니다. 손익분기점도 35개 기업으로 재계산했습니다.

사업 모델의 현실성 검증하기

1. AI에게 사업 모델의 타당성을 검증하기 위한 체크리스트를 요청합니다. 경영진 보고 전에 우리 스스로 점검하기 위한 용도입니다.

당신은 비즈니스 모델 검증 전문가입니다. 앞서 설계한 사업 모델의 타당성을 검증하기 위한 체크리스트를 만들어 주세요.

#검증 영역

1. 고객 검증: 타깃 고객이 정말 이 가치에 돈을 지불할 것인가?
2. 재무 검증: 수익 모델과 비용구조가 현실적인가?
3. 실행 검증: 우리가 정말 이것을 실행할 역량이 있는가?
4. 리스크 검증: 주요 위험 요소는 무엇이고 대응책이 있는가?

#요청사항

각 영역별로:

1. 검증해야 할 핵심 질문 5개
2. 각 질문을 검증하는 방법 (설문, 인터뷰, 파일럿, 벤치마킹 등)
3. 합격 기준 (어느 정도면 "검증되었다"고 볼 수 있는가)
4. 불합격 시 대응 방안

---

2. AI가 앞에서 만든 사업 모델의 타당성을 검증하기 위한 체계적인 체크리스트를 만들어 줍니다.

**전략기획팀
박 과장**

우리는 사업 모델 타당성 체크리스트를 바탕으로 금융권 중견사, IT 스타트업과 파일럿 테스트를 진행했어요. 각 기업에서 50명씩 2주간 기기를 사용하게 하고, 사용 패턴과 만족도를 측정했죠.

결과는 고무적이었습니다. 금융사에서는 착용률이 80%에 달했고 임직원 만족도도 높았습니다. 인사팀 담당자는 "연간 건강검진 수검률이 낮았는데, 이 기기를 통해 일상적으로 건강을 체크할 수 있어서 좋다"는 피드백을 주었습니다. IT 스타트업에서는 착용률이 60%에 그쳤는데, "이미 개인적으로 애플워치나 갤럭시워치를 쓰는 사람들이 많아서 중복감을 느낀다"는 의견이 있었습니다.

이런 검증 결과를 바탕으로 타깃 고객을 IT 업종보다는 금융·제조·공공기관 등 전통적 직업군으로 조정하고, '개인 기기를 이미 보유한 사람을 위한 앱 연동 옵션'도 추가하기로 했습니다.

사업 모델 구체화는 한 번에 완성되는 것이 아닙니다. AI의 도움으로 초안을 빠르게 만들고, 실제 시장에서 검증하며 수정하고, 다시 구체화하는 반복 과정입니다. 완벽한 사업 모델을 만들려고 하지 말고 빠르게 검증할 수 있는 가설을 만드세요. AI는 그 가설을 빠르게 구조화하는 데 훌륭한 도구입니다.

5단계 전략 통합: 흩어진 분석을 하나의 스토리로

지난 3개월간 박 과장 팀은 정말 많은 일을 했습니다. 시장 분석, 인터뷰, 아이디어 내기, 사업 모델 구체화를 했고, 각 단계마다 분석자료와 보고서들이 쌓였습니다.

이제 이 모든 것을 경영진에게 전달해야 합니다. 경영진이 원하는 것은 간단합니다. '그래서 우리가 무엇을 해야 하는가? 왜 그것을 해야 하는가? 얼마나 투자해야 하고, 언제 수익이 나는가?'

또한 흩어진 분석 결과들을 하나의 일관된 스토리로 엮어야 합니다. 이것이 바로 전략 통합(Strategy Integration) 단계입니다. 이 단계에서는 '왜 이 결론에 이르렀는가'를 논리적으로 설명하는 스토리를 만듭니다. 전략 스토리는 보통 이런 흐름을 따릅니다.

- 우리가 직면한 상황과 기회 (Why now?)
- 우리가 선택한 방향과 이유 (Why this?)
- 구체적인 실행방안 (How?)
- 기대효과와 투자계획 (What's the return?)

AI는 논리적인 스토리 구조를 만드는 것을 도와줄 수 있습니다.

AI로 경영진 보고 위한 스토리 구조 만들기

1. AI에게 경영진한테 보고하기 위한 스토리 구조를 만들라고 합니다.

당신은 전략 커뮤니케이션 전문가입니다. 지난 3개월간 수행한 전략 프로젝트 결과를 경영진에게 보고하기 위한 스토리 구조를 만들어 주세요.

#프로젝트 결과 요약

1. 시장 분석: 헬스케어 웨어러블 시장은 연 20% 성장 중, 그중 피트니스/웰니스 영역이 가장 매력적

2. 고객 검증: 기업 고객들은 임직원 건강관리에 높은 관심, 복지 예산 증가 추세

3. 사업 모델: 기업 복지 B2B 모델 선정, BMC로 구체화

4. 파일럿 결과: 2개 기업 테스트에서 긍정적 반응, 특히 전통 산업군에서 높은 관심

5. 재무 전망: 초기 투자 20억 원, 3년차 손익분기점, 5년차 누적 50억 원 수익 예상

#경영진 특성

− CEO는 숫자와 근거 중심 사고

− CFO는 재무 리스크에 민감

− 사업부장들은 실행 가능성에 관심

#요청사항

1. 경영진 보고용 스토리 구조를 10개 슬라이드 수준으로 설계

2. 각 슬라이드의 핵심 메시지와 포함될 내용 명시

3. 어떤 분석자료를 어느 슬라이드에 배치할지 제안

4. 예상 질문과 답변 준비 포인트 제시

---

2. AI는 논리적인 스토리 구조를 제안해 줍니다.

전략 통합 단계에서 이렇게 스토리 구조가 잡히면, 이제 각 슬라이드에 들어갈 내용을 채워 나갑니다. 이때 모든 분석 내용을 다 넣으려고 하지 마세요. 경영진은 과정보다 결론과 근거에 관심이 있습니다.

전략기획팀 박 과장

AI가 제안한 스토리라인을 기반으로 슬라이드를 만들고 메시지도 다 듬었어요. 경영진 정리에 30개 아이디어 리스트는 다 포함하진 않았어요. 대신 "다양한 옵션을 검토한 결과, 이 3가지 기준으로 평가했고, 그 결과 이 모델이 최적이라고 판단" 이렇게 요약하는 게 더 효과적일 것 같더라고요.

특히 경영진이 반박하거나 질문할 만한 부분들을 미리 예상하고, 그에 대한 답변을 준비했습니다. "왜 다른 헬스케어 영역이 아니라 피트니스인가?"라는 예상 질문에는 "의료기기 인증이 필요 없어 빠른 시장 진입이 가능하고, 고객 니즈가 명확하며, 우리의 기존 기술을 최대한 활용할 수 있기 때문입니다"라는 식으로요. 이제 경영진 보고용 슬라이드가 거의 완성되었습니다.

전략 통합의 핵심은 '분석가의 시각'에서 '의사결정자의 시각'으로 전환하는 것입니다. 분석가는 과정과 방법론에 관심이 있지만, 의사결정자는 결론과 행동에 관심이 있습니다. AI는 방대한 분석 내용을 의사결정에 필요한 핵심 메시지로 압축하는 데 큰 도움을 줍니다.

전략 핵심 정리(Statement) 및 실행 로드맵 작성

이제 박 과장은 '한 페이지 전략 요약'을 만듭니다. 경영진이 회의실을 나서면서 "그래서 우리 전략이 뭐였죠?"라고 되물었을 때, 단 한 페이지로 명확하게 설명할 수 있어야 합니다. 이것을 '전략 핵심 정리(Statement)'라고 합니다. 전략의 핵심을 압축한 선언문이자, 조직 구성원들이 공유할 수 있는 나침반 같은 것입니다. '우리는 무엇을 하는가, 왜 하는가, 어떻게 하는가, 무엇을 달성할 것인가'를 간결하게 담아야 합니다.

많은 기업이 전략 보고서는 잘 만들지만, 정작 전략 핵심 정리는 모호하거나 추상적인 경우가 많습니다. 누가 읽어도 '아, 우리가 정확히 뭘 하려는 거구나'를 이해할 수 있어야 합니다.

1. AI에게 전략 프로젝트 결과를 바탕으로 1페이지 전략 핵심 정리를 해달라고 요청합니다.

당신은 전략 커뮤니케이션 전문가입니다. 다음 전략 프로젝트 결과를 바탕으로 "1페이지 전략 핵심 정리(Statement)"를 작성해 주세요.

#전략 내용
– 목표: 헬스케어 웨어러블 사업으로 신성장 동력 확보
– 방향: 기업 복지 B2B 모델, 피트니스/웰니스 영역에 집중
– 핵심 전략:
  1. 중견기업 500~2,000명 규모 타깃
  2. 하드웨어+데이터 분석 서비스 결합
  3. 조직 건강 리포트로 차별화
– 재무목표: 3년 내 손익분기점, 5년 누적 50억 원 수익
– 실행계획: 6개월 MVP, 1년 내 5개 기업 확보

#전략 핵심 정리(Statement) 구성 요소
1. 전략 제목 (한 줄로 핵심 표현)
2. 배경 및 목적 (Why–2~3문장)
3. 핵심 전략 방향 (What–3~4개 글머리 기호)
4. 차별화 요소 (How–2~3개 글머리 기호)
5. 기대효과 (Expected outcome–정량적 목표 포함)
6. 실행원칙 (Guiding principles–의사결정 기준)

#요청사항
– A4 1페이지 분량
– 임원부터 실무자까지 모두 이해 가능한 언어
– 구체적이고 측정 가능한 표현 사용
– 격조 있지만 지나치게 형식적이지 않게

2. AI가 다음과 같은 형태의 1페이지 전략 핵심 정리를 해주었습니다. 누구든 '우리는 기업 고객에게 웨어러블 기반 건강관리 서비스를 판다는 거구나. 3년 안에 손익분기점을 맞추는 게 목표이고, 일단 중견기업부터 시작하는구나'를 명확히 알 수 있습니다.

기업 복지 B2B 헬스케어 웨어러블 전략 Statement

— 하드웨어를 넘어 '조직 건강'을 관리하는 새로운 성장 엔진

1. 전략 제목

"기업 복지를 데이터로 전환하는 B2B 헬스케어 웨어러블 전략"

2. 배경 및 목적 (Why)

헬스케어 웨어러블 시장은 연 20% 이상 성장하고 있으며, 개인 소비 중심에서 기업 복지 중심으로 수요가 확장되고 있다. 특히 중견기업 이상에서는 임직원 건강 관리가 단순 복지를 넘어 생산성, 이직률, 조직 리스크 관리의 핵심 요소로 인식되고 있다. 본 전략은 당사의 하드웨어 제조 역량을 기반으로, 기업 고객이 비용을 지불할 명확한 가치와 반복 수익이 가능한 B2B 헬스케어 웨어러블 사업을 신성장 동력으로 구축하는 것을 목표로 한다.

3. 핵심 전략 방향 (What)

- **기업 복지 B2B 모델 집중**
  개인 판매(B2C)가 아닌 기업 단위 계약을 통해 안정적 수요와 반복 매출 구조를 확보한다.
- **피트니스/웰니스 영역 우선 진출**
  규제 부담이 낮고 확장성이 높은 피트니스/웰니스 영역을 초기 시장으로 설정한다.
- **중견기업 중심 단계적 확장**
  임직원 500~2,000명 규모의 중견기업을 핵심 타겟으로 설정해 실행 리스크를 관리한다.
- **하드웨어 + 데이터 서비스 결합**
  웨어러블 기기 공급을 출발점으로 하되, 서비스 구독 기반의 수익 모델을 구축한다.

전략기획팀
박 과장

1페이지 전략 핵심 정리를 경영진 보고 자료의 첫 페이지에 배치했습니다. 보고가 끝난 후, 승인이 나면 전 직원에게 공유할 예정입니다.

전략 핵심 정리는 조직 구성원들이 '우리가 어디로 가고 있는지'를 이해하고 같은 방향을 바라보게 만드는 도구입니다.

전략 실행을 위한 로드맵 잡기

이제 '언제, 누가, 어떻게' 실행할지 구체적인 실행 로드맵이 필요합니다.

1. AI에게 전략 실행을 위한 24개월 로드맵을 달라고 요청합니다.

2. AI가 체계적인 실행 로드맵을 만들어 줍니다. 이런 식으로 24개월 (8분기) 로드맵을 구체화하면, 막연했던 '3년 후 손익분기점'이라는

목표가 '분기별로 무엇을 달성해야 하는가'로 바뀝니다. 또한 각 분기마다 의사결정 포인트가 있어서 '계획대로 안 되면 어떻게 할 것인가'를 미리 생각할 수 있습니다. 상황을 미리 예상하고 대응방안을 준비해 두는 것이죠.

24개월 실행 로드맵 개요

- **Phase 1 (Q1–Q2)**: MVP 개발 및 파일럿 검증
- **Phase 2 (Q3–Q4)**: 정식 출시 및 초기 시장 진입
- **Phase 3 (Q5–Q6)**: 시장 확대 및 서비스 고도화
- **Phase 4 (Q7–Q8)**: 스케일업 및 수익성 개선

Phase 1. MVP 개발 및 파일럿 (Q1–Q2)

Q1 (0~3개월)

구분	내용
목표	B2B 헬스케어 웨어러블 MVP 정의 및 개발 착수
주요 활동	· MVP 범위 확정 (기기·데이터·리포트 최소 기능) · 외부 개발사 선정 및 계약 · 파일럿 대상 기업 2~3곳 섭외
핵심 산출물	· MVP 기능 정의서 · 파일럿 실행 계획서
KPI	· 파일럿 기업 2곳 이상 확보 · MVP 개발 일정 확정
리소스	· 내부 5명 (PM 1, HW 2, 기획 1, 영업 1) · 예산 약 2.5억
의사결정 포인트	MVP 범위 승인 (Go/범위 축소)

Q2 (4~6개월)

구분	내용
목표	MVP 완성 및 파일럿 운영
주요 활동	· 웨어러블 공급 및 데이터 수집 · 조직 건강 리포트 1차 버전 제공 · 임직원 참여율·피드백 수집

로드맵을 만들면서 CFO가 특히 관심 가질 만한 부분을 강조했습니다. 바로 '언제, 얼마의 현금이 들어오고 나가는가'입니다. 각 분기별로 투자금액과 예상 매출을 표시하여 현금흐름을 한눈에 볼 수 있게 했습니다.

또한 실행 로드맵에 '리스크와 대응책'도 넣었습니다. 예를 들어 다음과 같은 내용을 고려한 것입니다.

리스크: MVP 개발 지연 (가능성 중, 영향도 고)

대응책: 기능 우선순위 재조정, 일부 기능 2단계(Phase) 2로 연기

리스크: 파일럿 기업 모집 부진 (가능성 중, 영향도 고)

대응책: 파일럿 인센티브 강화, 네트워크 활용한 소개 확대

이렇게 전략 핵심 정리와 실행 로드맵까지 완성하니 비로소 전략이 완성되었다는 느낌을 받았습니다. 이제 경영진 보고를 하고, 승인을 받으면, 이 로드맵에 따라 실제 실행을 시작하게 됩니다.

AI는 전 과정에서 박 과장의 든든한 파트너였습니다. 인터뷰 질문, 핵심 질문, 아이디어 발산, 사업 모델 구체화, 그리고 최종 전략을 문서화할 때까지 말입니다. 하지만 중요한 것은 모든 단계에서 최종 판단은 박 과장과 팀, 그리고 관계자들이 했다는 점입니다. AI는 초안을 만들고 옵션을 제시했지만, '우리 회사에 맞는 것은 무엇인가'는 사람이 결정한 것입니다.

[실습] 고객서비스팀의 응대 품질 개선 전략 수립하기

이번에는 규모가 훨씬 작은 전략 수립 사례를 살펴보겠습니다. '신사업 전략'과 같은 대규모 프로젝트가 아니라 팀의 개선 전략 같은 작은 전략 수립방법을 알아볼 것입니다.

사전조사: 팀 내부 인터뷰 및 데이터 분석하기

B사 고객서비스팀 김 팀장의 팀은 12명이고, 고객 문의 전화와 이메일을 응대하는 업무를 합니다. 최근 6개월간 고객 만족도 점수가 지속적으로 하락하고 있습니다. 작년만 해도 평균 4.2점(5점 만점)이었는데, 최근에는 3.8점까지 떨어졌습니다.

본부장으로부터 "3개월 안에 만족도를 4점 이상으로 회복시켜라"는 지시가 떨어졌습니다. 그런데 왜 만족도가 떨어졌는지 원인도 명확하지 않고, 어떻게 개선해야 할지 방법도 잘 모르겠습니다. 팀원들에게 "더 친절하게 응대하라"고 말하는 것만으로는 해결되지 않을 것 같습니다.

큰 기업의 신사업 전략과 달리, 팀 단위의 개선 전략은 복잡한 시장분석이나 사업 모델 설계가 필요하지 않습니다. 대신 '우리 팀의 현재 문제가 무엇인지'를 정확히 파악하고, '현실적으로 3개월 안에 실행 가능한 개선안'을 찾는 것이 핵심입니다.

김 팀장이 가장 먼저 해야 할 일은 팀원들의 이야기를 듣는 것입니다. 현장에서 직접 고객을 응대하는 팀원들이 가장 잘 압니다. 하지만 12명의 의견을 일일이 인터뷰로 듣기에는 시간이 부족했습니다.

AI로 온라인 설문 만들기

1. 김 팀장은 간단한 온라인 설문을 만들기로 했습니다. 팀원들이 10분 정도 투자하면 답할 수 있는 수준으로, 핵심 이슈만 파악할 수 있는 질문들입니다. 설문지를 만들기 위해 AI에게 도움을 요청합니다.

> 당신은 조직 개선 컨설턴트입니다. 고객서비스팀의 응대 품질을 개선하기 위해 팀원 설문을 실시하려고 합니다. 설문지를 만들어 주세요.
>
> **#현황**
> - 팀 규모: 12명
> - 업무: 전화 및 이메일 고객 문의 응대
> - 문제: 최근 6개월간 고객 만족도 하락 (4.2점 → 3.8점)
> - 목표: 3개월 내 4점 이상 회복
>
> **#설문 목적**
> 1. 고객 불만의 주요 원인 파악
> 2. 업무 프로세스의 비효율 요소 발견

3. 팀원들이 느끼는 어려움과 개선 아이디어 수집

#요청사항

1. 10분 내 답할 수 있는 분량 (10~15문항)

2. 객관식+주관식 혼합

3. 질문 유형:

    − 빈도/심각도를 측정하는 척도형 질문

    − 구체적 사례를 묻는 개방형 질문

    − 개선 아이디어를 자유롭게 쓰는 질문

4. 팀원들이 솔직하게 답할 수 있도록 비판적이지 않은 톤

각 질문의 의도(무엇을 파악하려는지)도 함께 설명해 주세요.

---

2. AI가 다음과 같이 팀원용 온라인 설문을 만들어 줍니다.

고객 서비스 업무 환경 및 응대 경험 설문 (팀원용)

본 설문은 개인 성과를 평가하기 위한 목적이 아니며,
고객 응대 품질을 높이기 위한 **업무 환경과 프로세스 개선**을 위해 활용됩니다.
솔직한 의견을 자유롭게 작성해 주시기 바랍니다.

---

1. 최근 3개월간 고객 응대 시 전반적인 어려움 정도는 어느 수준이라고 느끼시나요?

- ☐ 전혀 어렵지 않다
- ☐ 약간 어렵다
- ☐ 보통이다
- ☐ 꽤 어렵다
- ☐ 매우 어렵다

질문 의도
→ 팀 전반의 **체감 난이도**를 파악하여, 문제의 심각도를 1차적으로 가늠하기 위함

2. 고객 불만이나 불편 제기를 접하는 빈도는 이전(6개월 전)과 비교해 어떻게 느껴지시나요?

- ☐ 많이 줄었다
- ☐ 다소 줄었다
- ☐ 비슷하다
- ☐ 다소 늘었다
- ☐ 많이 늘었다

질문 의도
→ 고객 만족도 하락이 **현장 체감과 일치하는지** 확인

김 팀장은 AI와 같이 만든 온라인 설문을 팀원들에게 보냈습니다. 익명으로 답할 수 있게 했고, 솔직한 의견을 부탁했습니다. 2일 뒤, 12명 중 11명이 응답을 완료했습니다.

AI로 설문 결과 분석하기

이제 설문 결과를 분석해야 합니다. 많은 자료를 기반으로 패턴을 찾아내는 것은 AI가 잘하는 일입니다.

1. AI에게 다음과 같이 설문조사 결과를 분석하고 핵심 이슈를 뽑아 달라고 요청합니다.

당신은 데이터 분석가입니다. 팀원 설문의 주관식 응답을 분석하여 핵심 이슈를 추출해 주세요.

#Q4 응답 (업무 중 가장 비효율적인 부분):
- "고객 정보를 3개 시스템에서 각각 찾아야 해서 시간이 오래 걸립니다"
- "관련 부서에 물어봐도 답변이 늦게 와서 고객을 기다리게 합니다"
- "같은 질문인데 사람마다 다르게 답해서 고객이 혼란스러워 합니다"
- "매뉴얼이 최신화되지 않아 실제 프로세스와 다릅니다"
- "시스템이 자주 느려져서 조회가 안 될 때가 있습니다"…

[11개 응답 붙여넣기]

#요청사항
1. 응답들을 3~5개 주요 테마로 그룹핑
2. 각 테마별 언급 빈도
3. 대표적인 인용구 (원문 그대로)
4. 시급성과 영향도 평가

분석 결과를 표 형식으로 정리해 주세요.

---

2. AI가 팀원들의 각기 다른 의견들을 구조화해서 다음과 같이 정리해 줍니다. 이렇게 정리하니 명확해졌습니다. 팀원들이 가장 큰 불편을 느끼는 것은 '정보 시스템이 분산되어 있어서 필요한 정보를 찾는 데 시간이 오래 걸린다'는 점과 '다른 부서에 확인이 필요할 때 응답이 느리다'는 점입니다.

테마	언급 빈도	대표 인용	시급성	영향도
정보 시스템 분산	7명	"고객 정보를 3개 시스템에서 각각 찾아야 해서…"	높음	높음
부서 간 협업 지연	6명	"관련 부서에 물어봐도 답변이 늦게 와서…"	높음	높음
응대 가이드 부족	5명	"같은 질문인데 사람마다 다르게 답해서…"	중간	중간
매뉴얼 업데이트 지연	3명	"매뉴얼이 최신화되지 않아…"	중간	낮음

고객서비스팀 김 팀장

한 발 더 나아가 실제 데이터도 확인했어요. 지난 3개월간의 고객 문의 기록을 보니, 평균 응대 시간이 작년 대비 2분 증가했습니다(7분→9분). 그리고 고객 불만 사유를 분류해 보니, "대기 시간 길다"(35%), "여러 번 설명해야 한다"(25%), "문제 해결 안 됨"(20%) 순이었습니다.

팀원 설문과 고객 데이터를 종합하니 문제가 선명해지더라고요. 응대 시간이 길어졌고, 그 주요 원인은 정보를 찾는 시간과 부서 간 확인 시간이었어요. 이것이 고객 불만으로 이어지고 있었던 것이죠.

1단계 핵심 질문 정의하기

이제 핵심 질문을 정의합니다. 팀 단위 개선의 핵심 질문은 앞에서 소개한 기업의 큰 프로젝트보다 훨씬 직관적입니다.

"3개월 안에 평균 응대 시간을 2분 단축하고, 고객 만족도를 4점 이상으로 회복하려면 무엇을 개선해야 하는가?"

이 질문에 답하기 위해, 김 팀장은 두 가지 방향을 생각했습니다.

① 정보 시스템 개선 (통합 또는 빠른 검색 지원)

② 부서 간 협업 프로세스 개선 (빠른 응답 체계)

하지만 3개월이라는 시간과 팀장 권한을 고려하면, 시스템 개편은 현실적이지 않습니다. 대신 현재 시스템 안에서 할 수 있는 것들에 집중해야 합니다.

2단계 접근법 및 프레임워크 선택하기

이제 핵심 문제를 '어떻게 해결할 것인가'를 설계해야 합니다. 팀 단위 개선은 복잡한 접근법은 필요 없으며 훨씬 실용적이어야 합니다. '① 3개월 안에 실행 가능한 것, ② 팀장 권한으로 할 수 있는 것, ③ 비용이 최소화되는 것'에 집중해야 할 예정입니다.

김 팀장은 문제해결 접근법을 단순하게 설정했습니다.

① 현황 파악: 무엇이 문제인가? (이미 완료)

② 원인 분석: 왜 이런 문제가 생겼는가?

③ 개선안 도출: 무엇을 바꿀 수 있는가?

④ 실행 계획: 언제, 누가, 어떻게 할 것인가?

김 팀장은 문제(응대 시간 증가)의 원인을 여러 카테고리로 나누어 체계적으로 파악하기 위해 특성 요인(Fishbone diagram)을 사용하려고 합니다.

1. AI에게 '고객서비스팀의 응대 시간 증가' 문제의 원인을 분석하기
위한 프레임워크를 제안해 달라고 요청합니다.

당신은 <u>문제해결 전문가입니다.</u> <u>특성 요인도(Fishbone diagram)를</u> 사용하여
<u>고객서비스팀의 '응대 시간 증가' 문제의 근본 원인을 분석해 주세요.</u>

#문제
평균 응대 시간이 7분에서 9분으로 증가 (2분 증가)

#파악된 증상
– 정보를 찾는 시간이 오래 걸림 (3개 시스템 분산)
– 다른 부서 확인에 시간 소요
– 응대 가이드 부족으로 설명이 길어짐

#특성 요인(Fishbone) 카테고리
1. 사람(People): 팀원 역량, 교육, 동기부여 등
2. 프로세스(Process): 업무 절차, 의사결정 구조 등
3. 도구(Tools): 시스템, 매뉴얼, 장비 등
4. 환경(Environment): 조직문화, 부서 간 관계 등

#요청사항
1. 각 카테고리별로 근본 원인 후보 2~3개 도출
2. 각 원인이 응대 시간 증가에 어떻게 기여하는지 설명
3. 팀장 권한으로 개선 가능한 것과 불가능한 것 구분
4. 개선 가능한 것 중 영향도가 큰 것 3가지 우선순위 제시

<u>분석 결과는 표 형식으로 정리해 주세요.</u>

2. AI는 다음과 같이 고객서비스팀 응대 시간 증가의 원인을 체계적 으로 정리해 줍니다.

1. Fishbone 카테고리별 근본 원인 후보 분석

카테고리	근본 원인 후보	응대 시간 증가에 기여하는 방식	팀장 권한 내 개선 가능 여부
People (사람)	신규/저연차 인력 비중 증가	정보 탐색·판단에 시간이 더 소요되어 평균 응대 시간이 늘어남	⭕ 가능
	복잡한 문의에 대한 판단 기준 불명확	확신 부족으로 설명이 장황해지거나 재확인 빈도 증가	⭕ 가능
	상황별 응대 스크립트 숙련도 편차	개인별 설명 방식 차이로 응대 시간 편차 확대	⭕ 가능
Process (프로세스)	타 부서 확인 절차가 명확하지 않음	문의 경로·우선순위가 불분명해 대기 시간이 길어짐	⭕ 가능(부분)
	즉시 답변 vs 이관 기준 불명확	불필요한 자체 해결 시도로 시간이 증가	⭕ 가능
	표준 응대 흐름(통화 구조) 부재	핵심 파악 전에 설명이 길어지는 경향 발생	⭕ 가능
Tools (도구)	고객 정보·정책 정보가 3개 시스템에 분산	시스템 간 이동·검색으로 순수 응대 외 시간이 증가	❌ 불가(구조적)
	검색 기능/키워드 체계 미흡	원하는 정보를 찾는 데 반복 검색 발생	⭕ 가능
	응대 가이드가 텍스트 중심·장문	상담 중 즉시 참고가 어려워 설명이 길어짐	⭕ 가능
Environment (환경)	부서 간 응답 SLA(응답 시간 기준) 부재	확인 대기 시간이 개인 역량에 의존	❌ 불가
	"확인하고 정확히 답하라" 문화	속도보다 정확성만 강조되어 설명 과잉 유발	⭕ 가능(부분)
	응대 시간에 대한 팀 차원의 기준 없음	개인별 시간 감각 차이로 평균 응대 시간 상승	⭕ 가능

고객서비스팀
김 팀장

카테고리별로 고객 응대 시간 문제의 원인 후보들을 분석하니, 어디에 집중해야 할지 명확해졌더군요. 시스템을 바꿀 수는 없지만, 시스템을 효율적으로 사용하는 방법을 표준화할 수 있을 것입니다. 부서 간 협업 구조를 완전히 바꿀 수는 없지만, 빠른 응답을 위한 채널을 만들 수는 있고요.

구체적 개선안 만들기

김 팀장은 특성 요인(Fishbone) 분석 결과를 바탕으로, 팀 회의를 열었습니다. "여러분이 설문에서 이야기한 문제들을 이렇게 정리해 봤어요. 이중에서 우리가 3개월 안에 개선할 수 있는 것들을 함께 찾아봅시다." 팀원들과의 브레인스토밍에서 여러 아이디어가 나왔는데, 이제 구체적 개선안을 만들 단계입니다.

1. 김 팀장은 AI에게 개선 아이디어들을 주고 평가를 요청합니다. 평가를 위한 프레임워크는 AI에게 추천을 받아 '효과(Impact)×노력(Effort) 매트릭스'를 적용해 보기로 합니다.

다음 개선 아이디어들을 '효과(Impact)×노력(Effort)' 매트릭스로 평가해 주세요.

#개선 아이디어
1. 3개 시스템 효율적 조회 가이드 작성 및 교육
2. 톱 20 FAQ 표준 답변 스크립트 개발
3. 관련 부서 전담 연락처 지정 및 빠른 응답 채널 구축
4. 신규 팀원 온보딩 체크리스트 및 멘토링 프로그램
5. 월간 우수 응대 사례 공유 세션
6. 실시간 정보 검색을 위한 간단한 사내 위키(Wiki) 구축

#평가기준
- 효과(Impact): 응대 시간 단축 및 고객 만족도 향상에 미치는 효과 (1~5점)
- 노력(Effort): 실행에 필요한 시간·비용·난이도 (1~5점, 높을수록 힘듦)

#제약사항
- 기간: 3개월
- 팀 규모: 12명
- 예산: 거의 없음 (팀 내 자체 진행)

– 팀장 권한: 팀 내부 프로세스 변경 가능, 타 부서 협조 요청 가능하나 강
제 불가

#요청사항

1. 2×2 매트릭스로 분류 (고Impact–저Effort, 고Impact–고Effort, 저Impact–저Effort, 저
Impact–고Effort)

2. "고Impact–저Effort" 영역을 퀵윈(Quick Win)으로 우선 추진

3. 각 아이디어의 구체적인 실행 방안 제시

4. 3개월 실행 순서 제안

2. AI가 아이디어들을 점수화하고 평가 분석해 주었습니다.

1. Impact × Effort 점수 평가

No	개선 아이디어	Impact (1~5)	Effort (1~5)	평가 근거 요약
1	3개 시스템 효율적 조회 가이드 + 교육	4	2	정보 탐색 시간 단축 효과 큼, 내부 문서로 해결 가능
2	Top 20 FAQ 표준 답변 스크립트 개발	5	2	빈도 높은 문의의 응대 시간·품질 동시 개선
3	관련 부서 전담 연락처·빠른 채널 구축	4	4	효과는 크나 타 부서 협조·조율 부담 큼
4	신규 온보딩 체크리스트·멘토링	3	3	중장기 효과, 단기 체감은 제한적
5	월간 우수 응대 사례 공유 세션	2	1	실행은 쉬우나 응대 시간 단축 효과는 제한
6	실시간 검색용 사내 Wiki 구축	5	3	정보 접근성 개선 효과 큼, 초기 정리 필요

2. 2×2 Impact × Effort 매트릭스 분류

✅ **고Impact – 저Effort (Quick Win)**
- ② **Top 20 FAQ 표준 답변 스크립트**
- ① **3개 시스템 효율적 조회 가이드**

👉 *즉각적인 응대 시간 단축 효과, 1개월 내 가시적 성과 가능*

⚠️ **고Impact – 고Effort (Strategic)**
- ⑥ **사내 Wiki 구축**
- ③ **전담 연락처·빠른 응답 채널 구축**

👉 *중장기 개선 과제, 범위 관리가 핵심*

구체적인 개선안이 나오니 자신감이 생기더라고요. "이 정도면 3개월 안에 할 수 있겠다." 특히 처음 1개월 안에 퀵윈(Quick Win)을 달성하면, 팀원들도 정말 좋아지고 있다는 것을 느낄 수 있을 것 같습니다.

3단계 개선 아이디어 발굴 및 우선순위 설정하기

김 팀장은 팀 회의에서 개선 계획을 공유했습니다. "우리가 먼저 할 것은 두 가지입니다. 하나는 시스템 조회를 빠르게 하는 방법을 표준화하는 것, 다른 하나는 자주 받는 질문에 대한 표준 답변을 만드는 것입니다."

팀원들의 반응은 긍정적이었습니다. "표준 답변이 있으면 정말 도움될 것 같아요. 같은 질문을 여러 번 받는데 매번 다르게 설명하게 되거든요." 하지만 구체적으로 어떻게 만들 것인가가 문제였습니다. 예를 들어 시스템 조회 가이드에 실제로 어떤 내용이 들어가야 하는지, 어떤 형식이 좋은지 막연했습니다.

1. AI에게 고객서비스팀을 위한 '효율적 시스템 조회 가이드 템플릿'을 요청합니다.

고객서비스팀을 위한 '효율적 시스템 조회 가이드'의 템플릿을 만들어 주세요.

#현황
- 3개 시스템 사용: A시스템(주문 정보), B시스템(고객 정보), C시스템(배송 정보)
- 각 시스템마다 로그인 및 검색 방식 상이
- 고객 문의 시 보통 2~3개 시스템을 확인해야 함

#목적
신규 팀원도 빠르게 따라할 수 있도록, 각 문의 유형별로 어떤 순서로 어떤

시스템을 확인할지 안내

#요청사항
1. 1~2페이지 분량의 가이드 구조 제안
2. 주요 문의 유형별 조회 순서 예시 (3~4가지 유형)
3. 각 시스템별 빠른 검색 팁
4. 시각적으로 이해하기 쉬운 형식 (플로차트, 체크리스트 등)

실제 작성 가능한 템플릿 형태로 제공해 주세요.

2. AI가 실제 사용 가능한 효율적 시스템 조회 가이드를 줍니다. 만약 사내 가이드라인과 관련된 규정이나 샘플을 주었다면 회사 형식에 맞게 만들어 주겠죠. 혹은 AI의 결과물을 검토하면서 우리 회사에 맞게 수정해도 좋습니다.

효율적 시스템 조회 가이드
(고객 문의 응대용 · 내부 문서)

0. 문서 개요
- **목적:** 고객 문의 시 여러 시스템을 오가는 시간을 줄이고, **항상 같은 순서로 빠르게 조회할 수 있도록** 안내
- **대상:** 신규 팀원 및 전체 상담원
- **사용 원칙**
  1. 항상 1번 시스템부터 시작
  2. 확인 목적 없는 시스템 조회 금지
  3. 필요한 정보만 확인하고 바로 응대로 복귀

---

1. 전체 시스템 한눈에 보기 (공통 인식)

시스템	주 용도	가장 자주 쓰는 검색 키
A시스템	주문 정보	주문번호, 상품명
B시스템	고객 기본 정보	고객번호, 전화번호
C시스템	배송 정보	송장번호, 주문번호

👉 **Tip:** "지금 확인하려는 정보가 *주문/고객/배송* 중 무엇인지 먼저 생각하면 시스템 선택이 빨라집니다."

AI가 준 템플릿을 바탕으로 숙련된 팀원 2명과 함께 실제 가이드를 작성했습니다. AI가 만든 템플릿의 구조를 따라가되, 실제 시스템 화면 캡처를 추가하고, 팀원들이 자주 실수하는 부분을 '주의사항'에 포함시켰습니다.

완성된 가이드는 A4 2페이지로 정리되었고, 팀 회의에서 30분간 함께 읽으며 Q&A 시간을 가지면서 충분히 내용을 공유했습니다.

톱 20 FAQ 표준 답변 스크립트 만들기

다음은 〈톱 20 FAQ 표준 답변 스크립트〉를 만들 차례입니다. 김 팀장은 지난 3개월간의 고객 문의 데이터를 추출했습니다. 약 3,000건의 문의 중에서 가장 빈번한 것 20개를 뽑았습니다.

① 배송 조회 (450건, 15%)

② 주문 취소 방법 (320건, 10.6%)

③ 반품 절차 (280건, 9.3%)

④ 결제 수단 변경 (210건, 7%) …

이제 각 문의에 대한 '표준 답변'을 만들어야 합니다. 정보만 나열하는 것이 아니라 '고객이 만족할 만한 응대'를 설계하고, 공감, 명확한 설명, 다음 단계 안내가 모두 포함되어야 합니다.

1. AI에게 톱 20 FAQ의 고객 서비스 표준 응대 스크립트를 작성해 달라고 요청합니다.

2. AI가 다음과 같은 스크립트를 써줍니다. 여기서는 톱 20 고객 FAQ 중 하나인 '배송 조회 문의 표준 응대 스크립트'를 보죠.

시나리오 1: 정상 배송 중 (예정일 내)

고객님, 주문하신 상품 배송 상태 확인해 드리겠습니다. (시스템 확인 – 5초) 네, 현재 배송이 정상적으로 진행 중이며, ○○택배를 통해 배송되고 있습니다. 송장번호는 ********이고, 지금 ○○터미널에서 고객님 지역으로 이동 중입니다. 예정대로라면 내일(○월 ○일) 오전/오후에 도착 예정입니다.

배송 추적은 저희 홈페이지→마이페이지→주문/배송 조회에서 실시간으로 확인하실 수 있고, ○○택배 홈페이지나 앱에서도 송장번호로 조회 가능합니다.

혹시 배송 관련해서 추가로 궁금하신 점 있을까요?

시나리오 2: 배송 지연 (예정일 초과)

고객님, 배송이 예정일보다 늦어져서 불편을 드려 죄송합니다. (시스템 확인 – 5초) 확인해 보니, 현재 ○○ 사유로 배송이 하루 지연되고 있습니다. 원래 어제(○월 ○일) 도착 예정이었으나, 내일(○월 ○일)까지는 수령하실 수 있을 것으로 보입니다.

지연된 부분에 대해서는 정말 죄송하게 생각하며, 내일까지도 도착하지 않을 경우, 즉시 저희 쪽으로 다시 연락 주시면 우선 처리로 확인해 드리겠습니다. 추가로 도와드릴 부분이 있을까요?

시나리오 3: 배송 정보 확인 안 됨

고객님, 주문 내역 확인해 드리겠습니다. (시스템 확인 – 5초) 아, 현재 주문하신 상품이 '배송 준비 중' 단계입니다. 배송사에 물품이 인계되면 송장번호가 등록되는데, 보통 결제 후 1~2일 정도 소요됩니다.

고객님께서는 어제/오늘 주문하셨기 때문에, 늦어도 내일까지는 송장번호가 등록되고 배송이 시작될 예정입니다. 송장번호가 등록되면 자동으로 문자(또는 카카오톡)로 안내해 드리고 있습니다.

혹시 급하게 필요한 상황이면, 출고팀에 우선 처리 요청을 드릴 수 있는데, 도움이 필요하실까요?

고객서비스팀
김 팀장

AI로 뽑은 각 스크립트를 팀원들에게 주고 피드백을 받아 수정했습니다. 완성된 스크립트북은 PDF로 만들어 팀원 모두에게 배포했고, 각자의 모니터 옆에 붙여두도록 했습니다. 처음 2주간은 "스크립트를 읽으면서 응대해도 됩니다. 자연스럽게 외워질 때까지 계속 보세요"라고 안내했습니다.

4단계 실행 계획 수립하기

이제 개선안이 준비되었습니다. 시스템 조회 가이드도 만들었고, 톱 20 FAQ 스크립트도 완성했습니다. 이번에는 '이것을 실제로 어떻게 실행할 것인가'를 구체화해야 합니다. 김 팀장은 3개월을 주 단위로 쪼개어 실행 계획을 세우기로 하고, 12주(3개월)를 4개의 단계로 나누어 각 단계마다 명확한 목표와 활동을 정의하고자 합니다.

1. AI에게 고객서비스팀의 3개월 개선 프로젝트를 위한 주차별 실행 계획을 달라고 요청합니다.

고객서비스팀의 3개월 개선 프로젝트를 위한 주차별 실행 계획을 작성해 주세요.

#목표
- 평균 응대 시간: 9분→7분 (2분 단축)
- 고객 만족도: 3.8점→4.0점 이상 (5점 만점)

#주요 실행 과제
1. 시스템 조회 가이드 적용 및 숙련도 향상
2. 톱 20 FAQ 스크립트 적용 및 내재화
3. 관련 부서 빠른 응답 채널 구축
4. 신규 팀원 집중 교육

#팀 구성

– 팀장 1명 (전체 관리)

– 경력 팀원 6명 (3년 이상)

– 신규 팀원 5명 (1년 미만)

#요청사항

1. 1~12주까지 주차별 계획 수립

2. 각 주의 핵심 활동 및 담당자 명시

3. 주간 점검 KPI 설정 (매주 측정 가능한 지표)

4. 마일스톤 설정 (1개월, 2개월, 3개월 시점)

5. 실행 과정에서 발생할 수 있는 리스크 및 대응책

표 형식으로 작성하되, 실제로 팀 회의에서 공유할 수 있을 만큼 구체적으로 작성해 주세요.

2. AI가 다음과 같이 상세 계획을 줍니다. 김 팀장은 상세 계획을 조금 다듬은 후 팀 회의에서 공유했습니다.

1. 주차별 실행 계획 (Week 1-12)

▶ Week 1-4 : 기반 구축 & Quick Win 가시화

주차	핵심 목표	주요 활동	담당	주간 점검 KPI
W1	문제 인식 정렬	- 프로젝트 킥오프 - 목표(7분/4.0점) 공유 - 현재 평균 응대 시간·FAQ 상위 유형 확인	팀장	기준선 측정: · 평균 응대 시간 · CSAT
W2	가이드 초안 완성	- 시스템 조회 가이드 초안 작성 - Top 20 FAQ 목록 확정	팀장 + 경력 3명	· 가이드 초안 완성률 80% · FAQ 선정 완료
W3	표준화 시작	- FAQ 표준 스크립트 완성 - 조회 가이드 교육(전체)	팀장 + 전원	· 교육 참석률 100% · FAQ 스크립트 적용률
W4	현장 적용	- 실제 응대에 가이드·FAQ 적용 - 개선점 피드백 수집	전원	· 평균 응대 시간 8.5분 이하

▶ Week 5-8 : 숙련도 향상 & 협업 보강

주차	핵심 목표	주요 활동	담당	주간 점검 KPI
W5	숙련도 강화	- 신규 팀원 집중 코칭	경력 팀원	· 신규 평균 응대 시간 감소

고객서비스팀
김 팀장

1주차, 김 팀장은 AI의 도움으로 만든 실행 계획을 엑셀 파일로 옮겨 매주 진행상황을 체크했습니다. 각 활동 옆에 '완료/진행 중/지연' 상태를 표시하고, 매주 금요일 팀 미팅에서 함께 확인했습니다.

1주가 끝날 때, 첫 번째 주간 리포트를 작성했습니다. AI에게 템플릿을 요청한 다음 주차별로 수행 내용을 꼼꼼하게 점검했습니다. 매주 이런 식으로 리포트를 작성하고, 팀 미팅에서 함께 읽으며 이야기를 나누었습니다.

몇 주가 지나니 효과가 나타났습니다. 특히 '주간 KPI 현황'의 숫자가 좋아지는 것을 보면서 팀원들의 동기가 높아졌습니다. 4주차에 평균 응대 시간이 8.5분을 기록했을 때, 팀원들은 작은 환호를 보냈습니다. 8주차에는 7.6분까지 떨어졌고, 고객 만족도는 4.0점을 돌파했습니다.

3개월이 끝났을 때, 최종 결과는 다음과 같았습니다.

    평균 응대 시간: 9분→7.2분 (1.8분 단축, 목표 달성)

    고객 만족도: 3.8점→4.1점 (목표 초과 달성)

    톱 20 FAQ 스크립트 사용률: 95%

    시스템 조회 평균 시간: 35초→22초

본부장님에게 결과를 보고하고 칭찬을 받았습니다. "팀 단위에서 이 정도 성과를 낸 것은 정말 대단합니다. 다른 팀에도 공유해 주세요." 팀 회식비를 지원받았고, 우수 팀원 3명에게는 소정의 포상이 주어졌습니다.

AI의 도움이 정말 컸어요. 혼자였으면 어디서부터 시작해야 할지 막막했을 텐데, AI가 체계적인 틀을 제공해 주어 훨씬 수월했어요. 하지만 가장 중요한 것은 팀원들이었어요. AI가 아무리 좋은 계획을 만들어 줘도, 실제로 실행하는 것은 사람이니까요.

전략 수립에서 AI의 역할 정리

사업부 단위의 신사업 전략, 팀 단위의 업무개선 전략은 규모와 복잡도는 달랐지만, AI가 도움을 준 방식은 비슷합니다. 전략 수립 과정에서 AI는 다음과 같은 역할을 합니다.

구조화 파트너 | AI는 막연한 과제를 명확한 질문으로 바꾸고, 흩어진 생각을 논리적인 구조로 정리하는 데 도움을 줍니다. SCQ 프레임워크로 핵심 질문을 도출하고, 접근법을 단계별로 분해하고, 분석 결과를 하나의 스토리로 엮는 과정에서 초안을 빠르게 만들어 줍니다.

아이디어 발산 파트너 | AI는 30개의 사업 모델 아이디어를 쏟아내고, 개선방안을 다양한 각도에서 제안하며, 예상치 못한 관점을 제시하는 브레인스토밍 파트너였습니다.

템플릿 제공자 | 어떻게 작성해야 하는지 몰라서 막막할 때, AI는 BMC를 채우는 방법, 평가 매트릭스를 만드는 방법, 실행 로드맵을 설계하는 방법 등 바로 사용 가능한 템플릿을 제공했습니다.

분석 보조자 | AI는 설문 응답을 테마별로 그룹핑하고, 원인을 체계적으로 분석하고, 우선순위를 평가하는 데 객관적인 시각을 제공했습니다. 물론 최종 판단은 사람이 했지만, AI의 초벌 분석은 생각의 출발점이 되었습니다.

하지만 AI가 하지 못한 것, 또는 해서는 안 되는 것도 분명합니다.

사람이 해야 할 것

- 전략의 방향과 우선순위 결정
- 이해관계자와의 합의(Alignment) 도출

- 실제 고객/시장과의 검증

- 조직의 맥락과 문화 고려

- 최종 의사결정과 책임

전략 수립에서 AI 활용팁

- AI에게 초안을 빠르게 만들어 달라고 하세요. 빈 페이지보다 수정할 초안이 낫습니다.

- AI에게 여러 대안을 요청하세요. 하나의 답이 아니라 3~5개 옵션을 받아 비교하세요.

- AI의 결과를 그대로 쓰지 말고, 우리 상황에 맞게 수정하세요.

- 중요한 결정 전에는 실제 사람들(팀원·고객·관계자)과 검증하세요.

전략 수립에서 AI와 하지 말 것들

- AI가 만든 전략을 그대로 경영진에게 보고하지 마세요. "AI가 그렇게 하래요"는 통하지 않습니다.

- AI의 숫자나 분석을 무조건 믿지는 마세요. 출처와 가정을 확인하세요.

- AI에게 '최종 결정'을 맡기지 마세요. AI는 조언자이지 의사결정자가 아닙니다.

- AI와의 대화를 비밀로 하지 마세요. 팀원들과 공유하고 함께 다듬으세요.

나만의 전략 수립 템플릿 만들기

여러분이 직접 사용할 수 있는 '전략 수립 워크플로'를 만들어 보세요.

다음 프롬프트를 상황에 맞게 수정해서 사용해 보세요.

당신은 전략 프로세스 설계 전문가입니다. 제 상황에 맞는 전략 수립 워크플로를 설계해 주세요.

#내 상황
- 조직 규모: [팀/부서/사업부/전사]
- 전략 유형: [신사업/기존사업 개선/조직 개선/기타]
- 목표: [구체적인 목표 기술]
- 기간: [예: 3개월, 6개월]
- 리소스: [팀 규모, 예산, 외부 지원 가능 여부]

#제약사항
- [시간/예산/권한 등의 제약]

#요청사항
1. 내 상황에 맞는 4~6단계 워크플로 설계
2. 각 단계에서 사용할 프레임워크/도구 추천
3. 각 단계에서 AI를 어떻게 활용할지 구체적 가이드
4. 단계별 결과물 및 소요 시간 추정
5. 주의사항 및 성공 요인

특히 제 조직의 [특수한 상황이나 제약]을 고려하여 현실적인 계획을 만들어 주세요.

앞에서 소개한 프롬프트를 사용하면 맞춤형 전략 수립 가이드를 얻을 수 있으며, 반복적으로 사용하고 개선하면서 '나만의 전략 수립 플레이북'을 만들어 나갈 수 있습니다.

또한 자주 사용하는 프롬프트들을 모아서 '나만의 전략 수립 프롬프트 라이브러리'를 만들어 두는 것도 유용합니다. 매번 처음부터 프롬프트를 작성하는 게 아니라, 과거에 잘 작동했던 프롬프트를 가져와서 상황에 맞게 조금만 수정하면 되니까요.

내 프롬프트 라이브러리

- 인터뷰 질문지 생성 프롬프트
- SCQ 구조화 프롬프트
- 아이디어 브레인스토밍 프롬프트 (30개 생성)
- '영향(Impact)−노력(Effort) 매트릭스' 평가 프롬프트
- 주간 리포트 작성 프롬프트
- 경영진 보고 스토리 구조화 프롬프트

이번 장에서는 실제 사례를 통해 사업부 단위의 큰 전략부터 팀 단위의 작은 개선까지, 전략 수립의 전 과정을 살펴보았습니다. 일반 직장인도 AI의 도움을 받아 체계적이고 논리적인 전략을 세울 수 있습니다. 중요한 것은 도구가 아니라 '어떤 질문을 던지고, 어떻게 판단하는가'이며, AI는 그 과정을 훨씬 수월하게 만들어 주는 강력한 파트너입니다.

8장

보고서 작성은 '글쓰기'가 아니라 '구조 설계'다

보고서 작성은 단순히 글을 쓰는 게 아닙니다. 독자가 누구인지 파악하고, 메시지를 정의하며 논리를 구조화하고, 증거를 배치하며 설득력 있게 표현하는 종합 예술입니다.

좋은 전략도 잘 전달하지 못하면 실행되지 않습니다. AI와 함께 설득력 있는 보고서를 만드는 방법을 알아보겠습니다.

보고서는 '정보 나열'이 아니라 '설득 구조'다

많은 사람들이 보고서를 '정보를 정리해서 문서로 만드는 것'이라고 생각하지만, 이는 보고서의 본질을 오해한 것입니다. 보고서는 때로 정보 정리 도구가 아니라 설득 도구입니다. 특정한 사람(청자)에게 특정한 메시지를 전달해서 특정한 행동이나 의사결정을 이끌어내기 위한 커뮤니케이션 수단이죠.

보고서는 항상 3가지 질문에 답해야 한다

먼저, '누구에게' 보고하는가?, 보고서는 듣는 이(청자)가 임원·동료·외부 파트너 등 누구인가에 따라 사용하는 용어, 강조하는 지표, 제시하는 데이터의 깊이가 모두 달라집니다.

그다음 '무엇을' 전달해야 하는가?, 보고서의 목적은 단순 정보 공유, 의사결정 요청, 문제해결 방안 제안 등 명확해야 합니다.

마지막으로 '왜 지금' 보고하는가?, 정기보고인지, 긴급 이슈 대응

인지에 따라 톤과 긴급도가 달라지죠.

직장인 대상 조사에서 77.7%가 보고서 작성 능력이 직장 내 성공과 큰 상관관계가 있다고 답한 이유가 바로 여기에 있습니다. 보고서를 잘 쓴다는 것은 상대방의 입장을 이해하고, 핵심 메시지를 명확히 전달하며, 논리적으로 설득하는 능력이 있다는 것입니다.

보고서는 '구조 설계'가 중요하다

보고서에서 같은 내용이라도 어떤 순서로 배치하느냐에 따라 설득력이 완전히 달라집니다. 예를 들어 보고서에서 "이번 달 매출이 목표 대비 20% 미달"로 시작하면, 듣는 사람은 즉시 방어적인 태도가 됩니다. 하지만 "시장 전체가 30% 축소된 상황에서, 우리 팀은 −20% 감소에 그쳤으며, 이는 경쟁사 평균(−35%)보다 우수한 수준"으로 시작하면, 같은 나쁜 소식도 상대적 성과로 재해석됩니다. 이런 구조 설계는 듣는 이의 관심사와 의사결정 패턴을 정확히 이해해야만 가능합니다.

직장인들의 보고서 작성 스트레스 중 하나가 바로 '갑자기 시키는 경우가 많아서'(47%)입니다. 이런 경우 '왜 이 보고가 필요한가?, 이 보고를 통해 무엇이 결정되는가?, 보고를 받는 이의 주요 관심사는 무엇인가?'를 빠르게 파악하고 구조를 짜야 합니다.

> 임원 대상 분기 실적 보고인데, 목표 미달 상황이야.
> 'A안: 문제→원인→해결책 구조, B안: 시장상황→우리 대응→향후 계획 구조'로 각각 목차를 짜줘.

설득 구조의 뼈대를 주면 AI가 그 구조를 채우는 데 도움을 줍니다.

AI가 오히려 보고서를 망치는 3가지 함정

AI를 활용해 보고서를 작성하려다가 오히려 더 큰 문제에 빠지는 경우가 있습니다. 실제 현장에서 보면 크게 3가지 함정이 반복적으로 나타납니다.

1. 정보 과다, 필요한 것보다 10배를 쏟아낸다

HR팀 최 과장은 AI에게 설문 결과 데이터를 입력하고 〈직원 만족도 조사 결과 보고서〉를 써달라고 요청했습니다. AI가 생성한 보고서는 무려 15페이지였습니다. 모든 설문 항목에 대한 상세 분석, 연령대별·부서별·직급별 교차 분석, 전년 대비 변화 추이, 산업 평균과의 비교까지 빠짐없이 들어 있었습니다.

문제는 이 보고서를 볼 임원은 5분 안에 핵심만 파악하고 싶어 한다는 것입니다. AI는 관련된 모든 정보를 최대한 포함하려는 경향이 있지만, 좋은 보고서는 많은 정보가 아니라 꼭 필요한 정보만 담고 있어야 합니다.

맥킨지의 임원 대상 조사에 따르면, 경영진은 보고서를 읽는 데 단 몇 분만 할애합니다. 이 짧은 시간 안에 의사결정에 필요한 핵심 정보를 전달하지 못하면, 아무리 상세한 분석도 의미가 없습니다. AI는 이런 '선택과 집중'을 하지 못합니다.

2. 핵심 메시지 부재, 데이터는 많은데 그래서 어쩌라고?

재무팀 정 대리는 AI에게 〈경쟁사 재무 분석 보고서〉를 요청했습니다. AI는 경쟁사 A, B, C의 매출, 영업이익률, 부채비율, 자기자본이익률(ROE) 등 주요 재무지표를 표로 깔끔하게 정리해 주었습니다. 숫자도 정확했고, 그래프도 보기 좋았습니다. 하지만 팀장의 반응은 차가웠습니다. "그래서 이게 우리랑 무슨 상관인데요? 우리가 뭘 해야 한다는 거예요?"

AI가 생성한 보고서의 가장 큰 문제는 데이터는 있지만 '인사이트'가 없다는 점입니다. 경쟁사의 영업이익률이 15%라는 사실 자체는 그냥 정보이지만, '우리는 영업이익률이 10%인데 경쟁사는 15%다. 그 차이는 원가구조에서 나온다. 따라서 우리도 공급망 효율화에 투자해야 한다'까지 연결되어야 의미 있는 보고서가 됩니다.

3. 논리 비약, 현황과 제안 사이의 '왜'가 사라진다

전략기획팀 이 차장은 〈신규 시장 진출 전략 보고서〉를 AI와 함께 작성했습니다. AI는 시장규모, 성장률, 주요 플레이어 분석까지 하고,

마지막에 '신규 시장에 즉시 진출해야 한다'라는 결론을 제시했죠. 하지만 임원회의에서 첫 번째 질문이 날아왔습니다. "시장이 크다는 건 알겠어요. 그런데 왜 우리가 그 시장에서 성공할 수 있다는 거죠?"

AI는 '현황 분석'에서 '결론'으로 바로 점프하는 경향이 있습니다. 하지만 설득력 있는 보고서는 그 사이에 반드시 다음과 같이 '논리적 연결고리'와 단계적 논증이 있어야 합니다.

① 시장이 크다→② 우리의 강점이 이 시장에서 통한다→③ 우리가 진출할 만한 진입 방법이 있다→④ 예상 투자수익률(ROI)이 합리적이다→⑤ 따라서 진출해야 한다.

단순히 '작년 매출이 감소했다→마케팅 예산을 늘려야 한다'는 식의 연결은 설득력이 없습니다. '왜 매출이 감소했는가?', '마케팅이 정말 해법인가?', '마케팅 외 다른 대안은 없는가?', '마케팅 투자 대비 효과는 어느 정도 예상되는가?' 같은 중간 단계의 질문과 답변이 빠져 있으면, 보고받는 사람은 납득하지 못합니다.

실제로 직장인들이 보고서로 스트레스 받는 이유 중 "모르는 내용을 써야 할 때가 많아서"(38.4%)가 2위를 차지했습니다. AI에게 의존하면 이러한 문제가 더욱 심해집니다. AI가 그럴듯하게 써준 내용을 제대로 이해하지 못한 채 보고했다가는, 질문을 받으면 답변하지 못하는 상황이 벌어지는 것이죠.

이러한 3가지 함정은 모두 AI의 '맥락 이해 부족'에서 비롯됩니다. 따라서 AI를 활용할 때는 이 함정들을 피하기 위한 명확한 가이드가 필요합니다. 다음에서 이 부분을 구체적으로 살펴보겠습니다.

보고서 구조화의
4단계 프로세스

보고서를 효과적으로 작성하려면 명확한 단계들로 쪼개어 작업하는 것이 좋습니다. 보고서 작성은 글쓰기가 아니라 '설득 구조 설계'입니다. 건물을 지을 때 설계도 없이 바로 벽돌을 쌓지 않듯이, 보고서도 먼저 구조를 설계하고 그다음에 내용을 채워야 합니다. 이 과정은 크게 4단계로 나눌 수 있습니다.

1단계 보고서의 목적과 듣는 이 정의하기 (AI 활용도: 낮음)

먼저, '이 보고서를 왜 쓰는가?', '누구에게 보고하는가?'를 명확히 합니다. 이는 AI가 도울 수 없고, 오직 여러분만이 답할 수 있는 질문이죠. 예를 들어 〈신규 사업 타당성 검토 보고서〉를 쓴다면, 목적은 '임원진에게 투자 승인을 받기 위함'이고, 듣는 이는 CEO와 CFO입니다. CEO는 전략적 시너지를 중시하고, CFO는 재무적 안정성을 중시합니다. 이러한 정보가 명확해야 다음 단계로 넘어갈 수 있습니다.

- 보고 후 어떤 결정이 내려지기를 원하는가?

- 듣는 사람이 가장 궁금해할 질문 3가지는 무엇인가?

- 듣는 사람의 우려사항은 무엇이며, 어떻게 해소할 것인가?

2단계 보고서의 구조 설계하기 (AI 활용도: 높음)

이제 보고서의 뼈대를 짭니다. 여기서부터 AI가 큰 도움이 됩니다. AI에게 이렇게 요청할 수 있습니다.

> 임원 대상 '신규 사업 타당성 검토 보고서'의 목차를 만들어 줘.
> 청자는 CEO(전략 중시)와 CFO(재무 중시)야.
> 다음 두 가지 구조로 제안해 줘:
> A안: 시장 기회→우리 회사 강점→재무계획→리스크 관리 순서
> B안: 전략적 목표→실행 방안→예상 효과→투자 계획 순서
> 각 목차마다 핵심 메시지 한 문장씩 붙여줘.

AI가 보고서의 목차(구조)를 A안과 B안으로 주면, 그중에서 상황에 가장 적합한 구조를 선택하거나, 여러 안을 조합해서 최적의 구조를 만들면 됩니다. 구조 설계 단계에서 AI는 '구조 시뮬레이터' 역할을 합니다.

3단계 스토리라인 구성하기 (AI 활용도: 중간)

이제 보고서에서 각 섹션이 어떻게 논리적으로 연결되는지 스토리라인을 만듭니다. 이 단계에서도 AI를 활용할 수 있지만, 최종 검증은 사람이 해야 합니다.

2단계에서 확정한 목차를 바탕으로 스토리라인을 만들어 줘. 각 섹션이 전달할 핵심 메시지를 한 문장으로 정리하고, 섹션 간 논리적 연결을 명확히 해줘. 특히 'CEO의 예상 질문: 왜 지금 이 사업을 해야 하나?'에 대한 답변이 전체 흐름에 녹아 있는지 확인해 줘.

AI가 제시한 스토리라인을 읽으면서, '이 순서로 전달했을 때 설득력이 있는가?', '중간에 논리가 비약하는 부분은 없는가?', '듣는 이의 관심사가 제대로 반영되어 있는가?'를 점검합니다.

4단계 초안 작성하기 (AI 활용도: 높음)

이제 보고서에서 각 섹션의 내용을 채웁니다. 여기서 AI가 가장 효과적으로 활용됩니다. 다음과 같이 구체적으로 요청하면, AI는 우리가 설계한 구조 안에서 내용을 채워줍니다.

다음 스토리라인을 바탕으로 '시장 기회' 섹션을 작성해 줘.

핵심 메시지: 글로벌 시장은 연 20% 성장 중이며, 국내 시장 진입 장벽이 낮아지는 시점이다.

포함할 내용: 시장규모 통계, 성장률 추이, 주요 트렌드 3가지, 진입 타이밍이 지금인 이유

분량은 A4 1페이지, 임원이 3분 안에 읽을 수 있도록 간결하게

보고서 구조화 4단계 접근법에서 핵심은 사람이 방향을 잡고, AI가 옵션을 제시하고, 사람이 선택한다는 원칙입니다. 1단계(보고서의 목적-듣는 이 정의)와 3단계(스토리라인 검증)는 사람의 판단이 핵심이고, 2단계(보고서 구조 설계)와 4단계(초안 작성)는 AI가 효율을 높여줍니다.

　실제로 이 방법을 사용한 직장인들의 피드백을 보면, 보고서 작성 시간이 평균 40% 단축되었다고 합니다. 하지만 더 중요한 것은 보고서의 '품질 향상'입니다. 구조가 명확한 보고서는 읽는 사람이 이해하기 쉽고, 논리적으로 설득력이 있으며, 원하는 결정을 이끌어내기 쉽습니다.

　조사에 의하면, 직장인의 62.3%가 보고서 작성 때문에 스트레스를 받으며, 그 스트레스의 상당 부분은 어떻게 써야 할지 모르겠다는 막막함에서 옵니다. 하지만 보고서 작성 작업에서 명확한 단계가 있으면 막막함이 사라집니다. '지금은 1단계 목적−듣는 이 정의 단계니까 목적과 듣는 이만 정리하면 돼', '2단계 구조 설계에서는 AI한테 여러 구조 옵션을 받아보자', '3단계 스토리라인 구성에선 논리를 점검하고', '4단계 초안 작성에선 내용을 채우면 돼'라고 생각하면, 보고서 작성이 훨씬 체계적이고 덜 부담스러워집니다.

　다음에서는 보고서 유형별로 이 4단계를 어떻게 구체적으로 적용하는지 실제 사례와 함께 살펴보겠습니다.

9장

일잘러를 위한 보고서 유형에 따른 AI 활용법

보고서 유형에 따라 작성법과 AI 활용법이 다릅니다. 정보 전달형, 분석 인사이트형, 설득 전략형, 보고서의 각 유형별로 실제 사례를 통해 구체적인 AI 활용법을 알아봅니다.

보고서의
3가지 유형

같은 '보고서'인데 왜 이렇게 다를까?

생산팀 김 대리가 매주 월요일마다 작성하는 〈품질관리 KPI 보고서〉, 마케팅팀 박 과장이 쓰는 〈경쟁사 분석 보고서〉, 전략팀 이 차장이 CEO와 CFO에게 승인을 받기 위해 쓰는 〈신규 사업 투자 보고서〉 모두 '보고서'라는 이름이 붙어 있지만, 결정적 차이가 있습니다. 막상 작성하려고 하면 완전히 다른 접근이 필요합니다.

보고서는 A타입 '정보 전달형', B타입 '분석 인사이트형', C타입 '설득 전략형'으로 나눌 수 있습니다. 각각의 특징과 AI 활용 전략을 살펴보겠습니다.

정보 전달형 보고서에서 AI는 어떻게?

정보 전달형 보고서는 정확성과 효율성이 핵심입니다. 〈주간 영업 실적 보고〉, 〈월간 KPI 현황〉, 〈프로젝트 진행 상황〉 같은 보고서들이 여기 해당됩니다.

정보 전달형 보고서의 가장 큰 특징은 반복적이고 정형화된 구조를 가진다는 점입니다. 매주, 매월 같은 형식으로 숫자만 바꿔서 보고하기 때문에, 템플릿을 잘 만들어 두면 엄청난 시간을 절약할 수 있습니다.

AI를 활용할 때는 재사용 가능한 템플릿을 정교하게 만들고, 데이터를 자동으로 요약하고 변화 포인트를 감지하는 것이 중요합니다. 예를 들어 '지난주 대비 불량률이 0.2% 증가했습니다'처럼 변화를 자동으로 찾아내게 할 수 있죠.

정보 전달형 보고서에서 AI 의존도가 80% 정도로 매우 높습니다. 한 번 제대로 된 템플릿을 만들어 두면, 이후에는 데이터만 입력하면 보고서가 거의 자동으로 완성되기 때문입니다.

분석 인사이트형 보고서에서 AI는 어떻게?

분석 인사이트형 보고서는 맥락 파악과 통찰 도출이 핵심입니다. 〈시장 분석 보고서〉, 〈고객 니즈 분석〉, 〈경쟁사 벤치마킹〉 같은 보고서들이 여기 속합니다. 단순히 정보를 정리하는 게 아니라, 데이터 뒤에 숨은 패턴을 찾아내고, 이것이 우리에게 의미하는 바는 무엇인가에 답해야 합니다.

분석 인사이트형 보고서 작성 시 AI를 활용할 때는 '사고 파트너'로서의 역할에 집중해야 합니다. AI에게 SWOT 분석, 3C 분석, 5가지 경쟁요인 분석 같은 프레임워크를 제시하게 하고, 다양한 각도에서 데이터를 해석하게 하는 것이죠. 하지만 최종 인사이트는 우리가 회사의 상황과 역량을 고려해서 판단하고 결론을 내려야 합니다. 분석 인사이트 보고서 작성에서 AI 의존도는 50% 정도입니다. AI가 많은 도움을 주지만, 사람의 판단이 훨씬 더 중요합니다.

설득 전략형 보고서에서 AI는 어떻게?

설득 전략형 보고서는 듣는 이 맞춤 논리구조가 핵심입니다. 〈투자 제안서〉, 〈사업 전략 보고서〉, 〈정책 방향성 제안〉 같은 보고서들이 여기 해당됩니다. 목적은 보고받는 사람으로부터 특정한 의사결정을 이끌어내는 것입니다.

설득 전략형 보고서를 쓸 때는 AI에게 '시뮬레이터'로서의 역할을 맡깁니다. AI로 '문제 중심으로 접근할까, 기회 중심으로 접근할까?', 'CEO에게는 어떤 메시지를, CFO에게는 어떤 메시지를 강조할까?' 같은 다양한 설득 구조를 빠르게 시뮬레이션해 볼 수 있습니다. 또한 'CFO라면 이 제안서의 어떤 부분에 의문을 가질까?'처럼 예상 반론을 미리 찾아내는 데도 활용할 수 있습니다.

설득 전략형 보고서 작업에서 AI 의존도는 60% 정도입니다. 보고서의 구조를 설계하고 근거를 강화하는 데는 AI가 큰 도움이 되지만, 듣는 이의 특성을 파악하고 최종 메시지를 다듬는 것은 사람이 해야 합니다.

이제 보고서의 각 유형별로 실제 사례를 통해 구체적인 AI 활용법을 알아보겠습니다.

정보 전달형 보고서, AI로 효율을 극대화하라

[실습] 자동차 부품 제조업체의 <월간 품질관리 KPI 보고서>

자동차 부품 제조업체의 품질관리팀에서 일하는 이 과장은 매월 초 생산본부장에게 지난달 품질 현황을 보고해야 합니다. 이 보고서는 매달 반복되는 정형화된 업무로, 불량률·검사 완료율·재작업률 등 3가지 핵심 성과지표인 KPI(Key Performance Indicator)가 들어갑니다. 본부장님은 바쁜 분이라 5분 안에 숫자만 확인하고, 주요 변화 포인트만 파악하고 싶어 합니다.

정보 전달형 보고서는 내용 자체보다 '얼마나 빠르고 정확하게 만드느냐'가 관건입니다. 매달 같은 형식을 반복하기 때문에, 한 번 제대로 된 템플릿을 만들어 두면 이후에는 데이터만 입력하면 자동으로 보고서가 완성됩니다.

중요한 것은 템플릿의 완성도

정보 전달형 보고서 작업에서 가장 중요한 것은 '템플릿의 완성도'입니다. 처음 템플릿을 만들 때 30분에서 1시간 정도 투자해서 정교하게 만들어 두면, 이후 매달 5분이면 보고서를 완성할 수 있습니다.

정보 전달형 보고서는 AI가 가장 빛을 발하는 영역입니다. 정형화된 구조, 반복되는 형식, 명확한 데이터 중심이라는 특성 때문에 AI가 거의 완벽에 가깝게 처리할 수 있거든요. 우리가 해야 할 일은 처음 한 번 제대로 된 템플릿을 만들고, 이후에는 실제 데이터와 간단한 코멘트만 추가하는 것뿐입니다.

1단계 보고서 목적과 듣는 이 정의하기

AI를 활용하기 전에, 먼저 이 보고서가 무엇을 위한 것인지 명확히 해야 합니다. 예를 들어 품질관리 보고서의 목적은 3가지 질문에 답하는 것입니다.

- 이번 달 목표 대비 실적은 어떤가?
- 전월 대비 주요 변화는 무엇인가?
- 즉시 조치가 필요한 이슈는 있는가?

이 과장의 〈월간 품질관리 KPI 보고서〉를 생산본부장은 상세한 분석보다는 핵심 지표를 빠르게 파악하고 싶어 합니다. 이런 정보는 AI에게 알려줄 필요가 있습니다. AI는 우리 회사 본부장의 성향을 모르지만, 우리가 명확히 지시하면 그에 맞는 구조를 만들어 줍니다.

2단계 AI로 템플릿 구조 만들기

이 과장이 쓰는 〈월간 품질관리 KPI 보고서〉처럼 매월, 매주, 또는 매일 같은 형식을 반복하는 정보 전달형 보고서는 제대로 된 템플릿을 만들어 두는 것이 좋습니다. 이후에는 데이터만 입력하면 자동으로 보고서가 완성됩니다.

1. AI에게 〈월간 품질관리 KPI 보고서〉의 기본 구조를 만들어 달라고 요청합니다. 이때 요청사항을 상세히 쓰고 출력형식도 지정합니다.

당신은 제조업 품질관리 보고서 전문가입니다.

#상황
자동차 부품 제조기업의 월간 품질관리 KPI 보고서를 작성합니다.
보고 대상은 생산본부장으로, 5분 안에 핵심 지표를 파악하고 싶어 합니다.

#요청사항
다음 조건을 만족하는 보고서 목차를 만들어 주세요.
1. 전체 A4 2페이지 분량
2. 핵심 KPI 3가지: 불량률, 검사 완료율, 재작업률
3. 각 지표마다 '목표 대비 실적'+'전월 대비 변화' 표시
4. 마지막에 '주의 필요 항목' 섹션 포함

#출력형식
– 대제목 / 중제목 / 포함내용으로 구조화
– 각 섹션별 예상 분량 표시 (예: 반 페이지, 1/4 페이지)

---

2. AI가 다음과 같이 보고서의 기본 구조를 만들어 줍니다. 제목, 섹션 구성, 각 부분에 들어갈 내용이 깔끔하게 정리되어 나옵니다.

월간 품질관리 KPI 보고서 (YYYY년 MM월)

1. 월간 품질 현황 요약 (Executive Summary)

예상 분량: 1/4 페이지

포함 내용

- 3대 핵심 KPI 한눈 요약 표
  - 불량률 / 검사 완료율 / 재작업률
  - ▷ 목표 대비 실적 (달성/미달, 편차 수치)
  - ▷ 전월 대비 증감 (▲▼, %p 변화)
- 전월 대비 전반적 품질 상태 한 줄 평가
  - 예: "불량률은 목표 초과 달성, 재작업률은 전월 대비 악화"
- 생산본부장 의사결정 필요 여부 표시
  - 예: "즉시 조치 필요 항목 1건"

> 목적: 첫 페이지 상단에서 보고서 전체를 읽지 않아도 상황 판단 가능

2. 핵심 KPI 상세 분석

2-1. 불량률 (Defect Rate)

예상 분량: 1/2 페이지

포함 내용
- 지표 정의 및 산식 (간단히 각주 또는 소형 박스)
- 목표 대비 실적
  - 목표 불량률 vs 실제 불량률
  - 목표 대비 차이 (%p)
- 전월 대비 변화
  - 전월 실적 vs 당월 실적
  - 증감 폭 및 원인 요약
- 주요 불량 유형 TOP 3 (간단 막대 또는 텍스트 표)
- 원인 요약 (공정/자재/작업자/설비 중 해당 항목)

3. AI가 만들어 준 정보 전달형 보고서의 구조가 내가 원하는 형태인지 확인하세요. 만약 수정하고 싶으면, 다음처럼 다시 요청하면 됩니다.

위 구조에서 '주의 필요 항목'을 맨 앞 '요약' 섹션 바로 다음으로 이동해 주세요. 생산본부장이 가장 먼저 확인해야 할 내용이기 때문입니다.

4. 그러면 AI는 즉시 보고서의 구조를 재조정해 줍니다. 이렇게 AI와 몇 번의 대화를 통해 우리 상황에 딱 맞는 보고서 구조를 만들 수 있습니다. 보고서의 구조가 확정되었나요? 이제 매달 재사용할 수 있는 템플릿을 만들 순서입니다.

3단계 월간 품질관리 보고서 템플릿 만들기

1. AI에게 매달 재사용할 수 있는 〈월간 품질관리 KPI 보고서〉 템플 릿을 만들어 달라고 요청합니다.

위에서 만든 목차를 기반으로, 매월 반복 사용할 수 있는 데이터 입력 양식 을 만들어 주세요.

#요청사항

1. 각 항목마다 [여기에 데이터 입력] 형식으로 표시
2. 목푯값과 실젯값을 비교하는 표 양식 포함
3. 변화 포인트는 자동으로 하이라이트 되도록 조건 제시

#출력형식

– 복사해서 바로 사용할 수 있는 마크다운 또는 표 형식
– 매월 숫자만 바꾸면 되는 구조

2. AI가 매월 반복해서 사용할 수 있는 〈월간 품질관리 KPI 보고서〉 의 템플릿을 만들어 줍니다. 이 템플릿을 워드 파일이나 노션 페이 지에 저장하세요. 다음 달부터는 이 템플릿을 열어서 대괄호 안의 데이터만 채우면 됩니다.

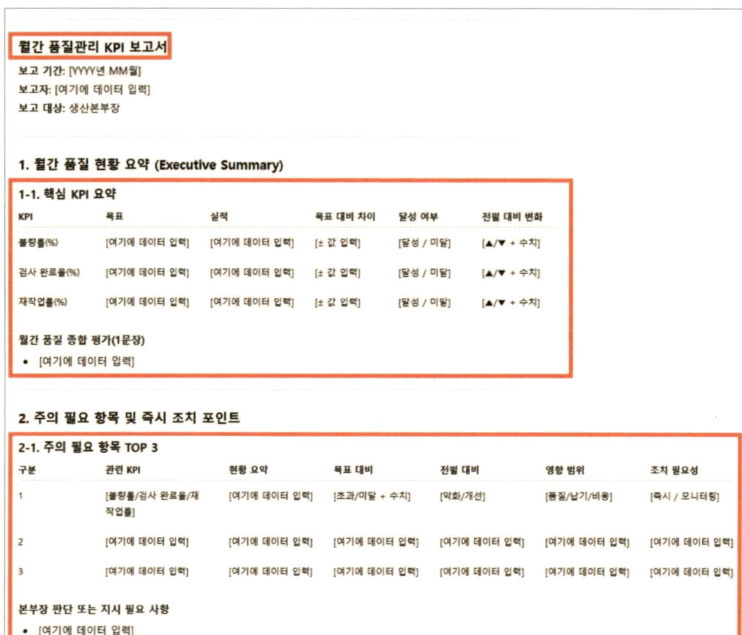

월간 품질관리 KPI 보고서

보고 기간: [YYYY년 MM월]
보고자: [여기에 데이터 입력]
보고 대상: 생산본부장

1. 월간 품질 현황 요약 (Executive Summary)

1-1. 핵심 KPI 요약

KPI	목표	실적	목표 대비 차이	달성 여부	전월 대비 변화
불량률(%)	[여기에 데이터 입력]	[여기에 데이터 입력]	[± 값 입력]	[달성 / 미달]	[▲/▼ + 수치]
검사 완료율(%)	[여기에 데이터 입력]	[여기에 데이터 입력]	[± 값 입력]	[달성 / 미달]	[▲/▼ + 수치]
재작업률(%)	[여기에 데이터 입력]	[여기에 데이터 입력]	[± 값 입력]	[달성 / 미달]	[▲/▼ + 수치]

월간 품질 종합 평가(1문장)

- [여기에 데이터 입력]

2. 주의 필요 항목 및 즉시 조치 포인트

2-1. 주의 필요 항목 TOP 3

구분	관련 KPI	현황 요약	목표 대비	전월 대비	영향 범위	조치 필요성
1	[불량률/검사 완료율/재작업률]	[여기에 데이터 입력]	[초과/미달 + 수치]	[악화/개선]	[품질/납기/비용]	[즉시 / 모니터링]
2	[여기에 데이터 입력]	[여기에 데이터 입력]	[여기에 데이터 입력]	[여기에 데이터 입력]	[여기에 데이터 입력]	[여기에 데이터 입력]
3	[여기에 데이터 입력]	[여기에 데이터 입력]	[여기에 데이터 입력]	[여기에 데이터 입력]	[여기에 데이터 입력]	[여기에 데이터 입력]

본부장 판단 또는 지시 필요 사항

- [여기에 데이터 입력]

4단계 실제 데이터로 품질관리 보고서 완성하기

이제 실제 데이터를 넣어 〈월간 품질관리 KPI 보고서〉를 완성해 보죠.

1. AI에게 워드 파일로 만들어 둔 〈월간 품질관리 KPI 보고서〉 템플릿 파일을 첨부한 후, 해당 구조에 맞추어 보고서를 작성하라고 요청합니다.

2. AI가 〈월간 품질관리 KPI 보고서〉를 써줍니다. 데이터를 깔끔하게 정리하고 목표 미달 항목에 대한 코멘트도 함께 넣어주었습니다. 예를 들어 불량률이 목표를 초과했다면 "신규 투입 자재의 초기 안정화 과정에서 미세 불량이 동반 발생한 것으로 판단됩니다" 같은 문장이 자동으로 생성됩니다. AI는 실제 상황과 원인을 모르니 사실과 다른 얘기를 할 수도 있는데요. 원인 부분을 실제 상황에 맞게 수정하면 됩니다.

월간 품질관리 KPI 보고서

보고 기간: YYYY년 MM월
보고자: [여기에 데이터 입력]
보고 대상: 생산본부장

---

1. 월간 품질 현황 요약 (Executive Summary)

1-1. 핵심 KPI 요약

KPI	목표	실적	목표 대비 차이	달성 여부	전월 대비 변화
불량률(%)	0.5	0.7	+0.2%p	미달	▲ +0.1%p
검사 완료율(%)	98.0	96.0	−2.0%p	미달	▼ −1.0%p
재작업률(%)	2.0	1.8	−0.2%p	달성	▼ −0.3%p

월간 품질 종합 평가
- 재작업률은 목표를 달성하며 전월 대비 뚜렷한 개선을 보였으나, 불량률과 검사 완료율은 모두 목표 미달 및 전월 대비 악화되어 관리 강화가 필요한 상황입니다.

2. 주의 필요 항목 및 즉시 조치 포인트

2-1. 주의 필요 항목 TOP 3

구분	관련 KPI	현황 요약	목표 대비	전월 대비	영향 범위	조치 필요성
1	불량률	특정 공정 중심으로 불량 증가	+0.2%p 미달	악화	품질·비용	즉시
2	검사 완료율	검사 지연으로 완료율 하락	−2.0%p 미달	악화	납기	즉시
3	재작업률	지속적 감소 주세 유지	목표 달성	개선	비용	모니터링

본부장 판단 또는 지시 필요 사항
- 불량 증가 공정에 대한 원인 분석 및 단기 개선 조치 승인 필요
- 검사 인력·설비 배치 조정 여부 검토 필요

실전 팁을 하나 더 드리자면, 3개월치 템플릿을 한 번에 만들어 두세요. 1월, 2월, 3월 보고서 템플릿을 미리 만들어 두고, 각 달의 파일에는 해당 월의 목푯값을 미리 입력해 두는 것이죠. 그러면 매달 초 실적 데이터만 입력하면, AI가 자동으로 전월 대비 변화를 계산하고, 목표 달성률도 표시해 줍니다.

분석 인사이트형 보고서,
AI로 통찰을 발견하라

[실습] 편의점 프랜차이즈의 경쟁사 도시락 전략 분석

우 과장은 편의점 프랜차이즈 본부 상품기획팀에서 일하고 있습니다. 최근 3개월 동안 회사 도시락 매출이 계속 떨어지고 있는데, 같은 기간 경쟁사 A는 15% 성장했습니다. 상품본부장이 '경쟁사가 뭘 다르게 하고 있는지' 분석해서 보고하라고 했습니다.

분석 인사이트형에서 AI는 사고 파트너다

분석 인사이트형 보고서는 단순히 정보를 나열하는 것이 아닙니다. 이를테면 '왜 경쟁사는 성공하고 우리는 고전하는가?', '경쟁사의 성공 요인 중 우리가 적용할 수 있는 것은 무엇인가?'라는 질문에 답하며 인사이트를 주어야 합니다. 이때 AI는 '사고 파트너' 역할을 할 수 있습니다. 우리가 놓칠 수 있는 분석 프레임워크를 제안하고, 데이터에서 패턴을 찾아내며, 다양한 관점에서 해석하는 것을 도와줍니다. 하지만 최종 인사이트와 시사점은 우리가 판단해야 합니다.

1단계 분석의 핵심 질문 정의하기

AI를 활용하기 전에, 경쟁사 도시락 전략 분석을 통해 무엇을 알아내고 싶은지를 명확히 해야 합니다. 이를테면 경쟁사 분석의 핵심 질문은 3가지입니다.

- 경쟁사는 무엇을 다르게 하고 있는가?
- 그것이 효과적인 이유는 무엇인가?
- 우리가 벤치마킹할 수 있는 것은 무엇인가?

여기서 중요한 것은 이 보고서의 목적이 '경쟁사 정보 수집'이 아니라 '우리 회사 전략 수립을 위한 시사점 도출'이라는 것입니다. 보고서를 볼 상품본부장은 경쟁사가 궁금한 것이 아니라, 우리가 무엇을 해야 할지 알고 싶어 하는 것이기 때문입니다(참고로, 경쟁사 정보 수집은 4장의 정보 수집 워크플로를 활용하세요).

2단계 적합한 분석 프레임워크 선택하기

분석 인사이트형 보고서의 핵심은 '어떤 프레임워크로 분석할 것인가'입니다. 같은 데이터도 SWOT로 분석하느냐, 3C나 4P로 분석하느냐에 따라 완전히 다른 인사이트가 나옵니다.

1. AI에게 편의점 도시락 업체의 경쟁사 분석에 적합한 프레임워크를 알려달라고 합니다.

당신은 <u>유통업 시장 분석 전문가</u>입니다.

#상황
<u>편의점 도시락 카테고리에서 우리 매출은 하락, 경쟁사 A는 성장 중입니다.
경쟁사의 성공 요인을 분석하여 우리 회사에 적용 가능한 인사이트를 도출</u>
해야 합니다.

#요청사항
<u>이 분석에 적합한 프레임워크 3가지를 제안</u>하고, 각각의 장단점을 비교해
주세요. (예: 3C 분석, SWOT, Value Chain, 4P 등)

#출력형식
| 프레임워크 | 분석 범위 | 이 상황에서의 장점 | 이 상황에서의 단점 | 추천
도 (5점 만점) |
<u>각 프레임워크별로 표로 정리</u>하고, 마지막에 가장 추천하는 프레임워크 1개
<u>와 그 이유를 설명해 주세요.</u>

2. AI가 경쟁사의 편의점 도시락 판매 성공 요인을 분석하는 데 적합한 프레임워크 3가지를 소개하고, 마지막에 가장 추천하는 프레임워크도 알려줍니다. 3C 분석(Company-Competitor-Customer)을 가장 추천해 주네요. 우리 회사와 경쟁사를 비교하고, 고객 트렌드까지 함께 봐야 하는 상황에 딱 맞는 프레임워크입니다. SWOT 분석도 좋지만, 이런 상황에서는 '우리'보다 '경쟁사와의 차이'에 초점을 맞추어야 하므로 3C가 더 적합합니다.

프레임워크 비교 표

프레임워크	분석 범위	이 상황에서의 장점	이 상황에서의 단점	추천도 (5점 만점)
3C 분석 (Customer · Competitor · Company)	고객 니즈, 경쟁사 전략, 자사 역량의 상대 비교	• 경쟁사 A의 성장 요인을 구조적으로 분해하기에 적합 • 고객 선택 이유를 중심으로 왜 A를 선택하는지 설명 가능 • 우리 회사에 적용 가능한 전략적 격차(Gap) 도출 용이	• 실행 레벨(상품/가격/운영)까지는 직접적 해답 부족 • 내부 운영 문제(원가, 프로세스)는 상대적으로 약함	★★★★★ (5.0)
4P 분석 (Product · Price · Place · Promotion)	상품·가격·유통·판촉의 마케팅 믹스	• 도시락 카테고리 특성상 상품 구성, 가격대, 진열, 프로모션 비교에 직관적 • 단기 실행 아이디어(리뉴얼, 가격 조정, 행사) 도출에 강점	• 경쟁사의 성공 '이유'보다는 '차이' 나열에 그칠 가능성 • 고객 인식·구매 맥락 분석에는 한계	★★★★☆ (4.0)
Value Chain 분석	원재료 조달부터 제조·물류·매장 운영까지의 가치 흐름	• 경쟁사 A의 원가 경쟁력·제조 효율·공급 구조 차별화 여부 파악 가능 • 중장기 구조 개선(내재화, 협력사 전략) 논의에 적합	• 외부 정보로는 경쟁사 내부 체인 분석이 제한적 • 고객 선택 요인과 바로 연결하기 어려움	★★★☆☆ (3.0)

3. AI가 추천한 프레임워크가 마음에 들지 않는다면 다음과 같이 요청하면 됩니다. 여기서는 하이브리드 프레임워크를 제안해 달라고 했습니다.

> 3C 분석과 4P 분석을 조합한 하이브리드 프레임워크를 제안해 주세요.
> 3C로 전체 구조를 잡고, 경쟁사 분석 부분에서 4P(제품, 가격, 유통, 프로모션)로 세부 분석하는 방식으로요.

4. AI가 즉시 새로운 프레임워크를 제시해 줍니다. 이렇게 AI와 대화하면서 우리 상황에 가장 적합한 분석 틀을 찾는 과정이 분석 인사이트형 보고서 작성의 첫 단계입니다.

3단계 3C 프레임워크로 데이터 분석하기

이제 실제 데이터를 넣어서 경쟁사의 전략을 분석해 보죠. 여기서는 여러분이 이미 경쟁사 정보를 어느 정도 수집했다고 가정하겠습니다.

1. AI에게 다음과 같이 3C 분석 프레임워크를 활용해 경쟁사의 도시락 전략을 분석해 달라고 요청합니다.

<u>3C 분석 프레임워크를 활용해 경쟁사 도시락 전략을 분석해 주세요.</u>

#입력 정보

우리 회사 Company

- 도시락 평균 가격: 4,500원
- 주요 타깃: 20~30대 직장인
- 신제품 출시 주기: 분기 1회
- 주력 콘셉트: 가성비 한식 도시락
- 매장 내 도시락 진열: 냉장고 1개 (약 30종)

경쟁사 A Competitor

- 도시락 평균 가격: 5,500원
- 최근 3개월 신제품: 프리미엄 도시락 5종, 다이어트 도시락 3종
- SNS 마케팅 강화 (인플루언서 협업 월 2~3회)
- 매장 내 도시락 코너 확대 (냉장고 2개로 증설, 약 50종)
- 특징: '건강한 프리미엄' 콘셉트

시장 트렌드 Customer

- 1인 가구 증가로 간편식 수요 연평균 12% 성장 중
- 2030세대의 건강/다이어트 관심 급증
- 가격보다 품질 중시 트렌드 (프리미엄 간편식 시장 20% 성장)
- SNS를 통한 제품 정보 탐색 증가 (특히 인스타그램, 유튜브)

#요청사항

<u>위 정보를 3C 프레임워크로 분석하여 다음을 도출해 주세요:</u>

1. 경쟁사와 우리 회사의 핵심 차이점 3가지
2. 각 차이점이 매출에 미치는 영향 분석
3. 고객 트렌드와의 정합성 평가 (누가 트렌드에 더 부합하는가?)

#출력형식

1. Company 비교 (우리 회사 vs 경쟁사 A)

[표로 정리]

2. Customer 트렌드 분석

[고객이 원하는 것과 각 사의 전략 비교]

3. 핵심 인사이트

[3가지 인사이트, 각각 2~3문장으로 설명]

2. AI가 3C 분석 프레임워크를 활용해 경쟁사 도시락 전략을 체계적으로 분석합니다. 우리 회사와 경쟁사 비교, 고객 트렌드 분석을 정리하고, 핵심 인사이트도 정리해 줍니다.

1. Company 비교 (우리 회사 vs 경쟁사 A)

구분	우리 회사	경쟁사 A	핵심 차이 해석
평균 가격	4,500원	5,500원	가격은 우리가 낮지만, 시장은 가격 민감도보다 품질 민감도가 높아진 상태
타겟 고객	20~30대 직장인	20~30대 직장인 (동일)	동일 타겟 내 니즈 해석의 차이가 성패를 가름
제품 전략	가성비 한식 중심	프리미엄 + 다이어트 이중 전략	경쟁사는 용도·상황별 세분화에 성공
신제품 주기	분기 1회	최근 3개월에 8종 출시	상품 신선도·화제성 격차 발생
매장 진열	냉장고 1대 (약 30종)	냉장고 2대 (약 50종)	물리적 노출 차이가 구매 확률 차이로 직결
브랜드 인식	"무난한 가성비"	"건강한 프리미엄"	경쟁사는 명확한 선택 이유를 제공

2. Customer 트렌드 분석
고객이 원하는 것 vs 각 사의 전략 정합성

고객 트렌드	고객이 실제로 원하는 방향	우리 회사 대응	경쟁사 A 대응	트렌드 부합도
1인 가구 증가	간편하지만 '제대로 된 한 끼'	기본적 충족	프리미엄 메뉴 확장	경쟁사 우위
건강/다이어트 관심	칼로리·영양 고려된 선택지	한식 위주, 선택폭 제한	다이어트 특화 라인 명확	경쟁사 우위
품질 중시	가격보다 '만족감'	가성비 중심 유지	고가격·고품질 스토리	경쟁사 우위
SNS 정보 탐색	시각적 매력·이야기	제한적 노출	인플루언서 협업 반복	경쟁사 우위
선택 피로 증가	명확한 컨셉 큐레이션	제품 간 차별 약함	'프리미엄/건강' 명확	경쟁사 우위

종합 평가
→ 고객 트렌드 변화 속도에 **경쟁사 A가** 명확히 더 빠르고 선제적으로 반응하고 있음.

3. AI가 준 응답 화면에서 스크롤 막대를 아래로 내려보세요. 다음과 같이 핵심 인사이트를 정리해 준 것을 볼 수 있습니다.

 **인사이트 1. 가격 경쟁력은 더 이상 핵심 차별 요인이 아니다.**
2030 고객은 도시락을 '싼 한 끼'가 아니라 '내 몸과 기분을 위한 선택'으로 인식하고 있다. 경쟁사 A는 가격을 올렸음에도 품질·건강·프리미엄이라는 명확한 보상을 제시해 매출 성장을 이끌고 있다.

4. 이제 AI가 준 인사이트가 맞는지 검증하세요. 실제로 매출 하락이 가격 때문일까요? 아니면 콘셉트 때문일까요? 고객 데이터를 확인해 보니 실제로 4천 원대 도시락보다 5천 원대 프리미엄 도시락 판매가 늘어나고 있다면, 가격 경쟁력은 더 이상 핵심 차별 요인이 아니라는 AI의 인사이트가 맞는 것입니다.

4단계 전략적 시사점 도출하기

이제 경쟁사 분석에 따른 전략적 시사점을 뽑아보죠. '그래서 우리는 무엇을 해야 하는가?'라는 질문에 대한 답을 구하는 과정이죠.

1. AI에게 3C 분석 결과를 바탕으로, 우리 회사를 위한 실행 가능한 시사점을 달라고 요청합니다.

앞의 3C 분석 결과를 바탕으로, 우리 회사를 위한 실행 가능한 시사점을 도출해 주세요.

#요청사항
1. 분석 결과에서 발견한 핵심 패턴 정리
– 경쟁사 성공의 핵심 요인 2~3가지
– 우리가 놓치고 있던 고객 니즈 2~3가지
2. 우리 회사 적용 시사점 도출
– 즉시 적용 가능한 것(Quick Win): 3개월 이내 실행 가능
– 중기적 전략으로 고려할 것: 6~12개월 계획
– 우리 상황에서는 적용 불가능한 것+이유
3. 각 시사점별로 예상 효과와 필요 자원 간략히 제시

#제약조건
– 단순 '경쟁사 따라하기' 제안 지양
– 우리 회사 강점(가격 경쟁력, 한식 전문성)을 활용하는 차별화 방안 포함
– 구체적 액션 아이템으로 연결 가능해야 함
– 각 시사점마다 '왜 이것이 효과가 있을 것인가' 논리 제시

#출력형식
시사점 1: [제목]
배경: (3C 분석에서 발견한 근거)
제안: (구체적 실행방안)
예상 효과: (매출 또는 점유율 등 정량적 목표)
필요 자원: (예산/인력/기간)
리스크: (실행 시 고려사항)
(시사점 2, 3도 동일 형식 반복)

2. AI가 먼저 분석 결과에서 나타난 경쟁사 성공의 핵심 요인을 요약하고, 우리가 놓치고 있던 고객 니즈를 알려줍니다. 그리고 우리 회사를 위한 실행 시사점도 정리해 줍니다.

1) 분석 결과에서 발견한 핵심 패턴 정리

경쟁사 A 성공의 핵심 요인 (요약)

1. 고객 니즈를 '컨셉 언어'로 번역
   - '프리미엄', '다이어트', '건강'처럼 고객이 즉시 이해 가능한 선택 이유 제공
2. 상품 신선도와 노출의 동시 강화
   - 잦은 신제품 출시 + 매장 진열 확대 + SNS 노출의 결합
3. 가격 인상에 대한 명확한 보상 제시
   - 높은 가격을 '품질·건강·자기관리' 가치로 정당화

우리가 놓치고 있던 고객 니즈

1. 가성비보다 '기분 좋은 선택'에 대한 니즈
   - "싸서가 아니라, 오늘 이걸 먹고 싶어서"의 동기
2. 한식 내에서도 건강·관리 목적에 맞춘 선택지
   - 한식 = 고열량이라는 인식에서 벗어난 옵션 부족
3. SNS에서 설명 가능한 스토리
   - 사진 한 장, 문장 한 줄로 설명되는 제품 언어의 부재

---

2) 우리 회사를 위한 실행 시사점

시사점 1:

'가성비 한식'을 '관리형 한식'으로 재정의한 서브라인 도입

배경

3C 분석에서 경쟁사 A는 '다이어트/프리미엄'이라는 용도 기반 선택 이유를 제공한 반면, 우리는 동일 가격대 내에서 제품 간 차별이 약함.

제안

- 신규 브랜드가 아닌, 기존 도시락 내 서브 카테고리 도입
  예:
  - 「오늘 관리 한식」 / 「저당·고단백 한식」
- 가격은 **4,900원** 수준으로 유지(경쟁사 대비 여전히 가성비 포지션)
- 메뉴는 기존 한식 레시피를 활용해
  - 밥 양 조절
  - 단백질 비중 확대
  - 튀김/고당 소스 최소화

3. AI가 준 시사점들이 실제로 타당한지를 판단해야 합니다. AI는 논리적 연결은 잘 만들지만, 우리 회사의 실제 원가구조, 공급망 능력, 조직문화를 고려하지는 못하기 때문입니다. 예를 들어 AI가 '공격적 프리미엄 가격 인상 전략'을 제안했는데 마음에 들지 않는다면 다시 물어보세요.

> 우리 회사의 핵심 자산은 '합리적 가격에 한식을 잘 만드는 브랜드 인식'입
> 니다. 가성비·한식이라는 강점을 살릴 수 있는 대안을 제시해 주세요.

4. 그러면 AI는 즉시 다른 제안을 해줍니다.

5단계 보고서 전체 구조 완성하기

1. AI에게 경쟁사 분석 및 시사점을 하나의 완결된 임원 보고서용으
로 구조화해 달라고 해보죠.

> 지금까지 작성한 분석 내용을 임원 보고용 보고서로 구조화해 주세요.
>
> **#보고서 목적**
> 상품본부장에게 경쟁사 분석 결과와 우리 회사 대응 전략을 보고
>
> **#청자 특성**
> – 숫자와 팩트 중심으로 판단
> – "그래서 우리는 뭘 해야 하나?"에 대한 명확한 답 원함
> – 보고서 읽는 시간: 10~15분 이내
> – 시각 자료를 선호함
>
> **#요청사항**
> 1. 전체 보고서 목차 구성 (A4 5~7페이지 분량)
> – 각 섹션별 핵심 메시지를 한 문장으로 정리
> – 임원이 궁금해할 질문에 선제적으로 답하는 구조
> – 경영진 요약(Executive Summary)을 맨 앞에 배치 (1페이지)
> 2. 시각화 추천
> – 어떤 데이터를 어떤 차트로 표현할지 구체적으로
> – 3C 분석 결과를 한눈에 보여줄 다이어그램 제안

– 우리 회사 vs 경쟁사 비교는 표보다 차트로

3. 스토리라인 설계

– '현황→분석→인사이트→제안'의 논리적 흐름

– 각 페이지가 다음 페이지로 자연스럽게 연결되도록

– 마지막에는 '다음 단계(Next Step)' 명확히 제시

#출력형식

[목차]

1. 경영진 요약(Executive Summary) (1페이지)

– 핵심 메시지

– 포함 내용

– 시각화

2. 시장 및 경쟁 현황 (1페이지)

– 핵심 메시지

– 포함 내용

– 시각화

(이하 각 섹션별로 동일 형식 반복)

[스토리라인]

페이지별로 어떤 내용이 어떻게 연결되는지 서술

[예상 질문&답변 준비]

상품본부장이 물어볼 가능성이 높은 질문 3가지와 답변 요약

2. AI가 임원 보고서용으로 구조화해 줍니다. AI가 만든 구조를 보면, 논리적 흐름이 잘 보입니다. 경영진 요약(Executive Summary)에서는 "경쟁사 A의 성장은 '가격'이 아니라 '건강·프리미엄'이라는 명확한 선택 이유'를 고객에게 제공했기 때문이며, 우리는 가성비·한식 강점을 유지한 채 '관리형 한식'으로 전략 전환이 필요함"이라는 핵심 메시지를 한 페이지에 담고, 이후 페이지에서 그 근거를 순차적으

로 제시해 주었네요.

📑 임원 보고용 보고서 구조안
주제: 편의점 도시락 경쟁사 성장 요인 분석 및 대응 전략

[목차]

---

1. Executive Summary (1페이지)
- 핵심 메시지
  → 경쟁사 A의 성장은 '가격'이 아니라 '건강·프리미엄'이라는 명확한 선택 이유'를 고객에게 제공했기 때문이며, 우리는 가성비·한식 강점을 유지한 채 '관리형 한식'으로 전략 전환이 필요함.
- 포함 내용
  - 시장 요약: 도시락 시장 성장 vs 우리 매출 하락
  - 경쟁사 성장의 핵심 요인 3가지
  - 우리 회사가 즉시 해야 할 3가지 액션 요약
  - 기대 효과(매출 회복 시나리오 개요)
- 시각화
  - 📌 한 장 요약 인포그래픽
    - 왼쪽: 시장·경쟁 환경
    - 가운데: 문제 진단
    - 오른쪽: 대응 전략 & Next Step
  - KPI 아이콘 중심 시각화 (매출, SKU, 구매 전환율)

---

2. 시장 및 경쟁 현황 (1페이지)
- 핵심 메시지
  → 2030 편의점 고객은 '저렴함'보다 '건강·품질·기분 만족'을 기준으로 도시락을 선택하고 있음.
- 포함 내용
  - 1인 가구·간편식 시장 성장률
  - 프리미엄 간편식 성장 지표
  - 고객 정보 탐색 채널 변화(SNS)
- 시각화
  - 📊 시장 성장 추세선(Line Chart)
    - 일반 간편식 vs 프리미엄 간편식
  - 📊 고객 구매 기준 변화 막대차트(Bar Chart)
    - 가격 → 품질/건강 비중 변화

3. AI의 응답 중에서 특히 '예상 질문&답변 준비' 부분이 유용합니다. 이를테면 AI가 "경쟁사처럼 프리미엄 라인을 만들어야 하나요?"라는 예상 질문에 대해 미리 답변을 준비해 주거든요.

분석형 인사이트 보고서 실전 팁 3가지

AI를 통해 좋은 분석 인사이트형 보고서를 받기 위한 실전 팁을 소개합니다.

1. AI에게 반론을 요청하라

AI가 만든 인사이트가 정말 타당한지 검증하고 싶다면, 다음과 같이 반론을 요청하세요.

> 위에서 도출한 시사점 1번에 대해, 비판적 관점에서 반론을 제기해 주세요. 이 전략이 실패할 수 있는 이유를 3가지 들어주세요.

그러면 AI는 '프리미엄 도시락이 실패할 수 있는 이유'를 논리적으로 알려줍니다. 이 반론에 대응할 수 있다면, 여러분의 시사점은 더 견고해집니다.

2. 같은 인사이트의 다른 표현법을 요구하라

AI가 만든 분석 인사이트형 보고서에서 같은 내용도 어떻게 표현하느냐에 따라 설득력이 달라집니다. 다음과 같이 프롬프트를 쓰면 AI가 훨씬 나은 분석 인사이트를 줍니다.

> '시사점 1: 프리미엄 한식 도시락 라인 신설'이라는 제안을,
> 1. 리스크를 최소화하는 관점
> 2. 기회를 강조하는 관점
> 3. 경쟁 대응을 강조하는 관점
> 이렇게 3가지 방식으로 다시 작성해 주세요.

그러면 AI가 인사이트를 3가지 관점에서 다시 써주는데, AI가 만든 3가지 버전을 보고, 우리 경영진에게 어떤 프레이밍이 가장 효과적일지 선택하면 됩니다.

3. 프레임워크를 조합하라

경쟁사 분석을 할 때, 하나의 프레임워크로는 부족하다면 여러 프레임워크를 조합할 수 있습니다. AI에게 다음과 같이 요청하면, 같은 데이터를 다른 각도에서 볼 수 있어서, 놓쳤던 인사이트를 발견할 수 있습니다.

> 3C 분석 결과에서 발견한 인사이트를, SWOT 매트릭스로 재정리해 주세요. 우리의 강점(Strength), 약점(Weakness)과 시장의 기회(Opportunity), 위협(Threat)을 매칭하는 방식으로요.

분석 인사이트형 보고서는 AI 워크플로 중 가장 어렵지만, 가장 보람 있는 영역입니다. 단순 정보 정리를 넘어서 '무엇을 의미하는가?', '우리는 어떻게 해야 하는가?'라는 질문에 답하는 과정이거든요. AI를 잘 활용하면, 혼자서는 생각하지 못했을 관점과 인사이트를 발견할 수 있을 것입니다.

설득 전략형 보고서, 의사결정을 이끌어내라

[실습] SaaS 기업의 AI 챗봇 도입 제안

김 팀장은 SaaS 기업의 사업개발팀에서 일하고 있습니다. 현재 회사는 고객센터에 상담사 20명을 운영 중인데, 월 평균 5천 건의 문의가 들어오고 응대율은 85%입니다. 상담사 인건비로 연간 6억 원이 들어갑니다. 경쟁사들은 이미 AI 챗봇을 도입해서 비용을 30% 절감했다는 소식입니다. 그래서 CEO와 CFO에게 AI 챗봇 도입을 제안하려고 하는데, 투자금 1.5억 원을 승인받아야 합니다. 김 팀장이 쓸 보고서의 목적은 의사결정권자들을 설득해서 '예산 승인' 결정을 이끌어내는 것입니다.

핵심은 듣는 이 맞춤과 예상 반론 대응

설득 전략형 보고서에서 AI를 활용하는 핵심은 '다양한 설득 시나리오를 빠르게 시뮬레이션'하는 것입니다. 문제 중심으로 접근할지, 기회 중심으로 접근할지, CEO와 CFO 중 누구에게 더 무게를 둘지, 이런 결정을 AI와 대화하면서 빠르게 테스트해 볼 수 있습니다.

1단계 의사결정자별 관심사 파악하기

설득 전략형 보고서에서 가장 중요한 것은 '듣는 이 분석'입니다. 같은 제안이라도 누구에게 하느냐에 따라 강조점이 완전히 달라지거든요.

김 팀장 회사 CEO는 고객 만족도와 회사의 미래 경쟁력에 관심이 많아 "AI 챗봇으로 24시간 응대가 가능해져 고객 경험 개선"이라는 메시지에 귀를 기울이고, 반면 CFO는 투자수익률(ROI)과 리스크에 민감해 "초기 투자 1.5억 원이 1년 안에 회수 가능한가?", "실패했을 때 손실은?" 같은 질문을 던질 것입니다.

김 팀장은 보고서 하나로 이 두 사람을 동시에 설득해야 합니다. CEO에게는 '혁신과 고객가치'를, CFO에게는 '비용절감과 투자수익률'을 동시에 어필해야 하는 것입니다.

2단계 다양한 설득 구조 시뮬레이션하기

설득 전략형 보고서를 쓸 때, AI를 '여러 가지 설득 구조를 빠르게 시뮬레이션'하는 데 효과적으로 활용할 수 있습니다.

1. AI에게 경영 제안서 작성 전문가라는 역할을 주고, 다양한 설득 구조를 만들어 달라고 요청합니다.

당신은 경영 제안서 작성 전문가입니다.

#상황

SaaS 기업 CEO와 CFO에게 AI 챗봇 도입을 제안합니다.

– CEO: 고객 경험 중시, 혁신적 시도에 긍정적

– CFO: 비용절감과 투자수익률(ROI) 중시, 리스크에 민감

– 필요 예산: 1.5억 원

#요청사항

다음 3가지 설득 구조로 각각 목차를 만들어 비교해 주세요.

A안: 문제 중심형

구조: 현재 문제(비용, 응대율)→문제의 심각성→해결책(AI 챗봇)→기대효과

B안: 기회 중심형

구조: 시장 트렌드(AI 챗봇 확산)→경쟁사 동향→우리의 기회→실행방안

C안: 비교 분석형

구조: 현재 방식 vs AI 도입→장단점 비교→위험 관리→의사결정 제안

#출력형식

각 안별로:

1. 전체 목차 (5~6개 대제목)

2. 각 섹션의 핵심 메시지 (한 문장)

3. CEO/CFO 중 누구에게 더 효과적인지 평가

4. 이 구조의 장단점

마지막에 추천 구조 1개 선정+선정 이유 3가지

2. AI가 프롬프트에서 요청한 대로 보고서의 구조를 '문제 중심형, 기회 중심형, 비교 분석형'의 3가지로 비교해서 보여줍니다. 우리 회사의 CEO가 기회비용에 더 반응한다면 B안을 선택하면 됩니다. 여기서는 C안인 비교 분석형을 선택하겠습니다.

A안: 문제 중심형 (Problem–Solution)

1. 전체 목차 (5–6개 대제목)

1. 고객 응대 및 운영 비용의 현재 상태
2. 문제가 사업 성과에 미치는 영향
3. 기존 방식으로는 해결이 어려운 이유
4. 해결책: AI 챗봇 도입 개요
5. 정량·정성적 기대효과
6. 투자 개요 및 실행 로드맵

2. 각 섹션 핵심 메시지

1. 현재 고객 응대 비용과 응답 지연은 이미 구조적 한계에 도달해 있다.
2. 응대 지연과 인력 의존은 고객 이탈과 브랜드 신뢰 하락으로 직결된다.
3. 인력 증원 중심의 개선은 비용 증가 외 실질적 해결이 되지 않는다.
4. AI 챗봇은 동일 문제를 구조적으로 해결할 수 있는 대안이다.
5. 비용 절감과 응대율 개선이 동시에 가능하다.
6. 1.5억 원 투자로 단계적 도입이 가능하다.

3. CEO/CFO 효과 평가

- **CFO에게 더 효과적**
- 문제 → 비용 → 손실 → 해결이라는 논리가 명확함

4. 장단점

장점

- 문제 인식이 명확해 의사결정이 빠름
- 비용 절감·효율화 논리에 강함
- 투자 필요성 설득에 유리

단점

- 방어적 프레임으로 보일 수 있음
- 혁신·성장 스토리는 상대적으로 약함

3단계 보고서 각 섹션 구체화하기

이제 설득 전략형 보고서의 각 섹션에 설득력 있는 근거를 채워야 합니다.

1. AI에게 C안 비교 분석형 구조를 선택했다고 하고, 보고서의 각 섹션을 구체화해 달라고 요청합니다.

<u>C안(비교 분석형)</u> 구조를 기반으로, 각 섹션의 내용을 구체화해 주세요.

#입력 데이터

〈현황〉

- 상담사 20명, 연간 인건비 6억 원
- 월 문의 5,000건, 응대율 85% (15%는 미응대로 고객 이탈 추정 월 50명)
- 상담사 1인당 월 250건 처리
- 평균 응대 시간: 근무시간 기준 (09:00–18:00), 야간/주말 미응대

〈AI 챗봇 도입 시〉

- 초기 투자: 1.5억 원 (구축비 1억 + 첫해 운영비 5천만 원)
- 단순 문의 70% 자동 처리 가능 (비밀번호 재설정, 요금 문의 등)
- 복잡 문의 30%는 상담사 연결
- 상담사 20명→12명으로 축소 가능 (연 2.4억 원 절감)
- 24시간 365일 응대 가능→응대율 95% 이상 예상
- 챗봇 응답 속도: 평균 5초 이내

#요청사항

1. 비교 분석표 작성

| 항목 | 현재 방식 | AI 챗봇 도입 시 | 개선 효과 |

- 비용, 응대율, 응대 시간, 고객 만족도 관점으로

2. CEO 어필 포인트와 CFO 어필 포인트 구분

- 같은 데이터도 관점에 따라 다르게 표현
- CEO용: 고객 경험, 경쟁력, 혁신
- CFO용: 비용절감, ROI, 투자 회수 기간

3. 예상 반론과 대응 논리

- 'AI가 고객 만족도를 떨어뜨리지 않을까?'
- '초기 투자 1.5억이 과한 것 아닌가?'
- '상담사 8명 감축으로 인한 사내 반발은?'

4. 대안 시나리오 3가지

- Plan A: 전체 도입 (추천안)
- Plan B: 파일럿 운영 후 확대
- Plan C: 도입 안 함 (이 경우의 기회비용 명시)

#출력형식

각 섹션별로 표와 서술을 조합해서 작성
숫자는 구체적으로, 논리는 명확하게

2. AI가 현재 방식과 AI 챗봇을 도입했을 때의 개선 효과를 비교 분석 표로 보여줍니다. 연간비용, 초기 투자, 월 문의 처리량, 응대율, 응대 가능 시간, 평균 응답 속도, 고객 이탈 추정, 상담사 생산성이 어떻게 개선될지까지 알려줍니다.

1) 비교 분석 표
현재 방식 vs AI 챗봇 도입

항목	현재 방식	AI 챗봇 도입 시	개선 효과
연간 비용	상담사 20명 인건비 6억 원	상담사 12명 인건비 3.6억 원 + 연간 운영비 0.5억 원	연 1.9억 원 순감
초기 투자	없음	1.5억 원 (구축 1억 + 1년 운영 0.5억)	1년 차 비용 증가 후 절감 전환
월 문의 처리량	5,000건 중 4,250건 처리	5,000건 중 4,750건 이상 처리	미응대 750건 → 250건 이하
응대율	85%	95% 이상	+10%p
응대 가능 시간	평일 09:00~18:00	24시간 365일	야간/주말 이탈 감소
평균 응답 속도	수 분~수십 분	5초 이내	체감 품질 대폭 개선
고객 이탈 추정	월 50명 이탈	월 10~15명 수준	연간 420명 이상 유지 가능
상담사 생산성	1인당 월 250건	단순 문의 자동화로 고부가 상담 집중	상담 품질 개선

핵심 요약 문장
AI 챗봇 도입은 운영비 절감과 응대 품질 개선을 동시에 만드는 구조적 전환이다.

3. AI가 각 설득 내용에 대한 예상 반론과 그에 따른 대응 논리까지 알려줍니다. 이런 대응 논리가 설득력 있는지는 우리가 판단해야 합니다. 만약 우리 고객들은 복잡한 문의가 50%라서 AI로 처리 가능한 비율이 낮다면, 데이터를 수정해서 다시 요청하면 됩니다.

4단계 경영진 요약과 의사결정 요청 작성하기

이제 제안서의 가장 중요한 첫 페이지에 들어갈 경영진 요약(Executive Summary)과 마지막에 들어갈 의사결정 요청(Call-to-Action)을 작성해야 합니다.

1. AI에게 지금까지 구성한 내용을 바탕으로 하여 제안서 첫 페이지에 들어갈 경영진 요약과 의사결정 요청을 써달라고 합니다.

지금까지 구성한 내용을 바탕으로, 경영진 요약(Executive Summary)과 다음 단계(Next Steps)를 작성해 주세요.

#경영진 요약(Executive Summary) 작성 요구사항
- A4 1페이지에 모든 핵심 내용 압축
- CEO와 CFO가 이것만 읽고도 의사결정할 수 있어야 함
- 포함 내용:
1. 제안 요지 (2~3문장)
2. 투자 대비 효과 (숫자 중심)
3. 주요 리스크와 대응방안 (간략히)
4. 추천 의사결정

#다음 단계(Next Steps) 작성 요구사항
- 이번 회의에서 결정해야 할 사항 명시
- 승인 후 실행 로드맵 (3단계: 파일럿 3개월→전체 확대 6개월→고도화)
- 각 단계별 예산, 인력, 결과물
- 명확하되 부담스럽지 않게

#출력형식
##경영진 요약(Executive Summary)
[1페이지 분량으로 작성]
##다음 단계(Next Steps)
###의사결정 요청
[이번 회의에서 결정이 필요한 사항]
###실행 로드맵
| 단계 | 기간 | 주요 활동 | 예산 | 결과물 |
[표로 정리]
###리스크 관리
[예상 리스크 3가지와 대응방안 간략히]

2. AI가 다음과 같이 경영진 요약을 써줍니다. 제안서 1페이지에 들어갈 제안 요지, 투자 대비 효과, 주요 리스크와 대응방안, 추천 의사결정까지 깔끔하게 정리해 주네요.

Executive Summary

(A4 1페이지 분량)

1) 제안 요지

본 제안은 고객 문의의 **70%**를 자동화하는 AI 챗봇 도입을 통해, 고객 경험(CX)을 즉시 개선하고 동시에 운영비 구조를 연간 기준으로 전환하는 것을 목표로 합니다. 초기 **1.5억 원** 투자로 응대율을 **85% → 95%** 이상으로 끌어올리고, 상담 조직을 **20명 → 12명**으로 재편해 지속 가능한 비용 절감을 달성합니다.

2) 투자 대비 효과 (숫자 중심)

- 초기 투자: 1.5억 원 (구축 1.0억 + 1년 운영 0.5억)
- 연간 비용 구조 변화:
    - 기존 인건비 **6.0억 → 3.6억** (상담사 20→12명)
    - 연간 운영비 0.5억 포함 시 순절감 **1.9억 원/년**
- 투자 회수 기간: 약 **9~10개월**
- 운영 성과:
    - 응대율 **85% → 95%+**
    - 평균 응답 속도 수 분 **→ 5초 이내**
    - 월 고객 이탈 **50명 → 10~15명** 수준으로 감소(연간 420명 이상 유지)

3) 주요 리스크와 대응 방안

- **고객 만족도 저하 우려**: 단순 문의만 자동화(70%), 복잡 문의는 즉시 상담사 연결로 CX 보호
- **초기 투자 부담**: 1년 이내 회수 가능한 구조, 이후 매년 **EBITDA +1.9억** 개선
- **조직 반발**: 즉각 감축이 아닌 자연 감소·재배치 중심, 고부가 상담/CSM 역할 전환

4) 추천 의사결정

Plan A(전체 도입)을 기본안으로 승인하되, 초기 3개월은 파일럿 범위를 설정해 성과를 계량 검증한 후 6개월 내 전면 확대를 권고드립니다. 본 안은 **CX 개선과 비용 절감을 동시에 충족**하는 가장 빠르고 안전한 선택입니다.

---

3. AI가 다음 단계(Next Steps)로 의사결정 요청 부분도 써주었습니다. 경영진이 어떤 것을 승인해야 하는지를 정리한 것입니다. 예산·도입·단계적 로드맵과 관련해, 경영진이 승인할 부분을 깔끔하게 요약하고 실행 로드맵도 덧붙였습니다. 경영진에게 이렇게 구체적으로 '무엇을 결정해 달라'고 요청해야, 회의가 끝난 후 "검토해 보겠습니다"로 끝나지 않고 실제 결정으로 이어집니다.

Next Steps

의사결정 요청

이번 회의에서 아래 사항의 승인 여부를 요청드립니다.

1. **예산 승인:** 총 **1.5억 원** (구축 1.0억, 1년 운영 0.5억)
2. **도입 범위 승인:** 단순 문의 70% 자동화, 복잡 문의 상담사 연계
3. **단계적 로드맵 승인:** 파일럿 → 전면 확대 → 고도화

실행 로드맵

단계	기간	주요 활동	예산	산출물
파일럿	3개월	FAQ/비밀번호/요금 문의 자동화, 상담 연계 설계, KPI 정의	0.6억	파일럿 성과 리포트 (KPI·CSAT·자동처리율)
전체 확대	6개월	전 문의 채널 적용, 상담사 역할 재설계, 24/7 운영	0.6억	전면 운영 체계, 응대율 95%+ 달성
고도화	3개월	지식 확장, 응답 정확도 개선, CRM 연계	0.3억	고도화 모델, 지속 개선 지표

(종합 1.5억 원)

설득 전략형 보고서의 3가지 실전 팁

설득 전략형 보고서의 목표는 그야말로 우리 제안의 설득력을 높이는 것입니다. 효과적인 설득 전략형 보고서를 쓰는 실전 팁을 알아보죠.

1. AI에게 CFO 역할 맡기기

AI에게 CFO 역할을 맡기면, AI는 CFO 입장에서 "초기 투자금 회수 기간 8개월은 너무 낙관적 아닌가?", "상담사 감축 시 서비스 품질 하락 리스크는?" 같은 질문을 던집니다. 이 질문에 대한 답변을 미리 준비해 두면, 실제 회의에서 당황하지 않을 수 있습니다.

당신은 우리 회사 CFO입니다.

위 제안서를 검토하고, 비판적 관점에서 약점을 찾아주세요.

특히 재무적 리스크 관점에서 3가지 질문을 주세요.

2. 여러 버전의 요약 만들기

같은 제안도 어떻게 요약하느냐에 따라 인상이 달라집니다. 따라서 요약을 여러 버전으로 만들어 달라고 요청하세요. AI가 3가지 버전을 주면, 그것을 검토하여 우리 회사 분위기에 가장 맞는 프레이밍을 선택하면 됩니다.

> 경영진 요약(Executive Summary)을 3가지 버전으로 작성해 주세요.
> 1. 비용절감을 가장 강조하는 버전 (CFO 중심)
> 2. 고객 경험 개선을 강조하는 버전 (CEO 중심)
> 3. 경쟁 우위 확보를 강조하는 버전 (전략 중심)

3. 최악의 시나리오 대비하기

AI에게 실패했을 때의 최악의 시나리오와 손실 최소화 방안을 요청하세요. 이렇게 하면 "만약 실패하면 어떻게 되나요?"라는 질문을 받더라도 준비된 답변을 할 수 있습니다.

> AI 챗봇 도입이 실패했을 때의 최악 시나리오를 작성해 주세요.
> 그리고 그 상황에서도 손실을 최소화하는 방안을 제시해 주세요.

설득 전략형 보고서는 AI 의존도가 60% 정도입니다. AI는 설득 구조를 만들고 근거를 강화하며 예상 반론을 준비하는 데 큰 도움이 됩니다. 하지만 '우리 CEO는 이런 방식의 제안을 선호', '우리 CFO는 이 정도 투자수익률이면 고개를 끄덕일 것' 같은 미묘한 판단은 사람만이 할 수 있습니다.

보고서 유형별 AI 활용 전략 총정리

앞에서 정보 전달형, 분석 인사이트형, 설득 전략형 등 3가지 보고서 유형을 실습하며, 보고서 유형에 따라 AI 활용 전략이 다르다는 것을 경험했습니다.

'정보 전달형' 보고서를 만들 때 AI는 '자동화 엔진'입니다. 템플릿을 한 번 제대로 만들어 두면, 이후에는 90% 이상 자동으로 처리할 수 있습니다. 핵심은 '재사용 가능한 구조를 얼마나 정교하게 만드느냐'입니다. 매주, 매월 반복하는 정형화된 보고서가 있다면, 다음 주부터 바로 적용해 보세요. 처음 한 시간 투자하면, 이후 1년 동안 수십 시간을 절약할 수 있습니다.

'분석 인사이트형' 보고서를 작성할 때 AI는 '사고 파트너'입니다. 데이터를 어떤 프레임워크로 볼지, 어떤 패턴이 숨어 있는지, 그것이 의미하는 바는 무엇인지, AI와 대화하면서 생각을 정리할 수 있습니다. 하지만 최종 인사이트는 사람이 판단해야 합니다. AI가 제시한 분석이 우리 회사 상황에 정말 맞는지, 실행 가능한지는 여러분만이 알 수 있으니까요.

'설득 전략형' 보고서를 쓸 때 AI는 '시뮬레이터'입니다. 여러 가지 설득 구조를 빠르게 시뮬레이션하고, 예상 반론을 미리 찾아내고, CEO와 CFO에게 각각 어떤 메시지가 효과적일지 테스트해 볼 수 있습니다. 하지만 듣는 이의 성향을 파악하고 최종 메시지를 다듬는 것은 사람의 몫입니다.

보고서 실무 AI 적용 체크리스트

1. 내가 쓰는 보고서는 A, B, C 중 어떤 유형인가?

① 정형화되고 반복적이다 → A (정보 전달형 보고서)

② 데이터 분석과 인사이트 도출이 필요하다 → B (분석 인사이트형 보고서)

③ 의사결정을 이끌어내야 한다 → C (설득 전략형 보고서)

2. 각 유형에 맞는 프롬프트 전략을 사용하고 있는가?

① 정보 전달형 보고서: 템플릿 중심, 자동화 요청

② 분석 인사이트형 보고서: 프레임워크 제시, 인사이트 도출 요청

③ 설득 전략형 보고서: 다양한 구조 시뮬레이션, 반론 준비 요청

3. AI에게 맡길 부분과 내가 판단할 부분이 명확한가?

① 정보 전달형 보고서: AI 80%＋사람 20% (데이터 검증)

② 분석 인사이트형 보고서: AI 50%＋사람 50% (인사이트 판단)

③ 설득 전략형 보고서: AI 60%＋사람 40% (청자 맞춤화)

4. 프롬프트를 재사용하기 위해 저장하고 있는가?

① 효과적이었던 프롬프트는 노션, 에버노트 등에 저장

② 회사별, 유형별로 폴더 정리

③ 3개월 후 똑같은 보고서 쓸 때 바로 꺼내 쓸 수 있게

10장

보고서 리뷰에 AI 활용하기

'내가 작성한 보고서, 이대로 제출해도 될까?' 우리가 쓴 보고서를 AI를 활용해 검토하는 법을 알아봅니다. AI와 함께 보고서의 구조적 완성도, 논리 흐름, 메시지 밀도, 가독성, 듣는 이 관점 시뮬레이션 등을 통해 멋진 보고서를 완성해 보겠습니다.

AI 리뷰의 각 단계에서 사용할 수 있는 프롬프트도 소개하니, 여러분의 상황에 맞게 수정해 사용하세요.

완성한 보고서,
이대로 제출해도 될까?

보고서 리뷰에서 흔히 놓치는 것들

월요일 오후 5시, 박 과장은 지난 일주일 동안 밤늦게까지 작업해 완성한 〈경쟁사 분석 보고서〉에서 마우스 포인터를 〈저장〉 버튼 위에 올려놓고 잠시 망설였습니다. 수요일 오전에 상품본부장과 경영지원본부장에게 보고해야 하는데, 프리미엄 도시락 라인 신설을 위한 예산 3천만 원을 승인받아야 하는 건입니다.

박 과장은 신입사원 시절, 자신 있게 준비한 보고서를 가지고 들어갔다가 본부장에게 "그래서 결론이 뭔가요?"라는 질문을 받고 당황했던 기억이 있습니다. 박 과장은 이대로 보고서를 내도 될지 고민이 되었습니다.

직접 쓴 보고서는 며칠 동안 매달렸기 때문에 내용에 너무 익숙해져서, 처음 보는 사람 입장에서 어떻게 읽힐지 객관적으로 판단하기 어렵습니다. 많은 직장인들이 보고서 리뷰에서 놓치는 것들이 있습니다.

먼저, 데이터는 잔뜩 있는데 정작 "그래서 무엇을 하자는 건데요?"라는 질문에 명확하게 답하지 못하는 경우입니다. 정보는 많지만 핵심 메시지가 흐릿한 경우입니다.

또는 논리의 비약을 놓치기도 합니다. '경쟁사가 프리미엄 전략으로 성공했으니 우리도 해야 한다'는 주장은 언뜻 그럴듯하지만, "왜 경쟁사의 성공이 우리의 성공을 보장한다고 생각하나요?"라는 질문에는 답하지 못하는 경우입니다. 작성자 입장에서는 당연해 보이는 연결고리가, 처음 듣는 사람에게는 논리적 비약으로 느껴질 수 있습니다.

아울러 듣는 이 관점을 고려하지 못하는 경우도 있습니다. 같은 보고서를 듣더라도 CEO는 브랜드 이미지를, CFO는 투자 회수 기간을 궁금해합니다. 하지만 보고서는 작성자가 중요하다고 생각하는 내용 중심으로 흘러가기 쉽죠. 그런데 임원들이 궁금한 것은 분석과정이 아니라 '그래서 우리는 무엇을 해야 하고, 그것이 얼마나 효과적인가'입니다.

AI를 '재작성자'가 아닌 '리뷰어'로 쓰는 법

박 과장은 팀장에게 자신이 쓴 보고서의 리뷰를 부탁하고 싶지만, 그는 지금 다른 프로젝트로 정신이 없습니다. 내일 오후에나 시간을 낼 수 있다고 합니다. 이에 박 과장은 일단 AI를 활용해 보고서를 한 번 더 점검할 생각입니다. 하지만 방법이 중요합니다.

　AI를 보고서 리뷰에 활용할 때, AI를 '재작성자'로 쓰는 사람들이 있습니다. 자신이 작성한 보고서를 AI에게 통째로 업로드하고 "더 나은 버전으로 다시 작성해 줘"라고 하는 것이죠. 그러면 AI는 그럴듯한 보고서로 다시 써줍니다. 하지만 AI가 쓴 문장, AI가 잡은 구조, AI가 선택한 메시지가 되어버리며, 자칫 밋밋해지거나 오류가 생길 수도 있습니다.

　AI에게 우리가 쓴 보고서의 검토를 맡길 때는 AI를 '리뷰어'로 써야 합니다. AI에게 '이 보고서에서 논리적으로 약한 부분은 어디인가?', '임원 입장에서 궁금할 만한데 빠진 내용은 무엇인가?'처럼 구체적인 관점에서 점검을 요청하세요. 그리고 AI는 우리가 놓친 부분을 지적해 주면, 그 피드백을 보고 스스로 판단해서 보완하면 됩니다.

AI를 리뷰어로 활용할 때 강점 3가지

AI를 리뷰어로 활용하면, AI는 감정이 없으므로 순수하게 보고서의 구조적 문제를 짚어주며 가차 없이 약점을 찾아냅니다. 때로는 뼈아프지만, 임원 앞에서 지적받는 것보다는 훨씬 낫습니다.

　또한 AI에게 역할을 부여해서 같은 보고서를 CEO 관점, 실무 담당자 관점, 재무팀 관점 등 여러 시각으로 시뮬레이션해 볼 수 있습니다.

　아울러 팀장이나 동료에게 리뷰를 부탁하면 최소 몇 시간에서 하루는 기다려야 하지만, AI는 3초 만에 10가지 개선점을 정리해 줍니다. 월요일 저녁에 완성한 보고서를 화요일 새벽까지 여러 차례 점검하고 개선할 수 있는 것이죠.

물론 AI 리뷰에도 한계는 있습니다. AI는 보고서를 리뷰한 후 '결론을 맨 뒤에 배치하는 게 일반적'이라고 제안할 수는 있지만, 우리 회사 CEO가 보고서 첫 페이지에 결론이 나오는 것을 선호하는 스타일이라는 것은 모릅니다. 또한 AI는 '15% 증가 예상이라는 근거가 약하다'라고 지적할 수는 있지만, 그 15%라는 숫자 자체가 맞는지 틀렸는지는 판단하지 못합니다.

리뷰 프로세스 구성하기

리뷰 프로세스는 다음과 같이 구성하는 것이 가장 효과적입니다.

1차로 자가 점검을 합니다. 우리 스스로 체크리스트를 보면서 '메시지가 명확한가?', '논리적 비약은 없는가?' 같은 기본적인 항목을 확인하는 것이죠.

2차로 AI에게 구조화된 프롬프트로 구체적인 관점에서 보고서 리뷰를 해달라고 요청합니다.

3차는 팀장이나 동료에게 리뷰를 요청하는 것입니다. AI가 찾아낸 개선점을 반영한 보고서 버전을 사람에게 보여주면 리뷰를 훨씬 효율적으로 받을 수 있습니다.

다만, AI의 보고서 리뷰는 어디까지나 참고자료이며, 최종 판단은 우리가 해야 합니다. AI 제안을 100% 반영할 필요 없습니다. 경험상 AI가 지적한 것 중에서 60% 정도만 반영해도 보고서 품질이 눈에 띄게 좋아집니다.

내가 만든 보고서
AI로 체계적으로 최종 점검하기

박 과장이 작성한 〈경쟁사 분석 보고서〉는 총 7페이지로, 첫 페이지는 경영진 요약(Executive Summary)으로 핵심 내용을 요약했고, 이어서 '시장현황→3C 분석→핵심 인사이트→전략 제안→실행 로드맵→예상 질의응답'으로 구성되어 있으며, 인사이트형 보고서 구조를 따랐습니다.

그런데 박 과장은 이 보고서로 상품본부장과 경영지원본부장을 설득할 수 있을지 확신이 서지 않습니다. 상품본부장은 유통 경력 20년의 베테랑으로 실행 가능성과 시장 반응에 관심이 많고, 경영지원본부장은 회계사 출신으로 숫자와 투자수익률(ROI)을 꼼꼼히 따지는 스타일입니다. 보고 시간은 15분 발표에 10분 질의응답, 총 25분입니다. 그래서 AI의 도움을 받아 자신이 만든 보고서를 체계적으로 점검하기로 했습니다.

분석 보고서 리뷰는 4단계로 진행됩니다. 1단계는 구조적 완성도 점검, 2단계는 논리 흐름 점검, 3단계는 메시지 밀도 평가, 4단계는 듣는 이 관점 시뮬레이션입니다.

각 단계마다 구체적인 프롬프트를 사용해서 AI에게 점검을 요청하고, 그 결과를 바탕으로 개선점을 찾아낼 것입니다. 각 단계에서 사용할 수 있는 프롬프트 예시를 소개하니, 각각의 상황에 맞게 수정해서 사용해 보세요.

1. 구조적 완성도: 목차 구조와 논리 흐름 검증하기

보고서의 구조가 튼튼한지부터 확인해야 합니다. 구조 점검에서 봐야 할 것은 4가지입니다.

    ① 각 섹션이 하나의 명확한 질문에 답하는가?

    ② 섹션 간 연결이 자연스러운가?

    ③ 불필요한 섹션은 없는가?

    ④ 전체 분량이 발표 시간에 적절한가?

1. AI에게 보고서 목차의 구조와 논리 흐름을 점검해 달라고 합니다.

당신은 경영 보고서 구조 전문가입니다.

#상황
편의점 도시락 경쟁사 분석 보고서를 임원에게 보고할 예정입니다.
발표 시간은 15분이며, 목표는 파일럿 프로젝트 예산 승인입니다.
청자는 상품본부장(실행 중심)과 경영지원본부장(ROI 중심) 두 명입니다.

#현재 목차

1. 경영진 요약(Executive Summary) – '관리형 한식' 서브라인 신설 제안

2. 시장 및 경쟁 현황–편의점 도시락 시장 성장, 경쟁사 A의 프리미엄 전략 성공

3. 3C 분석–우리 회사(Company)/경쟁사(Competitor)/고객 트렌드(Customer) 비교

4. 핵심 인사이트–3가지 전략적 시사점

5. 전략 제안–'가성비 한식'을 '관리형 한식'으로 재정의한 서브라인 도입

6. 실행 로드맵–3개월 개발 일정, 6개월 손익분기

7. 예상 Q&A–임원 질문 예상 및 답변

#요청사항

다음 관점에서 목차 구조를 평가해 주세요:

1. 논리적 흐름 (1~5점)

– 각 섹션이 다음 섹션으로 자연스럽게 이어지는가?

– 설득 구조(현황→분석→인사이트→제안)가 명확한가?

2. 청자 관점 적합성 (1~5점)

– 임원이 15분 안에 핵심을 파악할 수 있는 구조인가?

– 의사결정에 필요한 정보가 빠짐없이 배치되었는가?

3. 섹션 균형 (1~5점)

– 7개 섹션이 15분 발표에 적절한가? (너무 많거나 적지 않은가)

– 각 섹션의 중요도가 적절히 분배되었는가?

4. 개선 제안

– 추가/삭제/통합/재배치가 필요한 섹션

– 각 제안의 이유를 구체적으로 설명

#출력형식

##[평가 점수표]

| 평가 항목 | 점수 | 구체적 근거 |

##[개선 제안]

1. 제안: (예: 섹션 3과 4 통합)

이유: (예: 3C 분석 결과가 인사이트로 직접 연결되어 중복 느낌)

기대효과: (예: 1페이지 절약, 메시지 집중도 향상)

2. AI가 박 과장이 만든 보고서의 목차 구조를 체계적으로 평가해 줍니다. 그중 일부를 보여드리겠습니다.

논리적 흐름은 4점입니다.
전반적으로 '현황→분석→제안' 순서가 명확합니다. 하지만 섹션 3(3C 분석)과 섹션 4(핵심 인사이트)에서 내용 중복 가능성이 있습니다. 3C 분석의 결론 부분과 핵심 인사이트가 같은 메시지를 반복할 수 있기 때문입니다.

청자 관점 적합성은 3점입니다.
경영지원본부장이 궁금해할 투자수익률(ROI)과 투자 상세 내역이 섹션 5(전략 제안)에 포함되어 있는지 불명확합니다. 예산 3천만 원의 세부 항목(상품 개발비, 마케팅비, 재고비 등)이 명시되어야 합니다.

섹션 균형은 3점입니다.
15분 발표에 7개 섹션은 평균 페이지당 2분 정도입니다. 적절하지만, 섹션 7(예상 Q&A)은 발표 슬라이드가 아니라 발표자 노트로 준비하는 게 더 효과적일 수 있습니다.

AI의 보고서 리뷰 평가 및 반영하기

박 과장은 자신이 만든 보고서에 대한 AI의 지적이 타당한지 판단을 합니다.

'3C 분석과 핵심 인사이트가 중복된다'는 지적의 경우, 실제 보고서를 확인해 보니, 정말 3C 분석 마지막에 '경쟁사는 프리미엄 전략으로 성장 중'이라고 쓰고, 다음 페이지 인사이트에서 또 '경쟁사의 프리미엄 전략 성공'을 언급했습니다. AI의 지적대로 중복이 맞습니다.

이 경우 두 섹션을 통합하는 게 나을 수 있습니다. 하지만 만약 박 과장이 '우리 본부장님은 분석과정을 중요하게 보니까 3C는 따로 보여드려야 해'라고 판단한다면, AI 제안을 받아들이지 않고 중복을 최소화하는 방향으로 수정하면 됩니다. 3C 분석에서는 데이터 중심으로 보여주고, 인사이트에서는 그 데이터가 의미하는 바를 해석하는 식으로 역할을 명확히 구분하는 것입니다.

또한 AI는 박 과장의 보고서에 대해 "투자수익률(ROI)과 투자 상세 내역이 불명확하다"고 지적했는데, 특히 이 점은 즉시 반영해야 합니다. 경영지원본부장은 CFO 마인드로 숫자를 꼼꼼히 보기 때문입니다. '전략 제안' 섹션에 예산 테이블을 추가하거나, 아예 별도 슬라이드로 만드는 것이 좋겠죠.

AI '예상 Q&A를 발표 슬라이드에서 빼라'는 제안은 상황에 따라 다릅니다. 만약 Q&A를 미리 보여줘서 신뢰를 주고 싶다면 남겨도 되지만, 슬라이드를 간결하게 만들고 싶다면 발표자 노트나 별도 문서로 준비하는 것이 맞습니다.

AI가 지적한 모든 것을 다 고칠 필요는 없지만 무시하지도 마세요. 왜 AI가 이런 지적을 했을까를 한 번 더 생각해 보고, 실제 보고서를 확인한 뒤 판단하세요. 그 과정에서 우리가 놓쳤던 문제를 발견하게 됩니다.

페이지별 메시지 일관성 확인하기

이제 각 페이지의 메시지가 전체 메시지와 일관성 있게 연결되는지 확인하세요. 전체 보고서의 핵심 메시지는 "가성비 한식을 '관리형 한

식'으로 재정의한 서브라인 도입 필요"이므로, 보고서의 7페이지 모두
가 이 메시지를 뒷받침해야 합니다.

1. AI에게 보고서에서 각 섹션의 핵심 메시지를 뽑고, 전체 보고서의
   핵심 메시지와 일관성이 있는지 평가해 달라고 요청합니다.

#지시문
각 섹션의 핵심 메시지를 추출하고, 전체 보고서 메시지와의 정합성을 평가
해 주세요.

#전체 보고서 메시지
"경쟁사는 프리미엄 전략으로 성장 중이며, 우리는 '가성비 한식'을 '관리형
한식'으로 재정의한 서브라인 도입이 필요하다."

#각 섹션 요약
##1페이지 경영진 요약(Executive Summary):
경쟁사 A의 성장은 '가격'이 아니라 '건강·프리미엄이라는 명확한 선택 이
유'를 고객에게 제공했기 때문이며, 우리는 가성비·한식 강점을 유지한 채
'관리형 한식'으로 전략 전환이 필요함
##2페이지 (시장 현황):
2030 편의점 고객은 '저렴함'보다 '건강·품질·기분 만족'을 기준으로 도시
락을 선택하고 있음
##3페이지 (3C 분석):
경쟁사는 '왜 이걸 사야 하는지'를 말하고 있고, 우리는 '무난한 선택지'에
머물러 있음. 매출 격차의 본질은 '제품 수'가 아니라 '고객 선택 구조 설계'
의 차이임
##4페이지 (핵심 인사이트):
1. 가격 경쟁력은 더 이상 핵심 차별 요인이 아니다.
2. 제품 수보다 '선택 이유의 명확성'이 매출을 좌우한다.
3. 오프라인 진열과 SNS 노출이 동시에 구매 확률을 증폭시킨다.

##5페이지 (전략 제안):

– '가성비 한식'을 '관리형 한식'으로 재정의한 서브라인 도입

– 신제품 수보다 '신제품으로 느껴지게 만드는 방식' 개선

– 매장 진열 확대 대신 '선택 구조' 개선

##6페이지 (실행 로드맵):

1단계(1~2개월): 기존 자산을 활용해 '관리형 한식' 인식을 빠르게 생성

2단계(3개월): 가성비 한식의 정체성을 유지하면서 건강 포지션 확장

3단계(4~6개월): 전체 매장 확대, 마케팅 강화

##7페이지 (예상 Q&A):

Q1. 가격을 올려야 하는 것 아닌가? →

A. 아님. 가격 인상보다 '가격을 유지한 채 건강 가치를 추가'하는 것이 우리
　　브랜드 자산에 부합

Q2. 경쟁사처럼 프리미엄 라인을 만들어야 하나? →

A. 신규 브랜드보다 기존 한식 자산을 활용한 서브라인 전략이 리스크와 투
　　자 대비 효과가 더 큼

Q3. 이 전략의 성공 여부는 어떻게 판단하나? →

A. 파일럿 점포 기준으로 도시락 매출, SKU 회전율, 구매 전환율을 3개월
　　내 검증 가능

#요청사항

1. 각 페이지에서 읽히는 핵심 메시지를 1문장으로 추출

2. 전체 메시지와의 일관성 평가 (일치/부분 일치/불일치)

3. 메시지가 약하거나 어긋나는 페이지 지적

4. 개선 방향 제시

#출력형식

| 페이지 | 현재 메시지 | 일관성 | 개선 방향 |

2. AI가 각 섹션의 핵심 메시지를 뽑고, 전체 보고서의 핵심 메시지와 일관성이 있는지 평가해 줍니다. AI의 각 평가 내용은 실제로 확인해 보아야 합니다. 경영진 요약(Executive Summary)에서 "편의점 도시락 전략 전환이 시급하다"고 강조했는데, 로드맵을 보니 실제로는 4개월 뒤에나 전체 출시된다면 보고서의 메시지가 일치하지 않는 것입니다.

보고서에서 각 페이지가 제각각 다른 이야기를 하면 혼란스럽습니다. 모든 페이지가 하나의 중심 메시지를 향해 달려가야 설득력이 생깁니다.

2. 논리 흐름: 주장과 근거가 연결되는가?

보고서의 구조가 단단하고 메시지가 일관되더라도, 논리에 구멍이 있으면 임원들이 고개를 갸웃거리게 됩니다. 보고서를 쓰는 우리에게는 당연한 것이 듣는 이에게는 당연하지 않을 수 있습니다. 모든 주장에 "왜?"라고 3번 물어보세요. 그래도 답할 수 있으면 보고서의 논리가 단단한 것입니다.

1. AI에게 보고서를 검토해 논리적 허점과 비약을 찾아달라고 요청합니다.

> 당신은 비판적 사고 전문가입니다.
>
> **#역할**
> 이 보고서의 논리적 허점과 논리 비약을 찾아내는 것이 임무입니다.
> 건설적 비판 관점에서 엄격하게 검토해 주세요.

검토 내용

주장 1: 경쟁사 A는 프리미엄 전략으로 3개월간 15% 성장했다

근거: 평균 가격 5,500원(우리보다 1,000원 높음), 신제품 8종 출시, SNS 마케팅 강화, 매장 내 냉장고 확대

주장 2: 우리도 프리미엄 한식 도시락을 출시해야 한다

근거: 고객 트렌드가 프리미엄화되고 있으며, 우리 강점은 한식 전문성

주장 3: 3천만 원 투자로 3개월 내 출시 가능하다

근거: 상품 개발 2개월, 마케팅 준비 1개월, 기존 협력사 활용

주장 4: 도시락 매출 15% 증가 예상

근거: 프리미엄 제품 객단가 상승, 브랜드 이미지 개선 효과

요청사항

각 주장에 대해 다음을 검토해 주세요:

1. 논리적 타당성

– 근거가 주장을 충분히 뒷받침하는가?

– "A이므로 B이다"의 연결고리가 명확한가?

– 빠진 전제나 숨은 가정은 없는가?

2. 반론 가능성

– 이 주장에 대한 반론은 무엇인가?

– 예: "경쟁사가 성공했다고 우리도 성공하는가?"

3. 보완 필요 근거

– 주장을 더 강화하려면 어떤 근거가 추가되어야 하는가?

출력형식

[주장 1 검토]

✓ 논리적 타당성: (상/중/하) – 이유

  예상 반론: "…"

  보완 제안: "…"

(주장 2, 3, 4도 동일 형식으로)

2. AI가 다음과 같은 답변을 줍니다. AI의 피드백을 보면 어떤 부분이 논리적으로 약한지 명확해집니다.

주장 1 검토 ✓ 논리적 타당성: 상

경쟁사 성장의 근거가 구체적입니다. 가격, 제품 수, 마케팅, 매장 확대 등 여러 요소를 제시했습니다.

예상 반론: "15% 성장이 프리미엄 전략 때문인지, 다른 요인(예: 신규 입점, 프로모션) 때문인지 어떻게 아나?"

보완 제안: 경쟁사 발표 자료나 업계 뉴스 등 외부 출처를 인용하여 프리미엄 전략과 성장의 인과관계 명확히

주장 2 검토 ✓ 논리적 타당성: 중

고객 트렌드는 맞지만, '경쟁사 성공=우리 성공'은 논리 비약

예상 반론: "경쟁사와 우리는 브랜드 인지도, 유통망, 고객층이 다른데 같은 전략이 먹힐까? 경쟁사는 전국 5천 매장, 우리는 3천 매장인데?"

보완 제안: ① 우리만의 차별화 요소 강조 ② '경쟁사 따라하기'가 아니라 '한식 전문성을 활용한 프리미엄'이라는 차별점 부각 ③ 유사 규모 업체의 성공 사례 추가

주장 3 검토 ✓ 논리적 타당성: 하

3천만 원과 3개월의 구체적 산출 근거가 약함

예상 반론: "레시피 개발 2개월에 정말 프리미엄 한식 3종이 가능한가? 협력사가 프리미엄 식자재를 바로 공급할 수 있나? 테스트 기간은?"

보완 제안: ① 상품개발팀과 협의한 주차별 일정표 제시 ② 각 단계별 소요 비용 테이블 ③ 기존 협력사 중 프리미엄 식자재 공급 가능 업체 리스트

주장 4 검토 ✓ 논리적 타당성: 하

15% 증가의 산출 근거가 전혀 없음

AI가 지적한 반론들을 살펴보면서 보고서에 미리 반영하세요. 예를 들어 "경쟁사와 우리는 규모가 다르지 않나?"라는 반론에 대해서는, 보고서에 다음과 같이 미리 답변을 넣는 것이죠.

"경쟁사는 전국망이지만 우리는 수도권 집중이라는 차이가 있습니다. 하지만 수도권이 프리미엄 시장의 60%를 차지하므로 오히려 우리에게 유리합니다."

스토리라인의 자연스러움 검증하기

보고서에 논리적으로 문제가 없어도, 페이지를 넘길 때마다 주제가 갑자기 바뀌면 읽는 흐름이 끊깁니다. 각 페이지의 마지막 문장과 다음 페이지의 첫 문장이 자연스럽게 이어져야 합니다. 특히 슬라이드 형태의 보고서라면 이 부분을 더욱 꼼꼼하게 확인해야 합니다.

1. AI에게 보고서의 각 페이지 전환이 자연스러운지 평가하고 어색한 부분을 알려달라고 요청합니다.

#지시문

각 페이지 간 전환이 자연스러운지 평가하고, 어색한 부분을 지적해 주세요.

#평가 방식

페이지를 순서대로 읽으면서:

– 이전 페이지의 질문/의문에 다음 페이지가 답하는가?

– 갑작스러운 주제 전환은 없는가?

– 연결 문장(Bridge)이 필요한 곳은 어디인가?

#입력

[첨부한 보고서 참고]

#요청사항

1. 각 페이지 전환의 자연스러움 평가 (1~5점)

2. 어색한 전환 지적

3. 연결 문장(Bridge) 제안

#출력 예시

페이지(Page) 1→2: ★★★☆☆ (3점)

문제: 결론에서 갑자기 시장 설명으로 넘어가 흐름 끊김

제안: 페이지 1 끝에 "이러한 제안의 배경을 시장 분석부터 살펴보겠습니다"추가

2. AI가 보고서에서 각 페이지 전환이 자연스러운지 평가하고 개선점을 알려줍니다.

경영진 요약(Executive Summary)에서 '제안합니다'로 끝나고, 바로 시장 성장 이야기로 넘어가면 청자는 '왜 갑자기 시장 이야기지?'라고 의아해할 수 있습니다. 페이지 1 마지막에 "이 제안의 근거를 시장 현황부터 살펴보겠습니다"처럼 다음 내용을 예고하는 문장을 추가하세요.

페이지 2→3 전환은 4점입니다.
비교적 자연스럽습니다. 경쟁사 성공 이야기 후 "구체적으로 살펴보겠습니다"로 3C 분석 시작이 무난합니다.

페이지 4→5 전환은 5점입니다.
완벽합니다. 인사이트에서 "우리만의 포지셔닝 필요"라고 했으니, 다음에 "구체적으로 이렇게 하겠습니다"로 이어지는 게 자연스럽습니다.

3. 메시지 밀도: 불필요한 군더더기는 없는가?

보고서에서 가장 흔한 실수는 너무 많은 정보를 담으려는 것입니다. 며칠 동안 조사하고 분석한 내용을 다 보여주고 싶은 마음은 이해하지만, 듣는 이 입장에서는 정보 과부하가 됩니다.

한 페이지에 핵심 메시지가 2개 이상이면 둘 중 하나는 빼세요. 듣는 이는 한 번에 하나의 메시지만 받아들일 수 있습니다. 특히 슬라이드 형태 보고서라면 한 페이지에는 하나의 핵심 메시지만 있어야 합니다.

1. AI에게 각 페이지의 정보 밀도를 평가하고, 불필요한 군더더기가 없는지 알려달라고 합니다.

#지시문

각 페이지의 정보 밀도를 평가하고, 핵심 메시지와 부가 정보를 구분해 주세요.

#평가기준

- 핵심 메시지: 이 페이지가 전달해야 할 단 하나의 메시지
- 부가 정보: 핵심을 뒷받침하는 데이터/사례
- 군더더기: 삭제해도 메시지 전달에 문제없는 내용

#입력

페이지 3: 3C 분석

포함 내용:

- 우리 회사(Company): 우리 vs 경쟁사 가격/제품 수/마케팅 비교표
- 경쟁사(Competitor): 경쟁사 A의 프리미엄 전략 상세 (가격대별 제품 라인업, SNS 마케팅 사례 5개, 매장 확대 전략)
- 시장 트렌드(Customer): 건강 관심 증가, 1인 가구 증가, 가격 민감도 감소
- 추가 1: 경쟁사 B, C 간략 소개 (각 1문단)
- 추가 2: 편의점 업계 전체 매출 추이 그래프 (최근 5년)
- 추가 3: 해외 사례 (일본 세븐일레븐의 프리미엄 도시락 전략)

#요청사항

1. 핵심 메시지 1문장으로 추출
2. 핵심 vs 부가 vs 군더더기 분류
3. 삭제 추천 항목과 이유
4. 정보 밀도 점수 (1~5점, 3점이 적정)

#출력형식

핵심 메시지: "…"

정보 분류:

핵심: …

부가: …

군더더기: …

삭제 추천: … → 예상 절약: 0.X페이지

정보 밀도: ★★★★☆ (X점)—평가 이유

2. AI가 보고서의 메시지 밀도를 평가해 줍니다. 박 과장은 AI의 보고서 리뷰 피드백을 보고 실제 슬라이드를 확인해 봅니다. '정말 경쟁사 B, C를 소개할 필요가 있을까요?' 만약 임원들이 "B, C는 어떤가요?"라고 물어볼 가능성이 있다면 남기되, 그것이 아니라면 과감히 삭제하면 됩니다. 해외 사례는 흥미롭지만, 15분 발표에서 우선순위가 낮습니다. 질의응답 시 "참고로 일본에서는…"이라고 구두로 언급하거나, 부록으로 넣어도 됩니다.

핵심 메시지: 경쟁사는 프리미엄 전략, 우리는 가성비 전략으로 고객 트렌드와 어긋남

정보 분류:
핵심: 우리 회사(Company)/경쟁사(Competitor)/시장 트렌드(Customer) 비교표, 경쟁사 A 프리미엄 전략 핵심 3가지
부가: SNS 마케팅 사례 중 대표 사례 1~2개, 시장 트렌드 데이터
군더더기:
- 경쟁사 B, C 소개 (우리 전략과 직접 관련 없음, A만으로 충분)
- 업계 전체 매출 그래프 (범위가 너무 넓어 핵심과 무관)
- 해외 사례 (참고는 되지만 15분 발표에서 우선순위 낮음)

삭제 추천: 경쟁사 B, C, 업계 매출 그래프, 해외 사례 삭제→예상 절약: 0.7페이지 필요하다면 부록으로 이동

정보 밀도: ★★★★★ (5점)
- 과밀. 한 페이지에 너무 많은 정보, 군더더기 제거하면 적정 밀도 (3점) 달성

4. 전문 용어와 가독성 점검하기

보고서가 아무리 좋은 내용이라도 듣는 이가 이해 못 하면 소용없습니다. 특히 마케팅 용어나 영어 약자는 조심해야 합니다. 중학생이 읽어도 이해할 수 있는 문장으로 쓰세요. 전문가처럼 보이려고 어려운 용어를 쓰는 것은 역효과입니다.

1. AI에게 경영진이 이 보고서를 읽을 때 이해하기 어려운 용어나 문장을 찾아달라고 합니다.

#지시문

첨부의 보고서를 경영진이 읽을 때 이해하기 어려운 용어나 문장을 찾아주세요.

#청자 정보

– 상품본부장: 유통 경력 20년, 마케팅 용어 익숙, 데이터 분석 가능
– 경영지원본부장: 회계사 출신, 숫자 중심, 마케팅 용어 생소할 수 있음

#검토 내용

[보고서 파일 업로드]

#요청사항

1. 경영진이 이해하기 어려울 용어/문장 지적
2. 각 용어별로 쉬운 표현 대체안 제시
3. 문장 구조가 복잡한 경우 단순화 제안
4. 전체 가독성 점수 (1~5점)

---

2. AI가 보고서에서 경영진이 읽을 때 이해하기 어려운 용어나 문장을 찾아줍니다. 3C, SWOT처럼 널리 쓰이는 프레임워크 이름은 그대로 써도 되지만, 문장 안의 영어 단어들은 한글로 바꾸는 것이

안전합니다. 특히 CFO 마인드의 경영지원본부장은 마케팅 용어에 익숙하지 않을 수 있으니까요.

5. 듣는 이 관점 시뮬레이션: 임원별 관심사 체크, 임원의 눈으로 보기

이제 가장 중요한 단계입니다. 같은 보고서를 보더라도 사람마다 관심사가 다릅니다. 상품본부장은 '고객이 정말 좋아할까?', '언제 출시 가능한가?'를 궁금해하고, 경영지원본부장은 '투자 대비 효과', '리스크'를 따집니다. 한 보고서로 두 사람을 동시에 설득해야 하므로, 보고서에서 각자의 관심사를 제대로 다루었는지 확인해야 합니다.

1. AI에게 각 임원 역할을 맡기고, 보고서를 평가해 달라고 합니다. 프롬프트를 쓸 때, 각 임원의 역할을 최대한 실제 상사의 특징을 반영해 쓰는 것이 중요합니다.

당신은 <u>역할극 전문가</u>입니다. <u>서로 다른 관점을 가진 두 임원이 되어 이 보고서를 평가해 주세요.</u>

#역할 1: 상품본부장 (김 전무)
- 관심사: 제품 경쟁력, 시장 수용성, 브랜드 이미지
- 성향: 실행 중심, "빨리 해보자" 스타일
- 주요 질문 패턴: "고객이 정말 좋아할까?", "언제 출시 가능한가?", "경쟁사가 따라하면?"

#역할 2: 경영지원본부장 (이 전무)
- 관심사: 투자수익률(ROI), 초기 투자, 손익분기점, 리스크
- 성향: 신중함, "숫자가 맞나?" 스타일
- 주요 질문 패턴: "투자 회수 기간은?", "실패하면 손실은?", "근거 데이터는?"

#보고서 핵심 내용

[첨부한 보고서 파일 참고]

#요청사항

1. 각 임원 관점에서 보고서 평가 (1~5점)

2. 각 임원이 던질 질문 3가지

3. 보고서에서 부족한 정보 지적

4. 보완이 필요한 부분 제안

#출력형식

##김 전무(상품본부장) 평가

점수: ★★★☆☆ (X점)

평가 코멘트: "…"

예상 질문 3가지:

Q1. "…"

Q2. "…"

Q3. "…"

부족한 정보:

– …

보완 제안:

– …

##이 전무(경영지원본부장) 평가

(위와 같은 형식)

2. AI가 두 임원의 관점에서 보고서를 평가해 줍니다. 이때 두 임원 중 점수가 낮은 쪽을 우선 보완하세요. 만일 AI가 경영지원본부장의 역할로 시뮬레이션을 해본 후 평가 점수를 2점으로 주었다고 해 보죠. 그가 고개를 끄덕이지 않으면 예산 승인이 어렵습니다. 그러

니 보고서에서 최우선적으로 투자 대비 효과 분석을 구체화해야 합니다. 하지만 상품본부장의 우려도 무시할 수 없습니다. 만약 그가 회의에서 "MZ세대가 한식을 좋아할까?"라는 질문을 했는데 박 과장이 대답을 잘 못한다면, "그럼 타깃을 바꿔야 하는 거 아닌가?"라는 식으로 논의 방향이 흘러갈 수 있거든요.

보고서는 한 명만 설득하면 되는 것이 아닙니다. 의사결정권자 모두가 납득해야 승인이 나옵니다. 가장 회의적인 사람 기준으로 보고서를 보완하세요.

6. 최종 마무리: AI 리뷰 결과 종합하고 실행 계획 세우기

보고서 개선 우선순위 정하기

지금까지 보고서의 4단계 리뷰를 거치면서 AI로부터 많은 피드백을 받았습니다. 이것을 다 담으려면 며칠이 걸리겠죠? 시간이 빠듯하다면 우선순위를 정해 보고서를 수정하는 것이 좋습니다.

1. AI에게 지금까지 뽑은 보고서 개선 사항들의 우선순위를 정해달라고 요청합니다.

#지시문
지금까지 도출된 개선 사항들의 우선순위를 정해주세요.

#개선 사항 목록
1. [구조] 3C와 인사이트 섹션 통합 검토
2. [논리] 프리미엄 성공 인과관계 근거 보강
3. [메시지] 군더더기 3곳 삭제 (경쟁사 B, C/업계 그래프/해외 사례)

---

4. [청자-이 전무] 투자 세부 내역 테이블 추가

5. [청자-이 전무] 매출 15% 증가 산출 근거 작성

6. [청자-이 전무] 리스크 시나리오 분석 추가 (Best/Base/Worst)

7. [청자-김 전무] MZ세대 한식 선호도 데이터 추가

8. [청자-김 전무] 주차별 상세 일정표 작성

9. [청자-김 전무] 제품 콘셉트 상세 슬라이드 추가

10. [가독성] 전문 용어 한글화

11. [논리] 스토리라인 연결 문장 추가

12. [청자] Q&A 10개 답변 상세 준비

… (총 23개 항목)

#요청사항

<u>다음 기준으로 우선순위를 매겨주세요:</u>

1. 영향도 (High/Medium/Low)

– High: 의사결정에 직접 영향 (없으면 승인 어려움)

– Medium: 설득력 향상 (있으면 훨씬 좋음)

– Low: 완성도 향상 (있으면 좋지만 필수 아님)

2. 긴급도 (High/Medium/Low)

– High: 이 전무나 김 전무가 직접 질문할 가능성 높음

– Medium: 보고서 품질에 중요

– Low: 여유 있으면

3. 최종 분류 (Must/Should/Nice to have, 필수/권장/선택)

#출력형식

Must Do (반드시 해야 함)

…

Should Do (하면 좋음)

…

Nice to have (시간 있으면)

…

실행 계획 제안:

– 오늘 (4시간): …

– 내일 오전 (3시간): …

– 내일 오후 팀장 리뷰 전 (3시간): …

2. AI가 보고서 개선 사항의 우선순위를 보여주면, 잘 검토한 후 우리
가 최종 판단을 하면 됩니다. AI가 '필수(Must)'로 분류한 것 중에 '우
리 상황에서는 덜 중요한데?' 싶은 게 있을 수 있습니다. 예를 들어
AI는 '리스크 시나리오'를 '필수'로 분류했지만, 경영지원본부장이
보수직이긴 해도 리스크보다 투자수익률(ROI)을 더 중시한다면 리
스크 시나리오를 '권장(Should)'으로 내리고 그 시간에 다른 것을 할
수 있습니다.

중요한 것은 보고서를 100% 완성도로 늦게 제출하는 것보다 80% 완
성도로 제출하는 것이 낫다는 것입니다. AI가 반드시 고쳐야 한다는 필
수 사항 6개만 수정을 완료해도 보고서 품질이 눈에 띄게 좋아집니다.

보고서 리뷰를 일상화하라

AI 리뷰를 매번 할 수는 없습니다. 시간이 촉박할 때는 빠른 자가 점
검만으로도 충분합니다. 보고하기 전날 저녁, 10분만 투자하세요.

보고서 리뷰 자가 점검 체크리스트

1. 보고서의 구조를 점검하세요. (2분)

   ① 경영진 요약(Executive Summary)이 1페이지로 핵심을 전달하고 있는가?

   ② 전체 분량이 발표 시간에 적절한가? (15분이면 5~7페이지)

   ③ 각 페이지의 제목이 핵심 메시지를 담고 있는가?

2. 보고서의 논리를 점검하세요. (3분)

   ① 모든 주장에 구체적 근거가 있는가?

   ② "그래서?"라는 질문에 다음 페이지가 답하는가?

   ③ 숫자는 출처가 명확하거나 계산식이 있는가?

3. 보고서의 메시지를 점검해 보세요. (2분)

   ① 각 페이지가 1개 핵심 메시지만 전달하는가?

   ② 전문 용어를 최소화하거나 설명하고 있는가?

   ③ 경영진 요약(Executive Summary)에 결론이 명확한가?

4. 보고서가 청자에 맞게 작성되었나요? (3분)

   ① 의사결정권자의 핵심 관심사를 다루고 있는가? (투자수익률, 실행성 등)

   ② 예상 질문 5개에 대한 답변을 준비했는가?

   ③ 투자/투자수익률/일정 등 숫자 근거가 구체적인가?

최종 확인: 임원이 이 보고서만 보고 의사결정할 수 있는가?

이 체크리스트를 통과하면 여러분의 보고서는 80점 이상입니다. 완벽하지 않아도 괜찮습니다.

책 속의 책,
AI 워크플로 워크북

1. 자주 하는 업무 4~6단계로 나누는 연습
2. 단계별 AI 활용 포인트
3. 대표 업무 유형별 워크플로 템플릿
4. 재사용 가능한 업무 프롬프트 라이브러리
5. 워크플로 실전 적용을 위한 30일 플랜

자주 하는 업무 4~6단계로 나누는 연습

IT 서비스 기업 기획팀 정 과장의 주요 업무 중 하나는 〈분기별 사업 계획 보고서〉 작성입니다. 이전에는 이 작업을 하나의 덩어리로 생각했고, 시작하면 일주일 내내 매달리고 끝날 때쯤이면 지쳐 있었습니다. 중간에 상사가 방향을 바꿔달라고 하면, 거의 처음부터 다시 시작해야 했습니다. 하지만 AI를 활용하기 시작하면서 문제는 AI가 아니라, 일을 덩어리째 던지는 자신의 방식이었다는 것을 깨닫게 되었습니다. 그래서 이 업무를 단계별로 쪼개기 시작했습니다.

그런데 '일을 쪼갠다'는 말은 쉽지만, 실제로 해보면 어느 지점에서 나누어야 할지, 얼마나 세분화해야 할지 막막할 수 있습니다. 정 과장의 첫 번째 시도는 너무 거칠었습니다. "자료 수집→보고서 작성→검토" 3단계로 나누었더니, 여전히 '보고서 작성' 단계가 너무 컸습니다. 두 번째 시도에서는 너무 잘게 쪼갰습니다. 15단계로 나누니, 단계 관리 자체가 일이 되어버렸습니다.

정 과장은 몇 번의 시행착오 끝에 적절한 단계별로 나누는 기준을 찾았습

니다. 바로 '각 단계의 끝에서 누군가에게 보여줄 수 있는 결과물이 있는가?'

였습니다. 이 기준으로 다시 나누니 딱 5단계가 나왔습니다.

① 보고 목적 및 핵심 질문 정리 (결과: 핵심 질문 3개)

② 현황 데이터 수집 및 정리 (결과: 데이터 요약표)

③ 분석 및 인사이트 도출 (결과: 핵심 발견사항 3가지)

④ 전략 방향 및 실행 계획 구체화 (결과: 실행 계획 초안)

⑤ 보고서 구조화 및 최종 검토 (결과: 완성된 보고서)

일을 이렇게 나누니, 각 단계가 끝날 때마다 상사에게 중간 검토를 받을 수 있었고, AI를 어느 단계에서 어디에 활용할지 명확해졌으며, 시간관리가 쉬워졌습니다.

워크플로 단계 나누기의 3가지 기준

1. 각 단계의 결과물이 명확한가?

업무를 몇 단계로 나누었는데, "이 단계가 끝나면 뭐가 나오지?"라는 질문에 바로 답할 수 없다면 단계를 잘못 나눈 것입니다. 예를 들어 분석을 해서 구체적으로 '핵심 트렌드 3가지' 같은 결과가 나온다면, 이 단계가 끝났는지 명확히 알 수 있습니다. 결과물은 문서, 결정사항, 정리된 데이터일 수도 있습니다. 중요한 것은 그것을 누군가에게 보여주고 피드백을 받을 수 있어야 한다는 것입니다.

2. 단계 사이에 검증 포인트가 있는가?

단계를 잘 나눈 워크플로는 단계와 단계 사이에 자연스러운 검증 지점이 생깁니다. 홍보팀 박 대리는 〈직원 만족도 보고서〉를 작성하는 업무를 다음과 같이 나누었습니다.

① 조사결과 원본 데이터 검토 (검증: 데이터에 오류는 없는가?)

② 부서별/직급별 집계 (검증: 집계 방식이 적절한가?)

③ 전년 대비 변화 분석 (검증: 해석이 타당한가?)

④ 핵심 이슈 및 개선 방향 도출 (검증: 실행 가능한가?)

⑤ 경영진 보고 자료 작성 (검증: 메시지가 명확한가?)

박 대리는 각 단계 사이에서 스스로 혹은 상사에게 검증을 받습니다. 2단계에서 집계 방식을 확인받고, 3단계에서 해석을 검토받고, 4단계에서 개선 방향의 실행 가능성을 점검받습니다. 이렇게 하면 마지막에 가서 "전체를 다시 봐야겠는데요"라는 상황을 피할 수 있습니다.

3. 각 단계별 소요 시간이 적절한가?

너무 긴 단계는 다시 쪼개야 하고, 너무 짧은 단계는 합쳐야 합니다. 경험적으로 한 단계에 2~4시간 정도가 적당합니다. 하루 종일 걸리는 단계가 있다면, 중간에 쉬는 지점을 기준으로 두 단계로 나누는 것을 고려해 보세요.

이제 여러분 차례입니다. 자주 하는 업무 하나를 떠올려 보세요. 그 업무를 4~6단계로 나눠 보세요. 처음엔 어색하겠지만, 이 연습이 AI 활용의 핵심입니다. 왜냐하면 AI는 "일을 다 해줘"라는 요청보다 "2단계의 데이터 수집을 도와줘"라는 구체적 요청에 훨씬 잘 반응하기 때문입니다.

단계별 AI 활용 포인트

워크플로를 단계별로 나누었다면, 이제 각 단계에서 AI를 어떻게 활용할지 설계할 차례입니다. 제품기획팀 윤 대리의 실제 사례를 따라가며 배워봅시다.

윤 대리는 〈신제품 아이디어 기획서〉를 작성하는 업무를 5단계로 나누고, 각 단계마다 AI의 역할을 다르게 설정했습니다.

1단계 시장 니즈 탐색

윤 대리는 1단계 시장 니즈 탐색에서 '우리 제품군에서 고객들이 불만족하는 포인트가 뭘까?'를 파악해야 합니다. 혼자 고민하면 기존 관점에 갇히기 쉽습니다.

1. AI에게 제품 기획 전문가 역할을 주고, 스마트홈 IoT 제품 시장에서 고객들이 자주 겪는 불편함을 분석해 달라고 요청합니다.

> 당신은 <u>제품 기획 전문가입니다</u>. <u>스마트홈 IoT 제품 시장에서 고객들이 자주 겪는 불편함을 다음 관점에서 분석해 주세요.</u>
> (1) 설치 및 설정의 어려움, (2) 제품 간 호환성 문제, (3) 사용 편의성, (4) 가격 대비 가치
> <u>각 관점에서 구체적 사례와 함께 3가지씩 제시해 주세요.</u>

2. AI가 고객들이 자주 겪는 12가지 불편함을 분석하여 구체적 사례와 함께 줍니다. 윤 대리는 이중에서 우리 회사 역량으로 '해결 가능한 것 3가지'를 선택합니다.

2단계 경쟁제품 분석

1. 윤 대리는 AI에게 자신이 선택한 고객 불편 3가지를 해결하는 경쟁제품을 찾아달라고 요청합니다. 이 작업은 시간이 많이 걸리지만, AI가 도울 수 있습니다.

> 스마트홈 IoT 시장에서 '<u>설치의 간편함</u>'을 핵심 가치로 내세우는 제품들을 찾아주세요. 각 제품의 (1) 핵심 기능, (2) 차별화 포인트, (3) 가격대, (4) 주요 타깃을 정리해 주세요. <u>최소 5개 제품을 표 형식으로 제시</u>해 주세요.

2. AI가 고객 불편 3가지를 해결하는 경쟁상품 5가지를 정리해 표로 보여줍니다. 윤 대리는 그 표를 보다가 패턴을 발견합니다. 이 제품들은 대부분 프리미엄 가격대이고, 20~30대를 타깃으로 합니다. 여기서 윤 대리는 기회를 보았습니다. 40~50대를 타깃으로, 중가 포지션에서 '설치 간편함'을 내세우면 차별화할 수 있겠다는 인사이트를 얻습니다. 이 인사이트는 AI가 준 데이터를 윤 대리가 해석한 결과입니다.

3단계 제품 콘셉트 구체화

1. 이제 구체적인 제품 콘셉트를 만들어야 합니다. 윤 대리는 AI를 브레인스토밍 파트너로 활용하여 고객에게 어필할 수 있는 제품명 후보 10개를 달라고 요청합니다.

> 40~50대를 타깃으로 하는 설치 간편형 스마트홈 제품을 기획 중입니다. 제품명 후보를 10개 제안해 주세요. 각 제품명에 대해 (1) 왜 40~50대에게 어필할 수 있는지, (2) '간편함'을 어떻게 표현했는지 설명해 주세요.

2. AI가 설치 간편형 스마트홈 제품명 10개를 제안해 줍니다. 윤 대리는 이 중 마음에 드는 3개를 고르고, 팀원들과 투표를 합니다. 최종 선택은 사람이 하지만, AI가 선택지를 풍부하게 만들어 주었습니다.

4단계 주요 기능 및 사양 정의

콘셉트가 정해지면 구체적인 기능을 정의해야 합니다. 이 부분은 기술팀과 협의가 필요하지만, 초안은 AI로 만들 수 있습니다.

1. AI에게 IoT 스마트 플러그 제품의 기능 사양서 초안을 작성해 달라고 요청합니다.

> IoT 스마트 플러그 제품의 기능 사양서 초안을 작성해 주세요. 타깃은 40~50대이고, 핵심 가치는 '설치 간편함'입니다.
> 다음 항목을 포함해 주세요.
> (1) 필수 기능 5가지, (2) 차별화 기능 3가지, (3) 기술 사양(전력, 통신 규격 등), (4) 호환성 요구사항
> 표 형식으로 정리하고, 각 항목에 간단한 설명을 추가해 주세요.

2. AI가 IoT 스마트 플러그 제품의 기능 사양서 초안을 만들어 줍니다.

3. 윤 대리는 이 기능 사양서 초안을 가지고 기술팀과 회의를 했습니다. "이 중에서 우리가 6개월 안에 구현 가능한 게 뭔가요?" 그리고 기술팀의 피드백을 받아 현실화합니다. 초안 작성은 AI가, 현실화는 사람이 하는 것입니다.

5단계 기획서 작성 및 검토

1. AI에게 신제품 기획서의 목차를 짜달라고 요청합니다. 구조는 AI에게 제안받고, 핵심 메시지는 직접 작성할 예정입니다.

> 신제품 기획서의 목차를 제안해 주세요. 경영진 보고용이며, A4 10페이지 분량입니다. 제품 콘셉트, 시장 분석, 차별화 전략, 개발계획, 수익성 예측을 포함해야 합니다.

2. AI가 신제품 기획서의 목차를 만들어 줍니다.

3. 윤 대리는 AI가 목차를 검토한 후 우리 회사 임원진이 중요하게 생각하는 '경쟁사 대비 우위'를 2번 섹션으로 올립니다. 이런 조정은 조직문화를 아는 사람만 할 수 있습니다.

4. 각 섹션의 초안은 AI에게 맡기되, 핵심 메시지는 직접 씁니다. 예를 들어 '왜 이 제품이 필요한가' 섹션에서 AI가 일반적인 시장 트렌드를 쓴다면, 윤 대리는 "우리 회사의 기존 고객층이 점점 고령화되는 추세에 맞춰, 40~50대 친화적 제품이 필요"라는 내부 맥락을 추가하는 식이죠.

각 단계마다 AI의 역할

탐색 단계: 이 주제에 대해 어떤 관점들이 있을까?

AI는 시야를 넓혀주는 도구입니다. 혼자 생각하면 놓칠 수 있는 각도를 보여 줍니다. 하지만 최종 선택은 사람이 합니다.

> [주제]에 대해 다음 관점에서 분석해 주세요:
> [관점1], [관점2], [관점3]
> 각 관점에서 핵심 포인트를 3가지씩 제시해 주세요.

정보 수집 단계: 정보를 이런 기준으로 정리해 줘

AI는 빠르고 체계적으로 정보를 모읍니다. 사람은 수집 기준을 정하고, 결과 를 검증합니다.

> [대상]에 대한 정보를 수집해 주세요.
> 다음 항목별로 정리해 주세요:
> [항목1], [항목2], [항목3]. [출력형식]

분석 단계: 이 데이터에서 어떤 패턴이 보이니?

AI는 데이터에서 패턴을 찾아내지만, 그것의 의미는 사람이 해석합니다.

> 다음 데이터를 분석해 주세요:
> [데이터]
> [관점]에서 주요 패턴이나 트렌드를 찾아주세요.
> 각 패턴에 대해 구체적 수치와 함께 설명해 주세요.

구조화 단계: 이 내용을 이렇게 재구성해 줄래?

AI는 흩어진 내용을 논리적으로 정리합니다. 사람은 핵심 메시지가 드러나도록 구조를 조정합니다.

다음 내용을 [목적]에 맞게 재구성해 주세요:
[내용] [독자]가 이해하기 쉽도록, [형식]으로 작성해 주세요.

검증 단계: 이 논리에 빠진 게 없는지 점검해 줘

AI는 제3자 시각에서 허점을 찾습니다. 사람은 그 피드백을 반영할지 판단합니다.

다음 [문서 유형]을 검토해 주세요:
[내용]
(1) 논리적 비약이나 모순, (2) 빠진 중요한 관점, (3) 독자가 가질 수 있는 반론을 지적해 주세요.

이제 실습할 시간입니다. 여러분이 자주 하는 업무를 하나 선택하세요. 그 업무를 4~6단계로 나누고, 각 단계에서 AI를 위의 5가지 중 어떤 역할로 활용할지 정해 보세요. 그리고 실제로 사용할 프롬프트 초안을 작성해 봅시다.

프롬프트는 구체적일수록 좋다는 것을 꼭 기억하세요. "분석해 줘"보다 "이 데이터를 전년 대비, 경쟁사 대비 관점에서 분석하고, 주요 차이점 3가지를 표로 정리해 줘"가 훨씬 유용한 결과를 줍니다.

대표 업무 유형별 워크플로 템플릿

실제로 바로 적용할 수 있는 5가지 업무 유형별 템플릿을 소개합니다. 여러분의 업무와 가장 비슷한 것을 선택해서 시작하세요.

1. 정기 보고서 작성 단계별 템플릿

많은 직장인이 월간, 분기별로 반복하는 업무입니다. 마케팅팀 서 대리의 월간 캠페인 성과 보고서를 예로 들어봅시다.

1단계 이번 기간 핵심 변화 파악 30분

- 사람의 역할: 지난달과 비교해 의미 있는 변화가 무엇인지 판단
- AI의 역할: 없음 (이 단계는 순수하게 사람의 영역)
- 결과물: 〈이번 달 보고할 핵심 포인트 3가지〉 메모

서 대리는 매달 1일, 데이터를 보기 전에 먼저 스스로에게 묻습니다.

"이번 달 캠페인에서 뭐가 달랐지?"

새로운 채널을 테스트했다면, 그 결과가 핵심일 것입니다. 경쟁사가 공격적인 프로모션을 했다면, 그 영향이 핵심일 것입니다. 이런 맥락은 데이터만 봐서는 알 수 없습니다.

2단계 데이터 수집 및 정리 (40분)

- 사람의 역할: 어떤 데이터를 어떻게 정리할지 기준 제시
- AI의 역할: 실제 데이터 수집 및 표 작성
- 결과물: 〈월별/채널별/캠페인별 성과 비교표〉

> 첨부한 이번 달 캠페인 데이터를 다음 기준으로 정리해 주세요.
> 1. 채널별 (네이버, 구글, 메타, 인스타) 클릭률, 전환율, CPA
> 2. 전월 대비 증감률과 증감 수치
> 3. 분기 목표 대비 달성률
> 표 형식으로 정리하고, 증감률이 ±20% 이상인 항목은 별도 표시해 주세요.

3단계 인사이트 도출 (30분)

- 사람의 역할: AI가 찾은 패턴의 원인 분석 및 해석
- AI의 역할: 데이터에서 패턴 찾기, 가능한 원인 가설 제시
- 결과물: 〈핵심 발견사항 및 원인 분석〉 문서

> 정리된 데이터를 보고 다음을 분석해 주세요.
> 1. 가장 큰 변화가 있었던 항목과 그 변화의 크기
> 2. 예상과 다른 결과가 나온 항목
> 3. 개선이 필요한 영역
> 각 항목에 대해 가능한 원인을 2~3가지씩 제시해 주세요.

AI의 분석을 받아 서 대리는 실제 원인을 확인합니다. 예를 들어 AI가 '인스타그램 클릭률 급증의 원인은 릴스 알고리즘 변화 가능성'이라고 했다면, 서 대리는 실제로 우리가 릴스 콘텐츠를 늘렸는지 확인합니다.

4단계 보고서 구조화 40분

- 사람의 역할: 핵심 메시지 작성, 보고 순서 결정

- AI의 역할: 초안 작성, 그래프 제안

- 결과물: 보고서 초안

> 다음 내용으로 월간 성과 보고서를 작성해 주세요:
> [핵심 포인트 3가지+데이터 요약]
> 임원 보고용이므로 핵심 메시지가 먼저 나오고, 상세 데이터는 뒤에 배치해 주세요. A4 2페이지 분량으로, 각 핵심 포인트마다 해당 데이터를 뒷받침하는 그래프를 제안해 주세요.

5단계 최종 검토 및 보완 20분

- 사람의 역할: 전체 리뷰, 누락 확인, 메시지 명확성 점검

- AI의 역할: 오타, 논리 비약, 누락 사항 점검

- 결과물: 〈완성된 보고서〉

> 작성된 보고서를 검토해 주세요.
> 1. 논리적 흐름이 자연스러운지,
> 2. 데이터와 주장이 일치하는지,
> 3. 임원이 궁금해할 수 있는 질문이 무엇인지 예상해 주세요.

이 템플릿의 핵심은 '반복 가능성'입니다. 한 번 프롬프트를 만들어 두면, 매달 데이터만 바꿔서 재사용할 수 있습니다. 서 대리는 이 워크플로로 보고서 작성 시간을 3시간에서 2시간으로 줄였습니다.

2. 기획안 작성 단계별 템플릿

새로운 프로젝트나 제안을 문서화하는 업무입니다. 사업개발팀 한 과장의 신규 파트너십 제안서를 예로 봅시다.

1단계 배경 및 목적 정의 1시간

- 사람의 역할: 왜 이 제안을 하는지, 무엇을 이루려는지 명확화
- AI의 역할: 유사 사례 조사, 업계 트렌드 정리
- 결과물: 〈제안 배경 및 목적〉 문서

한 과장은 먼저 스스로에게 질문합니다.

"이 파트너십이 성사되면 우리 회사에 어떤 구체적 이익이 생기나?"

매출 증가인지, 신규 시장 진출인지, 기술 확보인지가 명확해야 제안서의 방향이 잡힙니다. 그 다음 AI에게 묻습니다.

> 우리 산업에서 최근 3년간 성공한 파트너십 사례를 찾아주고, 각 사례의 성공 요인을 분석해 줘.

AI가 제시한 사례들을 보며, 우리 상황과 비슷한 것을 찾아 배경 설명에 활용합니다.

- 사람의 역할: 우리 회사의 현재 상황 정리

- AI의 역할: 시장 데이터 수집, SWOT 분석 초안 작성

- 결과물: 〈현황 분석 보고서〉

> 다음 정보를 바탕으로 SWOT 분석을 해주세요:
> [우리 회사 현황]
> 특히 기회(O) 부분에서 파트너십을 통해 활용할 수 있는 기회를 중점적으로 분석해 주세요.

3단계 해결 방안 도출 `2시간`

- 사람의 역할: 파트너십의 핵심 가치 정의, 협력 모델 선택

- AI의 역할: 다양한 협력 모델 제시, 각 모델의 장단점 분석

- 결과물: 파트너십 모델 및 기대 효과

> A사와 B사(우리 회사)의 파트너십 모델을 제안해 주세요.
> A사는 [특성], B사는 [특성]입니다.
> (1) 기술 제휴, (2) 공동 마케팅, (3) 유통 협력, (4) 조인트 벤처 등의 옵션을 각각 설명하고, 우리 상황에서 각 모델의 실행 가능성을 평가해 주세요.

AI가 4가지 모델을 설명하면, 한 과장은 회사 내부 사정을 고려해 가장 현실적인 것을 선택합니다. 예를 들어 조인트 벤처는 법무팀 리소스가 부족해서 어렵다고 판단하고, 공동 마케팅을 선택합니다.

- 사람의 역할: 우선순위 결정, 일정 조율, 책임자 지정

- AI의 역할: 실행 계획 템플릿 제공, 리스크 체크리스트 작성

- 결과물: 〈로드맵 및 실행 계획서〉

> 6개월짜리 파트너십 실행 계획을 작성해 주세요.
>
> 단계: (1) 계약 체결, (2) 킥오프, (3) 파일럿 프로젝트, (4) 본격 론칭, (5) 성과 평가
>
> 각 단계별 주요 활동, 소요 기간, 필요 리소스를 정리해 주세요. 또한 각 단계에서 발생 가능한 리스크와 대응 방안을 제시해 주세요.

- 사람의 역할: 경영진 질문 예상, 반론 대응 방안 준비

- AI의 역할: 제안서 전체 검토, 약점 지적, 반론 가능성 제시

- 결과물: 〈완성된 제안서〉 + 〈FAQ〉

> 작성된 파트너십 제안서를 비판적으로 검토해 주세요.
>
> 경영진이 가질 수 있는 우려사항 5가지를 예상하고, 각각에 대한 반박 논리를 제시해 주세요.

이 템플릿의 핵심은 '단계적 구체화'입니다. 처음부터 완벽한 기획안을 만들려 하지 않고, '① 배경→② 현황→③ 방안→④ 실행→⑤ 검토' 순서로 점진적으로 구체화합니다. 각 단계에서 AI는 다른 역할을 맡습니다.

3. 경쟁사 분석 템플릿

시장조사팀 김 대리의 분기별 경쟁사 동향 분석을 예로 들어봅시다.

- 사람의 역할: 이번 분기에 중점적으로 봐야 할 경쟁사와 항목 선정

- AI의 역할: 경쟁사 분석 프레임워크 제안

- 결과물: 〈분석 대상 및 항목 리스트〉

김 대리는 먼저 "이번 분기는 직접 경쟁사 3개만 깊게 보자. 항목은 제품 전략, 가격 정책, 마케팅 활동에 집중하자"라고 결정합니다. 이러한 범위 설정이 없으면 분석이 산으로 갑니다.

2단계 정보 수집 `2시간`

- 사람의 역할: 수집할 정보의 우선순위 결정, 내부 정보 활용

- AI의 역할: 공개 정보 수집, 뉴스/보도자료 정리

- 결과물: 〈경쟁사별 정보〉 모음

> 다음 3개 경쟁사(A사, B사, C사)에 대해 2024년 4분기 정보를 수집해 주세요.
> (1) 신제품 출시 현황, (2) 가격 변동 사항, (3) 주요 마케팅 캠페인, (4) 언론 보도 내용
> 각 경쟁사별로 시간순으로 정리하고, 출처를 명시해 주세요.

3단계 비교 분석 `1.5 시간`

- 사람의 역할: 우리 회사와의 격차 해석, 전략적 의미 도출

- AI의 역할: 데이터 비교표 작성, 패턴 분석

- 결과물: 〈경쟁사 비교 분석표〉

> 수집된 정보를 바탕으로 3개 경쟁사를 비교 분석해 주세요.
> 1. 제품 전략: 프리미엄화 vs 대중화
> 2. 가격 정책: 공격적 vs 방어적
> 3. 마케팅: 온라인 중심 vs 오프라인 중심
> 각 항목에서 3사의 차이점을 표로 정리하고, 공통된 트렌드가 있다면 지적해 주세요.

AI가 '3사 모두 온라인 마케팅 비중을 늘렸다'고 하면, 김 대리는 그 의미를 해석하고, '우리도 디지털 전환을 서둘러야 한다'는 시사점을 도출합니다.

4단계 시사점 도출 1시간

- 사람의 역할: 우리 회사 전략에 대한 함의 정리

- AI의 역할: 경쟁 우위/열위 항목 정리, 전략 옵션 제시

- 결과물: 〈시사점 및 권고사항〉

> 분석결과를 바탕으로, 우리 회사(D사)가 취해야 할 전략 방향을 제안해 주세요.
>
> 우리 회사 현황은 [설명]
> (1) 경쟁사 대비 우리의 강점을 활용할 방안, (2) 약점을 보완할 방안, (3) 경쟁사가 아직 진출하지 않은 기회 영역을 각각 3가지씩 제시해 주세요.

김 대리는 AI의 제안 중 실행 가능한 것만 골라 권고사항으로 정리합니다.

이 템플릿의 핵심은 '비교의 기준'입니다. 무작정 정보를 모으는 게 아니라, 1단계에서 비교 기준을 명확히 하고, 그 기준으로 일관되게 분석합니다.

4. 고객 미팅 준비 템플릿

영업팀 박 대리의 대형 고객사 프레젠테이션 준비 과정입니다.

1단계 미팅 목적 및 어젠다 설정 20분

- 사람의 역할: 이번 미팅에서 얻어야 할 것 명확화

- AI의 역할: 없음

- 결과물: 〈미팅 목표 및 어젠다〉

박 대리는 먼저 '이 미팅 후 상태가 어떻게 되어야 성공인가?'를 스스로에게 질문합니다. 계약 체결인지, 다음 미팅 약속인지, POC 진행 합의인지, 이것이 정해져야 미팅 준비 방향이 잡힙니다.

2단계 배경 정보 파악 40분

- 사람의 역할: 내부 CRM 정보 확인, 영업 히스토리 파악

- AI의 역할: 고객사 공개 정보 수집, 업계 동향 정리

- 결과물: 〈고객사 프로필〉

> <u>E사에 대한 배경 정보를 정리해 주세요.</u>
> (1) 회사 개요(업종, 규모, 주요 사업), (2) 최근 6개월 주요 뉴스, (3) 사업 전략 및 방향, (4) 당면 과제나 이슈
> 각 항목을 3~5줄로 요약해 주세요.

- 사람의 역할: 우리 솔루션의 강점/약점 파악

- AI의 역할: 고객 입장에서 가능한 질문 생성, 답변 초안 작성

- 결과물: 〈Q&A〉 문서

> 당신은 T사의 IT 담당 임원입니다. 우리 회사가 제안하는 [솔루션 설명]에 대해 가질 수 있는 질문 10개를 만들어 주세요.
> 특히 (1) 비용 대비 효과, (2) 기존 시스템과의 연동, (3) 도입 기간 및 리스크 관점에서.

박 대리는 AI가 만든 질문에 답변을 준비합니다. 자신이 답하기 어려운 질문은 기술팀에 사전 확인합니다.

- 사람의 역할: 스토리 흐름 결정, 핵심 메시지 작성

- AI의 역할: 프레젠테이션 구조 제안, 슬라이드 초안

- 결과물: 〈프레젠테이션 자료〉

> 30분짜리 고객 프레젠테이션 구성을 제안해 주세요.
> 목적은 [목적], 청중은 [IT 임원+실무진]입니다.
> (1) 오프닝, (2) 고객사 상황 이해, (3) 솔루션 소개, (4) 차별점, (5) 구현 계획,
> (6) Q&A 순서로, 각 섹션별 소요 시간과 핵심 메시지를 제시해 주세요.

이 템플릿의 핵심은 '고객 관점'입니다. 우리가 말하고 싶은 것이 아니라, 고객이 듣고 싶은 것을 준비합니다. AI는 고객 관점을 시뮬레이션하는 데 유용합니다.

5. 프로젝트 회고 템플릿

프로젝트 매니저 정 차장의 분기별 프로젝트 회고 작업입니다.

1단계 주요 활동 정리 30분

- 사람의 역할: 프로젝트 타임라인 회상, 중요 이벤트 선정

- AI의 역할: 회의록, 이메일 등에서 주요 활동 추출

- 결과물: 〈프로젝트 타임라인〉

2단계 성과 및 문제점 분석 1시간

- 사람의 역할: 목표 대비 실제 성과 평가

- AI의 역할: KPI 데이터 정리, 목표 대비 달성률 계산

- 결과물: 〈성과 평가서〉

> 프로젝트 목표는 [목표]였고, 실제 결과는 [결과]입니다.
> (1) 목표를 달성한 항목과 그 이유, (2) 목표를 달성하지 못한 항목과 그 이유, (3) 예상치 못한 긍정적/부정적 결과를 분석해 주세요.

3단계 교훈 및 개선점 도출 1시간

- 사람의 역할: 팀원 인터뷰, 개인적 회고

- AI의 역할: 문제 패턴 분석, 개선 방안 제안

- 결과물: 〈교훈〉 및 〈개선 과제 리스트〉

프로젝트 진행 중 발생한 다음 문제들을 분석해 주세요:

[문제 리스트]

각 문제의 근본 원인을 파악하고, 유사한 프로젝트에서 재발을 방지하기 위한 개선 방안을 제시해 주세요.

4단계 다음 프로젝트 적용 계획 30분

- 사람의 역할: 우선순위 결정, 실행 의지

- AI의 역할: 액션 플랜 템플릿 작성

- 결과물: 개선 실행 계획

이 템플릿의 핵심은 '구조화된 회고'입니다. 막연히 "잘했다/못했다"가 아니라 사실→분석→교훈→계획의 단계로 체계적으로 회고합니다.

업무에서 자주 접하는 5가지 템플릿을 살펴보았습니다. 모든 템플릿에서 사람은 '방향, 판단, 맥락'을 담당하고, AI는 '수집, 정리, 제안'을 담당합니다. 이 역할 분담이 명확할 때, 워크플로가 효율적으로 작동합니다. 이 템플릿들을 참고해 여러분의 템플릿을 만들어 보세요.

재사용 가능한
업무 프롬프트 라이브러리

컨설팅 회사에서 일하는 이 과장은 6개월 동안 AI를 열심히 활용했고, 프로젝트마다 좋은 결과를 냈습니다. 그런데 문제는 매번 새로운 프롬프트를 만들어야 했다는 것입니다.

어느 날 그는 깨달았습니다. "내가 하는 일의 80%는 반복이잖아. 프롬프트도 재사용할 수 있지 않을까?"

그날부터 이 과장은 효과가 좋았던 프롬프트를 모으기 시작했습니다. 3개월 후, 그는 15개의 프롬프트 템플릿을 가지게 되었습니다. 새 프로젝트가 시작되면, 라이브러리에서 적절한 프롬프트를 꺼내 상황에 맞게 수정해서 사용합니다. 프롬프트 작성 시간이 3분의 1로 줄었습니다.

여러분도 이 과장처럼 프롬프트 라이브러리를 만들어 봅시다. 여기서는 3가지 카테고리로 나누어 각각 3개씩, 총 9개의 프롬프트를 소개합니다.

정보 수집 1: 업계 동향 모니터링

이 프롬프트는 정기 모니터링에 사용합니다. [산업명]과 [기간]만 바꾸면 재

사용할 수 있습니다.

#역할

당신은 [산업명] 산업 전문 애널리스트입니다.

#배경

[기간] 동안의 [산업명] 산업 주요 동향을 파악하려고 합니다.

#요청

다음 관점에서 핵심 변화를 정리해 주세요:

1. 시장규모 및 성장률 변화

2. 주요 플레이어의 전략 변화

3. 기술혁신 및 트렌드

4. 규제 환경 변화

5. 소비자 니즈 변화

#출력형식

각 관점에서 가장 중요한 변화 1~2가지를 선정하고,

1. 무엇이 변했는지

2. 왜 중요한지

3. 우리 회사에 어떤 영향을 미칠 수 있는지

를 각 3줄 이내로 정리해 주세요.

#주의사항

추상적인 트렌드보다 구체적인 사건, 수치, 사례 중심으로 작성해 주세요.

정보 수집 2: 경쟁사 분석

다음의 프롬프트는 경쟁사가 바뀌어도 구조가 같아서 재사용이 쉽습니다.

#역할

당신은 경쟁 분석 전문가입니다.

#자료

다음은 우리 회사(A사)와 경쟁사(B사, C사)의 공개 정보입니다:

[정보 첨부]

#단계

1. 제품/서비스 포트폴리오 비교

  – 각 사의 주력 제품과 특징

  – 가격대 및 타깃 고객층

2. 경쟁 우위 분석

  – 각 사가 내세우는 차별점

  – 실제 고객 반응 및 시장 평가

3. 전략 방향 비교

  – 최근 6개월 주요 행보

  – 향후 전략 방향 (공시, 인터뷰 기반)

#출력형식

비교표 형식으로 정리하되, 마지막에 "A사의 경쟁 우위 및 개선 필요 영역"
을 각 3가지씩 정리해 주세요.

정보 수집 3: 심층 리서치

[주제]만 바꾸면 되기 때문에, 매번 프롬프트를 새로 만들 필요가 없습니다.

#역할
당신은 주제 전문 리서처입니다.

#목적
[주제]에 대해 깊이 있는 분석 보고서를 작성하기 위한 리서치를 진행합니다.

#요청
다음 질문에 답하는 형식으로 리서치 결과를 정리해 주세요:
1. [주제]의 정의와 범위는?
2. 현재 상황은? (시장규모, 주요 플레이어, 기술 수준 등)
3. 주요 이슈와 논쟁점은?
4. 주요 이해관계자들의 입장은? (찬성/반대 논리)
5. 향후 전망은? (3년 내 예상 변화)

#제약조건
– 각 질문에 대해 최소 3개 이상의 출처 인용
– 상반된 관점이 있다면 균형 있게 제시
– 주관적 의견보다 객관적 사실과 데이터 중심

#출력형식
A4 3~4페이지 분량으로, 각 질문을 소제목으로 하는 보고서 형식

기획/전략 1: 핵심 질문(Key Question) 도출

새 프로젝트가 시작되면 가장 먼저 이 프롬프트를 사용해 보세요. 질문을 제대로 세우면 절반은 성공할 수 있기 때문입니다.

#역할

당신은 전략 컨설턴트입니다.

#상황

우리 회사는 [현재 상황 설명]입니다. [해결하려는 과제]를 고민 중입니다.

#요청

이 과제를 해결하기 위해 답해야 할 핵심 질문(Key Question)을 만들어 주세요.

#기준

1. MECE(상호배타적이고 전체포괄적)하게 구성
2. 3~5개의 큰 질문으로 구조화
3. 각 큰 질문 아래 2~3개의 세부 질문
4. 질문은 "예/아니오"가 아닌 "어떻게/왜/무엇을" 형태

#출력형식

KQ1: [큰 질문]
  – 1-1: [세부 질문]
  – 1-2: [세부 질문]
KQ2: [큰 질문]
  …

각 질문 뒤에 "이 질문이 왜 중요한지" 1줄로 설명 추가

기획/전략 2: 대안 평가

여러 협력 파트너 후보 중 선택해야 할 때, 중요한 판단을 앞두고 있을 때, 이 프롬프트로 체계적으로 비교할 수 있습니다. 평가기준만 상황에 맞게 바꾸면 됩니다.

#역할

당신은 의사결정 분석 전문가입니다.

#배경

우리는 [의사결정 상황]에서 다음 [N]가지 대안을 고려 중입니다:
– 대안 A: [설명]
– 대안 B: [설명]
– 대안 C: [설명]

#평가기준

다음 기준으로 각 대안을 평가해 주세요:
1. [기준1]: [설명]
2. [기준2]: [설명]
3. [기준3]: [설명]

#요청

1. 각 대안을 위 기준으로 평가 (5점 척도)
2. 각 대안의 장점 3가지, 단점 3가지
3. 각 대안의 리스크와 완화 방안
4. 종합 평가 및 추천 (단, 최종 결정은 내가 함)

#출력형식

먼저 비교표, 그 다음 대안별 상세 분석, 마지막에 종합 의견

기획/전략 3: 전략 검증

중요한 전략을 최종 확정하기 전, 다음의 프롬프트로 한 번 더 점검하면 좋습니다. AI가 찾아낸 허점을 미리 보완하면, 임원회의에서 당황하는 일을 줄일 수 있습니다.

#역할
당신은 반대 입장 옹호자(Devil's Advocate)입니다.

#배경
우리가 수립한 전략은 다음과 같습니다:
[전략 내용]

#요청
이 전략을 비판적으로 검토해 주세요:
1. 전략의 가정(Assumptions) 중 검증되지 않은 것
2. 고려하지 못한 리스크
3. 경쟁사의 대응 시나리오
4. 실행 과정에서 발생 가능한 장애물
5. "이 전략이 실패한다면 왜 그럴까?" 시나리오 3가지

#태도
매우 회의적이고 비판적으로 접근하되, 건설적이어야 합니다.
단순히 "안 될 것 같다"가 아니라 "왜 안 될 수 있는지" 논리적으로 제시해 주세요.

#출력형식
각 항목별로 구체적인 우려사항과, 그에 대한 보완 방향을 제시해 주세요.

보고서 작성 1: 구조화

흩어진 아이디어를 문서로 만들 때, 이 프롬프트로 구조를 잡으면 좋습니다.

특히 논리 흐름 설명을 받으면, 왜 이 순서가 좋은지 이해하고 필요시 조정할

수 있습니다.

#역할
당신은 비즈니스 문서 작성 전문가입니다.

#자료
다음은 정리되지 않은 내용들입니다:
[내용 나열]

#목적
이 내용을 [보고서 유형: 제안서/분석서/계획서 등]로 재구성하려 합니다.
독자는 [임원/실무진/외부 고객]이고, 핵심 메시지는 [메시지]입니다.

#요청
1. 적절한 목차 구성 제안 (3~5개 대섹션)
2. 각 섹션에 들어갈 내용 배치
3. 논리 흐름 설명 (왜 이 순서인지)

#제약조건
- 중요한 메시지가 앞에 오도록
- 중복 내용은 통합
- 섹션 간 논리적 연결성 확보

#출력형식
목차 구조＋각 섹션 개요＋흐름 설명

보고서 작성 2: 논리 점검

중요한 보고서를 제출하기 전, 다음의 프롬프트로 마지막 점검을 해보세요. 본인이 쓴 글은 본인이 오류를 발견하기 어려운데, AI가 제3자 시각에서 도움이 됩니다.

#역할
당신은 논리적 오류를 찾는 에디터입니다.

#자료
다음은 작성 중인 보고서입니다:
[보고서 내용]

#요청
논리적 문제점을 찾아주세요:
1. 주장과 근거의 불일치
– 주장을 뒷받침하지 못하는 근거
– 근거에서 자연스럽게 도출되지 않는 결론
2. 논리적 비약
– 중간 단계 없이 결론으로 점프하는 부분
3. 인과관계 오류
– 상관관계를 인과관계로 착각한 부분
4. 모순
– 앞뒤가 맞지 않는 주장
5. 누락
– 고려해야 하는데 빠진 관점

#출력형식
문제점 지적＋해당 부분 인용＋개선 방향 제안

보고서 작성 3: 듣는 이 관점 검토

중요한 보고 전날, 다음의 프롬프트로 리허설을 하면 좋습니다. 미리 "임원님이 이런 질문 하시겠네"를 예상하고 답변을 준비하면, 실제 회의에서 훨씬 자신감 있게 발표할 수 있습니다.

#역할
당신은 [청자: CEO/CFO/고객사 임원]입니다.

#배경
당신의 관심사는 [청자의 주요 관심사]이고,
의사결정 기준은 [청자의 의사결정 기준]입니다.

#자료
다음 보고서를 검토해 주세요:

[보고서 내용]

#요청
청자 입장에서:
1. 가장 궁금한 점 5가지
2. 납득이 안 되는 부분 3가지
3. 더 보강되어야 할 내용
4. 불필요하거나 지루한 부분
5. 전체적인 설득력 평가 (10점 만점)

#태도
매우 비판적이고 까다롭게 평가해 주세요.
당신은 바쁜 사람이고, 이 보고서에 시간을 쓸 가치가 있는지 판단하려 합니다.

프롬프트 라이브러리 관리 방법

앞에서 대표적인 주요 업무 프롬프트 9가지를 소개했습니다. 이제 이걸 어떻게 관리할까요? 영업기획팀 최 팀장은 노션을 사용합니다. 각 프롬프트를 카드로 만들고, '업무 유형', '사용 빈도', '최종 수정일' 태그를 붙입니다. 새 프로젝트가 시작되면 '업무 유형' 태그로 필터링해서 필요한 프롬프트를 찾습니다.

프롬프트 저장 위치 및 형식 알아보기

1. 텍스트 파일로 저장
장점: 간단하고 빠름
단점: 검색이 불편함
추천 대상: 프롬프트가 10개 이하인 경우

2. 노션 데이터베이스
장점: 카테고리별 분류, 검색 쉬움, 태그 활용 가능
단점: 초기 설정 필요
추천 대상: 프롬프트를 체계적으로 관리하고 싶은 경우

3. 구글 시트
장점: 협업 가능, 버전 관리 쉬움
단점: 긴 프롬프트는 보기 불편
추천 대상: 팀원들과 프롬프트를 공유하는 경우

사용 후 피드백 기록 방법

프롬프트는 한 번 만들고 끝이 아니며 사용할 때마다 개선됩니다. 피드백을 기록하는 습관이 중요합니다. 어떤 상황에서 어떤 방식으로 수정했을 때 더 좋은 결과가 나왔다면 해당 내용들을 기록해 두었다가 수정하는 방식으로 계속 업데이트하세요.

매달 마지막 주 금요일, 30분을 투자해 프롬프트 라이브러리를 점검하는 것도 좋습니다. 아래 기준을 적용해서 평가해 보고 프롬프트를 최신성 있게 유지해 보세요.

Check list

프롬프트 관리 체크리스트

1. 이번 달 가장 많이 쓴 프롬프트는? → 더 정교화할 가치가 있음

2. 이번 달 한 번도 안 쓴 프롬프트는? → 삭제하거나 다른 프롬프트와 통합

3. 이번 달 새로 만든 프롬프트 중 재사용 가능한 것은? → 라이브러리에 추가

4. 팀원이 공유한 좋은 프롬프트는? → 내 라이브러리에 적용

프롬프트 라이브러리는 우리의 업무 노하우가 축적되는 공간입니다. 처음에는 프롬프트 9개로 시작하지만, 시간이 지나면 나만의 독특한 컬렉션이 됩니다. 그리고 그 컬렉션이 곧 나의 AI 활용 역량을 보여줍니다.

워크플로 실전 적용을 위한 30일 플랜

앞에서 AI를 워크플로에 활용하기 위한 이론도 살펴보았고 템플릿도 만들었습니다. 이제 진짜 중요한 질문입니다. "어떻게 시작하지?"

대부분의 사람들이 여기서 멈춥니다. 좋은 아이디어를 얻었지만, 월요일 아침 출근하면 일상에 묻혀 실천하지 못합니다. 그래서 30일 실행 플랜을 만들었습니다. 하루 30분씩, 한 달만 투자하세요. 그러면 AI 협업이 여러분의 업무 루틴이 됩니다.

1주차 워크플로 익숙해지기

1~2일: 업무 선정 및 분해

월요일 아침, 출근하자마자 할 일: 여러분이 가장 자주 하는 업무를 하나 선택하세요. 선정 기준은 두 가지입니다.

① 월 1회 이상 반복되는 업무, ② 현재 2시간 이상 걸리는 업무

IT 서비스 기업 기획팀 정 대리는 〈월간 서비스 현황 보고서〉를 선택했습니

다. 매달 첫째 주 화요일마다 작성하고, 보통 반나절이 걸리는 업무였습니다.

화요일까지 할 일: 이 업무를 4~6단계로 나누세요. 포스트잇을 활용하면 좋습니다. 각 단계의 결과물이 무엇인지 명확히 하세요.

정 대리의 결과:

① 주요 지표 확인 (결과물: 핵심 이슈 3개)

② 데이터 수집 (결과물: 월별 비교표)

③ 원인 분석 (결과물: 인사이트 메모)

④ 보고서 작성 (결과물: 초안)

⑤ 검토 및 보완 (결과물: 최종본)

수요일부터 금요일까지: 각 단계를 다시 보면서, AI가 도울 수 있는 부분을 표시하세요. 각 단계마다 '사람이 할 것'과 'AI에게 맡길 것'을 구분하세요.

정 대리의 정리:

① 사람만 (내부 맥락 필요)

② AI 주도, 사람 검증 (데이터 정리는 AI, 정확성 확인은 사람)

③ AI 협업 (패턴 찾기는 AI, 해석은 사람)

④ AI 주도, 사람 수정 (초안은 AI, 핵심 메시지는 사람)

⑤ AI 보조 (논리 점검은 AI, 최종 판단은 사람)

금요일 저녁, 정 대리는 5개 단계의 역할 분담이 명확해졌습니다. 이제 실제로 적용할 준비가 되었습니다.

2주차 프롬프트 정교화

월요일부터 수요일: 각 단계에서 사용할 프롬프트를 작성하세요. 처음엔 완벽하지 않아도 됩니다. 일단 써보고 테스트하는 것이 중요합니다.

정 대리는 2단계용(데이터 수집용) 프롬프트부터 시작했습니다.

첫 버전 (6일): "이번 달 서비스 데이터를 정리해 줘."

→ 결과: 너무 모호해서 AI가 뭘 해야 할지 모름

개선 버전 (7일): "첨부한 이번 달 서비스 사용 데이터를 월별로 비교해서 표로 만들어 줘. 전월, 전년 동월과 비교하고, 증감률도 계산해 줘."

→ 결과: 표는 나왔는데, 필요한 항목이 빠짐

최종 버전 (8일): "첨부한 데이터를 다음 기준으로 정리해 줘."

– 비교 대상: 전월, 전년 동월

– 항목: 활성 사용자 수, 신규 가입자, 일평균 접속 시간, 주요 기능별 사용률

– 형식: 비교표 (실제 수치+증감률+증감 수)

– 특이사항: 증감률 ±15% 이상은 굵은 글씨 표시

"결과를 표로 제시하고, 가장 큰 변화 3가지를 별도로 요약해 줘."

→ 결과: 원하던 형태로 나옴!

정 대리는 3일간의 시행착오 끝에 하나의 프롬프트를 완성했습니다. 이 과정이 중요합니다. 처음부터 완벽한 프롬프트를 만들 순 없습니다. 써보고, 고치고, 다시 써보는 반복이 필요합니다.

목요일과 금요일: 만든 프롬프트를 실제 업무에 적용해 보세요. 전체 워크플로를 한 번 돌려보는 것입니다.

정 대리는 목요일, 실제 월간 보고서 작성일이 아니었지만, 지난달 데이터로 연습했습니다. 5개 단계를 순서대로 진행하며, 각 단계에서 만든 프롬프트를 사용했습니다.

결과: 기존 4시간 걸리던 작업이 2.5시간으로 줄었습니다. 그런데 몇 가지 문제가 있었습니다.

- 3단계 프롬프트가 너무 복잡해서 AI가 헷갈림
- 4단계에서 AI가 만든 초안의 톤이 너무 격식적임
- 5단계 검증 단계를 건너뛸 뻔함 (프롬프트가 명확하지 않아서)

금요일, 정 대리는 이 문제점들을 메모하고, 프롬프트를 수정했습니다. 특히 4단계 프롬프트에 "친근하고 읽기 쉬운 톤으로"라는 조건을 추가했습니다.

3주차 적용 범위 확대

2주차까지 하나의 업무로 워크플로와 프롬프트를 만들어 봤다면, 이제 다른 업무에도 적용할 차례입니다.

정 대리는 〈분기별 경쟁사 분석〉 업무를 선택했습니다. 이번엔 1주차처럼 처음부터 하는 것이 아니라, 기존에 만든 프롬프트를 응용했습니다. 예를 들어 월간 보고서의 '데이터 수집' 프롬프트를 약간 수정해서 '경쟁사 정보 수집' 프롬프트로 만들었습니다. 구조는 같고, 내용만 바꾼 것입니다.

이렇게 하니 두 번째 업무는 훨씬 빨랐습니다. 3일 만에 워크플로 분해부터 프롬프트 작성까지 끝났습니다. 첫 번째 업무를 하며 배운 원리를 적용했기 때문입니다.

주말이 끝나고 월요일~화요일: 지금까지 만든 프롬프트들을 정리할 시간입니다. 노션이나 구글 닥스에 체계적으로 정리하세요. 각 프롬프트마다 '사용 빈도', '최종 수정일', '효과' 태그를 붙였습니다.

정 대리의 노션 구조:
프롬프트 라이브러리
정보 수집
– 데이터 정리용
– 경쟁사 정보 수집용
분석
– 패턴 분석용
– 원인 추론용
작성
– 보고서 초안 작성용
– 구조화용
검증
– 논리 점검용

수요일부터 주말: 같은 팀 동료에게 여러분의 워크플로와 프롬프트를 공유하세요. 그들의 피드백은 매우 유용합니다.

정 대리는 같은 팀 김 대리에게 자신의 프롬프트 라이브러리를 보여주었습니다. 김 대리는 "3단계의 원인 분석 프롬프트에 '데이터뿐 아니라 정성적 요인도 고려해 줘'를 추가하면 더 풍부한 분석이 나올 것 같다"는 피드백을 주었습니다. 정 대리는 이 제안을 반영했고, 실제로 분석의 질이 높아졌습니다. 또한 김 대리의 프롬프트 중 좋은 깃을 자신의 라이브러리에 추가했습니다. 이렇게 팀원끼리 프롬프트를 공유하면, 개인 역량을 넘어 팀 역량이 됩니다.

4주차 루틴화 및 최적화

월요일부터 목요일: 이제 AI 협업을 의식적 노력이 아닌 자연스러운 루틴으로 만들 시간입니다. 업무를 시작할 때마다 자동으로 워크플로를 떠올리고, 적절한 프롬프트를 꺼내 쓰도록 만드세요.

정 대리는 매일 아침 출근하면 오늘 할 일을 적습니다. 그리고 각 일 옆에 '워크플로 있음/없음'을 표시합니다. '있음'인 경우, 해당 워크플로 번호를 적습니다(예: WF-01, WF-02).

월요일: • 월간 보고서 작성 (WF-01) ← 이미 워크플로 있음

• 신제품 아이디어 회의 준비 (WF 없음) ← 새로 만들 예정

• 협력사 미팅 (단순 업무)

화요일: 신제품 아이디어 회의 준비를 하면서, 정 대리는 이것도 워크플로로 만들 수 있겠다고 생각했습니다. 30분 투자해서 간단히 3단계로 나누고, 프롬프트 2개를 만들었습니다. 이제 WF-03이 생겼습니다.

금요일부터 일요일: 한 달간의 성과를 측정하고, 개선점을 찾으세요.

정 대리의 측정 결과

월간 보고서: 4시간 → 2시간 (50% 감소)

경쟁사 분석: 6시간 → 3.5시간 (42% 감소)

신제품 회의 준비: 2시간 → 1.5시간 (25% 감소)

정 대리는 총 6시간을 절약했습니다. 하지만 시간 절약보다 더 큰 변화가 있었습니다. 정 대리는 "일을 단계별로 생각하게 되었다"고 말합니다. 덩어리로 보이던 업무가 이제 단계들의 조합으로 보입니다. 새로운 업무가 들어와도 "이것은 정보 수집→분석→작성→검증 흐름이네"라고 빠르게 파악합니다. 개선 필요 사항도 발견했습니다.

개선 사항

일부 프롬프트가 너무 길어서 오히려 혼란스러움 → 단순화 필요

단계 간 전환이 매끄럽지 않음 → 단계 사이 체크포인트 명확화

프롬프트 라이브러리에서 원하는 것을 찾기 어려움 → 검색 태그 보강

월요일~화요일: 2개월차 계획을 세우세요.

정 대리의 2개월차 목표:

① 워크플로를 5개에서 10개로 확대

② 프롬프트 라이브러리를 20개로 늘리기

③ 팀 전체 프롬프트 공유 세션 한 달에 한 번 운영

④ AI 활용 전후 시간 측정 지속

그리고 가장 중요한 결심: '한 달 더 지속하기'. 습관은 한 달 만에 완성되지 않습니다. 적어도 3개월은 해야 진짜 몸에 뱁니다.

30일 플랜의 핵심 원칙

30일 플랜을 성공적으로 완주하려면 3가지를 기억하세요.

① 우선, 완벽함보다 시작이 중요합니다. 첫 주에 만든 워크플로와 프롬프트는 조잡할 겁니다. 괜찮습니다. 일단 시작하고, 쓰면서 개선하세요.

② 작게 시작하세요. 한 번에 모든 업무를 AI 협업으로 바꾸려 하지 마세요. 하나씩 확실히 익히며 늘려가세요.

③ 기록하세요. 무엇이 효과가 있었는지, 무엇이 어려웠는지 메모하세요. 이 기록이 여러분만의 AI 협업 노하우가 됩니다.

정 대리는 30일 플랜을 마치며 이렇게 말했습니다.

"AI를 잘 쓰게 된 것이 아니라, 일을 다시 보게 되었어요. 단계별로 생각하고, 각 단계의 목적을 명확히 하니, AI 없이도 일이 더 체계적으로 되더라고요. AI는 그것을 도와주는 도구였을 뿐이에요."

바로 이것입니다. AI 활용의 본질은 AI를 잘 다루는 것이 아니라, 일하는 방식을 재설계하는 것입니다. 30일 플랜은 그 재설계의 여정입니다.

여러분도 내일부터 시작해 보세요. 30일 후, 여러분은 AI 전문가가 아니라 워크플로 전문가가 되어 있을 것입니다. 그리고 그것이 AI 시대에 진짜 필요한 역량입니다.

AI를 잘 쓰게 된 게 아니라,
일을 다시 보게 되었다

'일을 다시 보는 눈', 기르셨나요?

이 책을 다 읽으셨다면, 여러분 손에는 지금 무언가가 있을 것입니다. 정보 수집용 프롬프트 몇 개, 전략 수립 단계의 체크리스트, 보고서 구조화 템플릿, 그리고 여러분이 자주 하는 업무 하나를 4~6단계로 나눈 워크플로.

이것들을 만드는 과정이 쉬웠을까요? 솔직히, 아니었을 것입니다. 일을 단계로 나누는 것, 각 단계의 결과물을 명확히 하는 것, 프롬프트를 몇 번이고 고쳐 쓰는 것. 익숙한 방식을 버리고 새로운 방식을 익히는 것은 언제나 불편합니다.

하지만 이 과정에서 여러분은 중요한 것을 얻으셨을 것입니다. 바로 '일을 다시 보는 눈'입니다.

예전에는 〈월간 보고서〉라는 덩어리로 보였던 업무가, 이제는 '①

데이터 수집→② 패턴 분석→③ 인사이트 도출→④ 구조화→⑤ 검증'의 단계들로 보입니다. 〈기획안 작성〉이라는 막연한 작업이, 이제는 '① 배경 정의→② 현황 분석→③ 방안 도출→④ 실행 계획→⑤ 타당성 검토'의 흐름으로 보입니다.

같은 일인데, 보는 방식이 달라졌습니다. 그리고 이 변화가 가장 중요합니다.

제가 이 책을 쓰면서 가장 강조하고 싶었던 것은 AI 활용법이 아니었습니다. 물론 구체적인 프롬프트도 제시했고, 단계별 활용 포인트도 소개했습니다. 하지만 진짜 목적은 따로 있었습니다. 바로 '워크플로 사고'를 기르는 것.

일을 단계로 나누고, 각 단계의 목적을 명확히 하고, 결과물을 정의하고, 검증 포인트를 두는 것, 이것은 AI가 있든 없든 일하는 좋은 방식입니다. AI는 이 방식을 더 빠르게, 더 효율적으로 만들어 주는 도구일 뿐입니다.

실제로 이 방식을 익힌 많은 분들이 이렇게 말합니다. "AI를 쓰지 않을 때도 일이 더 체계적으로 진행돼요", "단계별로 생각하니까 놓치는 게 줄었어요", "중간중간 검증하니까 마지막에 다시 처음부터 하는 일이 없어졌어요."

맞습니다. 이 책에서 접한 것은 AI 활용법이 아니라 일하는 방식입니다. AI는 그 방식을 더 강력하게 만들어 주는 가속기입니다.

주도권은 여러분에게 있습니다

이 책을 덮으면서 마지막으로 부탁드리고 싶은 것이 있습니다.

첫째, 완벽을 기대하지 마세요. 이 책에서 제시한 워크플로와 프롬프트는 출발점입니다. 나의 업무에 맞게 수정하고 개선하며 발전시켜야 합니다. 처음엔 어색하고 효율이 안 나올 수도 있습니다. 괜찮습니다. 한 달, 두 달 쓰다 보면 점점 나만의 방식이 만들어집니다.

둘째, 작게 시작하세요. 한 번에 모든 업무를 바꾸려 하지 마세요. 가장 자주 하는 업무 하나부터 시작하세요. 그것을 완전히 익힌 다음 두 번째 업무로 넘어가세요. 급하게 가려다 지치는 것보다, 천천히 확실하게 익히는 것이 낫습니다.

셋째, 기록하세요. 어떤 프롬프트가 효과가 좋았는지, 어떤 단계에서 막혔는지, 어떻게 해결했는지, 이런 기록이 쌓이면 그게 나만의 노하우가 됩니다. 6개월 후 그 기록을 다시 보면, 내가 얼마나 발전했는지 보일 것입니다.

넷째, 공유하세요. 혼자 쓰는 것보다 동료들과 나누면 더 빨리 발전합니다. 나의 프롬프트를 공유하고, 동료의 프롬프트를 배우세요. 함께 고민하고 개선하면 팀 전체의 역량이 올라갑니다.

다섯째, 즐기세요. AI와 협업하는 과정이 즐거울 수 있습니다. 좋은 프롬프트를 만들었을 때, AI가 기대 이상의 결과를 냈을 때, 업무 시간이 절반으로 줄었을 때. 그 작은 성취들을 즐기세요. 그게 지속 가능한 동력이 됩니다.

AI는 이제 선택이 아니라 필수입니다. 하지만 그렇다고 두려워할 필요는 없습니다. 여러분이 이 책을 통해 익힌 것은 AI에 휘둘리지 않고, AI를 활용하는 방법입니다. 주도권은 여전히 여러분에게 있습니다.

이 책을 쓰면서 많은 직장인들을 만났습니다. AI 때문에 불안해하는 분들, AI를 써보았지만 실망한 분들, AI를 어떻게 활용해야 할지 막막해하는 분들…. 그분들과 대화하며 느낀 것은, 대부분의 문제가 AI 자체가 아니라 '어떻게 활용할 것인가'에서 온다는 점이었습니다. 이 책이 그 질문에 대한 하나의 답이 되길 바랍니다. 완벽한 답은 아닐 수 있지만, 출발점은 될 수 있을 것입니다. 내일 출근해서 "그래, 이 업무를 단계로 한번 나눠볼까?" 하고 시작한다면, 그것만으로도 이 책은 목적을 이룬 것입니다.

더불어 이 책을 준비하면서 도움을 주신 많은 분들께 감사의 인사를 드립니다. 특히 전략 수립과 관련된 부분은 유달내 대표님의 도움을 받았습니다. 대표님 덕분에 생각을 정리하고 발전시킬 수 있어 큰

도움이 되었습니다. 보고서 작성 부분은 서승완 대표님의 도움도 있었습니다. 기획의 초기 부분을 함께해 주셨는데, 덕분에 기업 현장에서 강의의 뼈대를 잘 세울 수 있었습니다. 강의 현장에서 진실된 피드백을 해주신 교육 담당자분들과 몰입해 주신 수강생 여러분 덕분에 내용을 정리할 수 있었고, 도서와 온라인 강의 형태로 세상에 내놓아도 좋겠다고 용기를 북돋아주신 많은 분들 덕분에 여기까지 왔습니다. 감사드립니다.

마지막으로, 이 책을 끝까지 읽어주셔서 감사합니다. 특히 특집까지 실습을 실제로 해본 분이라면 더욱 감사드립니다. 책을 읽는 것과 실제로 해보는 것 사이에는 큰 차이가 있으니까요.

여러분의 업무에 작은 변화가 시작되길, 그 변화가 일하는 삶을 조금이라도 나아지게 만들길, 그리고 무엇보다 AI 시대에도 자신감을 갖고 일할 수 있길 진심으로 바랍니다. AI를 잘 쓰게 되는 것도 좋지만, 더 중요한 것은 일을 다시 보게 되는 것입니다. 그리고 여러분은 이미 그 첫걸음을 떼셨습니다.

이제 여러분 차례입니다. 내일부터 시작해 보세요.

2026년 3월, AI 시대를 함께 고민하는 동료

김아람 드림